KB273018

"국내 최고의 콘텐츠 전문가들이 앞다퉈 강추한 책!"

유튜브는 K–팝을 장르가 아닌 글로벌 시스템으로 성장시킨 핵심 동력이다. 이 책은 유튜브를 단순한 플랫폼이 아니라, 콘텐츠가 하나의 산업으로 진화하는 생태계로 바라본다. 자신의 미래를 고민하는 모든 이들에게 이 책은 선택이 아니라 필수 교본이다.

— **김형석**, 작곡가

이제 브랜딩, 비즈니스, 커리어 개발의 공통 분모는 모두 유튜브다. 성공한 크리에이터들의 치밀한 전략과 인사이트를 자기 도약의 지렛대로 삼고 싶은 사람이라면 반드시 읽어야 할 책이다.

— **김난도**, 《트렌드코리아》시리즈 대표저자, 서울대 명예교수

전 세계 수억 명의 시간과 관심을 가져와 그 기반으로 자신이 꿈꾸는 또 다른 세상을 개척하는 이들의 머릿속이 궁금하지 않은가? 이 책에는 운이나 요령이 아닌, 사람의 뇌가 콘텐츠에 반응하는 방식에 대한 깊은 이해가 담겨 있다. 나 자신도 흥미롭게 배운 바가 많고, 지속 가능한 성장을 고민하는 창작자라면 반드시 읽어야 할 책이기에 망설이지 않고 추천한다.

— **장동선**, 뇌과학자, 유튜브 채널 '장동선의 궁금한뇌' 운영

세바시를 만들며 수많은 강연자와 메시지를 대중 앞에 세워온 제작자의 눈으로 보아도 이 책은 '사람들은 왜 반응하는가'라는 본질적인 질문에 가장 전략적인 답을 제시한다. 크리에이터뿐만 아니라, 브랜드를 만들고 콘텐츠를 기획하며 메시지로 사람의 마음을 얻고자 하는 이들에게 꼭 필요한 책이다.

— **구범준**, 세바시 대표 PD

고백하건대, 채널 구독자가 100만 명을 넘어선 이후 내심 '이 정도면 잘하고 있다'고 자만했던 것 같다. 이 책은 그런 안일함을 깨부수는 도끼 같은 책이다. 수조 원의 가치를 창출하는 해외 크리에이터들의 전략과 아이디어는 경이로울 정도였다. 유튜브 비즈니스에 도전하는 모든 이들에게 이 책은 선택이 아닌 필수 생존 전략서다.

— **안승찬**, 언더스탠딩 대표

아직 국내에 제대로 소개된 적 없는 세계 1% 크리에이터들의 성장 전략은 그 어떤 경영서보다 생생하고 시의적절하다. 콘텐츠 산업의 미래를 읽고 싶다면 반드시 읽어야 할 책이다.

– 임영웅 소속사 물고기 뮤직

'유튜버로 어디까지 성공할 수 있을까?' 고민한다면 반드시 읽어야 할 책이다. 글로벌 무대에서는 어제와는 다른 전략과 마인드가 필요하다. 해외 성공 사례를 치밀하게 분석하며 콘텐츠의 확장성을 다각도로 보여주는 이 책은, 더 큰 꿈을 꾸는 크리에이터들에게 든든한 이정표가 되어줄 것이다.

– 디바제시카^{DeevaJessica}, True Crime 팟캐스트 운영

이 책은 글로벌 콘텐츠 비즈니스의 정점에 있는 미국의 시스템을 가장 완벽하게 분석한 지도다. 더 높이 오프고 싶은 크리에이터들에게 큰 도움이 될 책이다.

– 서재로36, 여행 다큐멘터리 유튜버

부모님은 말씀하셨다. "잘 살려면, 공부를 잘해야 한다"고. 실제로 그랬다. 유튜브가 등장하기 전까지는. 유튜브는 각 분야에서 그동안 믿어온 사다리를 치우고 누구나 '슈퍼'가 될 수 있는 길을 열었다. 책 속 '슈퍼 유튜버'들의 사례를 읽다 보면 당신이 찾던 답을 발견할 수 있을 것이다.

– 김시선, 영화 유튜버

데이터와 통찰이 합쳐지면 정말 좋은 지도가 된다는 것을 보여주는 책. 그동안 제발 이런 책이 나오길 빌었다.

– 이종범, 웹툰 작가, 유튜브 채널 '이종범의 스토리캠프' 운영

채널을 운영하며 방향을 고민할 때마다 저자들은 언제나 전략적 기준점이 되어주었다. 이 책은 유튜브를 단순한 콘텐츠 플랫폼이 아니라 하나의 시장이자 글로벌 비즈니스 인프라로 바라본다. 성장과 사업화를 고민하는 크리에이터, 그리고 미디어를 비즈니스 관점에서 이해하려는 독자에게 꼭 필요한 책이다.

– 조정연, 유튜브 채널 '리쥬라이크 LIJULIKE' 운영

이 책은 유튜브라는 생태계가 작동하는 새로운 원리를 파헤친다. 모두가 유튜브를 보고, 많은 사람들이 유튜버를 꿈꾸는 시대, 이 책은 가장 현실적인 비즈니스 교과

서이자 크리에이터들에게 다음 단계를 상상하게 만드는 필독서다.
—조아란, 민음사 콘텐츠기획팀 총괄팀장

오늘날 기존의 거대 매스미디어 기업들을 대체하고 있는 주역은 그저 우리와 크게 다를 바 없는 평범한 개인들. 즉, 슈퍼 유튜버들이다. 이 책은 이미 우리 시대의 주류이자 미래의 나침반이 된, 문화, 경제, 여가, 엔터테인먼트의 '롤 모델'들을 다룬다. 청소년이든, 청장년이든, 노인이든 상관없이 이 책을 통해서 각자 자신만의 개성과 이야기를 도구로 새로운 모험을 시작할 수 있기를 바란다.
— 이민석, 와이낫미디어 대표

《슈퍼 유튜버》는 팬덤을 자산으로 성장하는 크리에이터가 유튜브 안에서 사업을 설계하는 방법을 가장 현실적으로 안내한다. 조회수 수익을 넘어 하나의 사업으로 키우고 싶은 분께 강력 추천한다.
— 박혜윤, 마플Marpple코퍼레이션 대표

《슈퍼 유튜버》는 유튜브를 단순한 콘텐츠 플랫폼이 아니라, IP와 브랜드, 제품과 조직으로 확장되는 비즈니스 시스템으로 해부한 책이다. 크리에이터 개인은 물론, 콘텐츠를 다루는 기업과 투자자, 그리고 미디어 · 엔터테인먼트 산업의 다음 단계를 고민하는 사람이라면 이 책이 분명한 기준을 제시해줄 것이다.
— 서경종, 라우드코퍼레이션 대표

저자들이 주최한 모임에 참여하며 나는 웹 콘텐츠 IP 비즈니스의 무한한 확장 가능성을 목격했다. 미스터비스트를 비롯한 크리에이터들의 치열한 사고와 전략 속에는, 플랫폼을 넘나들며 자신만의 거대한 생태계를 구축해나가는 통찰이 담겨 있다. 디지털 시대를 살아가는 모든 크리에이터의 필독서다.
— 사도연, 《두 번 사는 랭커》 저자, 웹툰 · 웹소설 작가

실무자들은 바쁘다. 그래서 관찰하고 공부할 시간을 내기가 어렵다. 리더가 아무리 똑똑해도 지혜로운 사이드킥이 필요한 이유다. 여기 당신 대신 유튜브 시장의 새로운 흐름을 감지하고 성공 사례를 분석한 사람들이 있다. 당신이 유튜버라면, 저자들의 이야기를 들어볼 이유는 충분하다.
— 유하람, 롤 e스포츠 서사 분석 · 해설 팟캐스트 운영

슈퍼 유튜버

세계 1% 크리에이터에게 배우는
새로운 부의 공식

슈퍼 유튜버

윤성원, 주힘찬, 정의민 지음

왜 지금 '슈퍼 유튜버'인가

"전 세계 탑 크리에이터는 얼마나, 그리고 어떻게 돈을 벌까?"

이 책은 바로 이 질문에서 시작됐다. 콘텐츠 업계 종사자들은 이미 알고 있겠지만, 국내에서는 "한국에서 개인 유튜브 채널이 벌 수 있는 최대 매출은 연간 50억 원 수준으로 한계가 있다"는 말이 종종 회자된다. 물론 한 개인에게 50억 원은 어마어마한 금액이다. 한 명의 크리에이터가 혼자서 그 정도의 매출을 올린다면 분명 대단한 성취다.

하지만 기업이나 산업 관점에서 보면 이야기는 달라진다. 성장과 상장(IPO)을 꿈꾸는 비즈니스에서 연 매출 50억 원은 그리 큰 규모가 아니다. 더 중요한 문제는 '50억 원이 한계'라는 인식이 널리 퍼지는 순간, 산업 전체의 도전과 투자마저 위축된다는 점이다. 그렇게 되면 콘텐츠 생태계의 성장 속도도 느려질 수밖에 없고, 불확실성이 높은 이 시장에서 도태되는 건 시간문제다. 실제로 많은 크리에이터들이 이 지점을 극복하지 못해 정체 상태에 빠지거나 시장에서 사라졌다. 그런 맥락에서 디지털 콘텐츠를 만드는 이들에게 이 한계와 고정관념을 돌파하는 일은 공통의 과제가 되었다.

물론 이 50억 원은 과학적 근거가 있는 수치가 아니라, 사람들 사이에 회자되는 통념에 가깝다. 그동안 VC나 투자자들이 지켜본 많은 크리에이터와 미디어 스타트업이 실제로 이 지점에서 성장이 멈추곤 했고, 그 이상을 안정적으로 넘어선 사례가 많지 않기 때문에 나오는 말이다.

하지만 슬프게도 이 통념에는 합리적인 부분도 있다. 10여 년 전, 모바일 시대가 한창이던 무렵 필자는 '연매출 100억 원을 넘는 미디어 스타트업이 등장하려면 무엇이 필요할까?'를 계산해본 적이 있다. 당시나 지금이나 콘텐츠 기업이나 크리에이터의 주요 수익원은 광고, 즉 브랜디드 콘텐츠다. 그렇다면 단가 3천만 원짜리 광고를 만드는 팀이 100억 원대 매출을 올리려면 1년에 몇 건의 광고가 필요할까? 단순 계산이지만, 334건의 광고를 집행해야 한다. 거의 매일 광고 콘텐츠를 만들어야 가능한 수준이다.

여기서 문제가 발생한다. 1년 내내 광고를 유지하기 위해서는 광고 수주와 광고주 커뮤니케이션을 담당하는 전문 조직이 필요하고, 시청자 이탈을 막기 위해 광고가 아닌 일반 콘텐츠도 더 많이 생산해야 한다. 한마디로, 분업화된 조직 규모와 시스템이 없으면 사실상 불가능한 일이다.

물론 지금은 상황이 조금 바뀌었다. AI 덕분에 콘텐츠 제작 효율이 높아지고 있고, 탑 크리에이터들의 광고 단가는 3천만 원을 훌쩍 뛰어넘기도 한다. 광고 외에도 조회수 수익, 구독, 후원 등 다양한 수익 모델이 생겼다. 그럼에도 여전히 광고 비중이 가장 크기 때문에, 매일 한 건의 브랜디드 콘텐츠를 안정적으로 집행할 수 있는 시스템이 없다면 연매출 100억 원은 매우 어려운 목표다. 그래서 많은 크리에이터들이 결국 50억 원 부근에서 성장이 멈춘다.

이런 배경을 알기 때문에, 최전선에서 활동하는 크리에이터들과 콘텐츠 회사일수록 이미 수년 전부터 커머스에 뛰어들기 시작했다. 하지만 커머스 사업은 제품력·물류·마케팅·브랜딩·CS 등 전방위 역량이 필요한 전문 영역이고, 경쟁도 치열하다. 준비 없이 뛰어들었다간 크리에이터의 신뢰와 평판이 타격을 받기 쉽고, 실제로 그런 사례도 흔하다. 초기에 반짝 완판은 가능해도, 지속 가능한 브랜드로 자리잡는 경우는 생각보다 많지 않다.

이런 고민 속에서 새로운 돌파구를 찾기 위해 글로벌 톱 티어 크리에이터들의 성장 과정과 비즈니스 전략을 살펴보기로 했다. 그 출발점이 '프로젝트 썸원'의 오프라인 모임 '유튜브 비즈니스 스터디'였다. 비슷한 문제를 먼저 겪었을 세계 최고의 크리에이터들이 어떤 전략을 세우고 어떻게 위기를 돌파했는지, 그들은 어떤 방식으로 일개 채널을 비즈니스 모델로까지 성장시켰는지 분석하다 보면 분명 큰 인사이트를 얻을 수 있을 거라고 생각했다.

시장에 이런 정보가 체계적으로 정리된 자료가 부족하다는 점도 이 프로젝트를 시작하게 한 이유였다. 실제로 해보니, 수많은 리서치와 치열한 토론, 그리고 집요한 편집이 필요한 이런 작업을 실행한다는 게 결코 쉽지 않았겠다는 생각도 든다. 그래서 팀을 꾸려 방대한 자료와 데이터를 수집하고 검증했다. 이것을 책으로 옮기는 과정에서 더 많은 업데이트가 이뤄졌음은 물론이다. 오프라인 모임에서는 20명이 넘는 크리에이터들을 다뤘지만, 책에서는 독자에게 가장 도움이 될 만한 12명을 엄선해 '슈퍼 유튜버'라 이름 붙였다.

그중에는 역사상 가장 폭발적인 성장세를 보여주고 있는 '미스터비스트'와 글로벌 IT 분야의 절대 강자 '마르케스 브라운리', 와인 장수에서 디지털 마케팅 그룹을 이끄는 선구자로 진화한 '게리 베이너척', 파산 위기에서 시작한 유튜브 채널로 한 동네의 운명을 뒤바꾼 '제니 도안 가족' 등 콘텐츠·비즈니스 측면에서 반드시 참고해야 할 인물들이 다수 포함돼 있다.

이들이 어떻게 슈퍼 파워를 확보했는지를 이해하려면, 유튜브라는 플랫폼 자체의 작동 방식은 물론, 지난 20년간 유튜브의 확장 과정 또한 알아야 한다. 그래서 1부에서 이것들을 먼저 다뤘다. 처음엔 그저 간편하게 동영상을 공유할 수 있도록 만든 서비스였던 유튜브가 어느새 전 세계인의 시간과 관심을 독점하는 압도적 플랫폼으로 성장했다. 그 지배력은 가히 놀라운 수준이다. 더 무서운 점은 이런 유튜브의 파괴력과 영향력이 콘텐츠 영역을 넘어 비즈니스 전반으로 침투하고 있다는 점이다.

앞으로의 부는 유튜브를 통해 창출될 가능성이 높다. 바꿔 말하면, 개인이든 기업이든 성장을 꿈꾸는 플레이어라면 유튜브를 외면하기가 점점 어려워질 것이다. 따라서 이제 유튜브를 이해하는 일, 그리고 유튜브에서 슈퍼 파워를 구축한 사람들을 공부하는 것은 앞으로 성장의 필수 조건이 될 것이다. 이 책이 그 시작점이 되기를 바란다.

물론 제3자의 시선으로 정리한 만큼 부족함과 빈틈도 있을 것이다. 어떤 부분은 다르게 해석될 여지도 있다. 하지만 시행착오를 감수하고서라도 한 발 먼저 내딛는 시도가 필요하다고 믿었다. 그리고 이 책이 많은 사람들의 도전을 촉발하는 출발점이 된다면, 언젠가 업계에 드리운 '50억의 저주'도 충분히 극복할 수 있지 않을까 기대해본다.

유튜브를 통해 한 단계 더 성장하기를 꿈꾸는 사람들에게, 콘텐츠를 통해 우아한 도전을 시작하려는 사람들에게, 성장 산업과 비즈니스에 관심 있는 모든 사람들에게 이 책이 도움이 되기를 바란다.

그리고 콘텐츠를 통해 자신만의 슈퍼 파워를 얻기를 진심으로 응원한다.

차례

3부 성공을 만드는 유튜브 메커니즘

본격적인 사례 분석에 앞서 1부에서는 유튜브가 지금
얼마나 압도적인 지배력을 가진 플랫폼인지 다각도
로 살펴본다. 유튜브를 제대로 이해해야만 우리가 유
튜브를 어떻게 활용하고, 어떤 방식으로 비즈니스를
설계해야 할지 구체적으로 알 수 있기 때문이다. 슈퍼
유튜버들의 전략 역시 이러한 이해가 있을 때 훨씬 더
입체적으로 보인다.

사람들은 흔히 '구독자 수'나 '조회수'에 주목하는데,
사실 진짜 중요한 것은 '시간'이라는 관점에서 유튜브
를 이해하는 것이다. 많은 이들이 간과하지만, 유튜브
는 철저하게 시간을 지배하도록 설계된 플랫폼이다.
알고리즘, 인터페이스, 추천 구조 모두가 사용자의 시
간을 더 오래 붙잡아두기 위해 만들어졌다. 이 구조를
이해해야 유튜브를 전략적으로 활용할 수 있다.

앞으로 경제와 비즈니스에서 유튜브를 이해하는 일은
선택이 아니라 하나의 '경쟁력'이 될 것이다. 유튜브
라는 거대한 시간의 전쟁터, 그 판을 읽는 법부터 시
작해보자.

SUPER

PART 1

유튜브의
시스템을
먼저 이해하라

01

시간과 관심을 지배하는 자가
비즈니스를 지배한다

"관심이 곧 돈입니다. 관심만 끌 수 있으면 무엇이든 팔 수 있고, 부자가 될 수 있어요."[1]

한국계 미국인 로이 리$^{Roy\ Lee}$는 자신이 만든 부정행위용 AI를 활용해 아마존, 메타, 틱톡 등 빅테크 기업의 입사 면접에 합격했다고 주장하며 논란을 불러일으켰다. ---그의 행동이나 서비스의 윤리성에 대해서는 신중한 논의가 필요하지만, 대중의 관심을 사로잡은 건 분명하다.

처음 서비스를 출시했을 때만 해도 별다른 주목을 받지 못했던 그는, 대학 시험에서 자신이 만든 치팅 서비스로 정학을 당했다는 사실과 빅테크 면접 합격 경험을 콘텐츠로 공개하며 단숨에 이목을 집중시켰다. 이를 계기로 설립한 스타트업 '클루리^{Cluely}'는 초기 단계에서 수십억 원의 투자를 유치했다.[2] 그는 "월 10억 뷰를 만들 수 있다면 누구나 부자가 될 수 있다"고 주장한다.

현대 비즈니스를 '관심의 경제$^{Attention\ Economy}$'로 바라보는 시각은 이미 주류가 되었다. 1978년 노벨경제학상 수상자 허버트 사이먼$^{Herbert\ Simon}$이 주

창한 이 개념은 오늘날 애플, 아마존, 넷플릭스가 세계 최고의 기업이 된 이유를 명확히 설명해준다. 실제로 넷플릭스 창업자 리드 헤이스팅스[Reed Hastings]는 2019년 "넷플릭스의 경쟁자는 수면"이라고 말해 화제를 모았다.[3] 사람들이 일하지 않는 시간 중 가장 많은 시간을 쓰는 것이 '잠'이므로, 그 시간과 경쟁할 만큼 강력한 엔터테인먼트를 제공하겠다는 선언이었다. 넷플릭스는 '몰아보기' 문화를 통해 그 목표에 상당 부분 가까워지며 계속 성장하고 있다.

다만 지금 달라진 점이 하나 있다면, 그 사이 유튜브의 지배력이 엄청나게 커졌다는 점이다. 이제 관심의 경제에서 넷플릭스는 물론 거의 모든 사업자의 가장 강력한 경쟁자는 바로 유튜브다. 전 세계 시청자들이 유튜브에서 소비하는 시간은 하루 평균 10억 시간을 상회하며, 이 수치는 지금도 계속 증가하고 있다.

한국 역시 예외가 아니다. 2024년 기준 유튜브의 국내 월간 활성 이용자 수[MAU]는 약 4,579만 명으로 국민 메신저 카카오톡을 제치고 1위에 올랐다.[4] 더 놀라운 것은 체류 시간이다. 한국인의 유튜브 시청 시간은 5년 사이 두 배로 급증해 월평균 40시간에 육박한다.[5] 이용자 수 2위인 인스타그램과 비교했을 때 이용자는 2배 차이지만, 총 이용 시간은 무려 60배 이상 벌어진다. 동영상 플랫폼 이용 시간의 80% 이상을 유튜브가 사실상 독점하고 있는 셈이다.

이런 상황을 의식해서인지, 넷플릭스는 최근 유튜브 비디오 팟캐스트 크리에이터들에게 적극적인 러브콜을 보내고 있다.[6] "왜 돈도 받지 않고 유튜브나 스포티파이에 콘텐츠를 올리냐"면서 말이다.

결국 현대 비즈니스가 시간과 관심의 쟁탈전이라는 관점에 동의한다면, 지금 이 순간 가장 강력한 경쟁자는 단연 유튜브다. 따라서 앞으로 새로운 비즈니스를 준비하거나 이미 비즈니스를 하고 있는 사람들에게 남은 선택지는 크게 두 가지다. 유튜브와 경쟁해 더 많은 시간과 관심을 사로잡거나, 아니면 이미 압도적인 시간을 점유한 유튜브 생태계 안에서 그 시간의 일부를 공유받거나.

물론 유튜브보다 더 매력적인 새로운 플랫폼을 만들겠다는 야심찬 도전은 존중받아 마땅하다. 그러나 성공 확률이 극히 낮다는 점을 고려하면, 현실적인 선택지는 대부분 후자일 가능성이 크다. 그래서 알파 세대를 포함한 많은 청소년들이 '유튜브 크리에이터'를 장래희망으로 꼽는 현상[7]은 철없는 꿈이라기보다, 기회가 어디에 있는지를 본능적으로 감지한 결과일지도 모른다.

유튜브가 이토록 압도적인 지배력을 갖게 된 핵심 요인은 플랫폼의 보상 체계 자체가 '시간을 많이 뺏어오는 플레이어에게 더 큰 수익을 주도록' 설계되었기 때문이다. 유튜브 크리에이터에게 가장 중요한 지표는 구독자 수도, 조회수도 아닌 '시청 시간Watch Time'이다. 유튜브는 크리에이터가 확보한 시청자의 시간 사이에 광고를 삽입하고 그 수익을 나누기 때문이다. 수익 창출 자격을 부여하는 '유튜브 파트너 프로그램Youtube Partner Program, YPP'의 필수 조건에 시청 시간이 포함된 이유도 여기에 있다.

단순 누적 시청 시간보다 한 단계 더 중요한 지표는 '시청 지속 시간 그래프Watch Time Graph/Retention Graph'다. 이는 영상의 어느 지점에서 시청자가 이탈하는지를 보여주는 데이터다. 몰입도가 높아 끝까지 시청되는 영상일수록 광고 노출 기회가 늘어나기 때문에, 유튜브 알고리즘은 이런 콘텐츠에 더 많은 노출 혜택을 준다. 유튜브의 수익이 늘어날수록 크리에이터의 수익도 함께 증가하는 구조다.

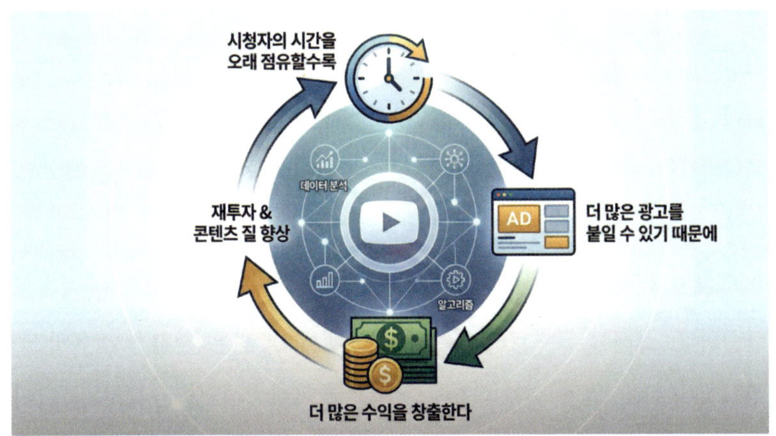

특히 영상 길이가 8분을 넘으면 중간 광고(미드롤)가 자동 삽입되고, 해당 영상의 노출도와 조회수가 약 1.5~3배가량 상승한다. 그러면 당연히 조회수 수익도 오른다. 보통 긴 영상으로 제작되는 영화·드라마 리뷰 콘텐츠가 높은 수익성을 보이는 이유도 여기에 있다.

물론 유튜브 알고리즘은 매우 복잡하고 지금도 계속 변화하고 있지만, '시청 시간을 늘려 광고를 붙이고 수익을 발생시킨다'는 기본 원리가 바뀌지 않는 한, 본질도 변하지 않을 것이다. 유튜브는 앞으로도 사람들의 시간을 더 많이 점유하는 방향으로 진화할 가능성이 크다.

유튜브 최고제품책임자[CPO]였던 닐 모한[Neal Mohan]은 "추천 알고리즘이 이용자를 1시간 넘게 계속 몰입시키는 효과를 낸다"고 설명한 바 있다. 실제로 2018년 기준 전체 유튜브 시청 시간의 70% 이상이 추천 알고리즘을 통해 소비되고 있다고 덧붙였다. 이 같은 알고리즘과 프로덕트 설계의 핵심 역할을 맡았던 닐 모한은 이후 유튜브의 네 번째 CEO가 되었다.

2부에서 더 자세히 다루겠지만, 전 세계 구독자 수 1위 크리에이터 미스터비스트^{MrBeast}는 '시간의 지배자'라 불릴 만하다. 그는 어린 시절부터 유튜브라는 플랫폼을 분석하며 성장했고, 수많은 실패 끝에 유튜브에서 가장 중요한 것은 시청자의 시간을 얼마나 오래 붙잡느냐라는 것을 깨달았다. 유출된 내부 문건[8]에 따르면, 그는 영상을 분 단위로 쪼개어 편집 전략을 세움으로써 시청자의 이탈을 최소화하기 위해 집요하게 노력한다 (77쪽 참고).

실제로 미스터비스트의 영상이 기괴하고 자극적으로 보이는 이유도 단순하다. 그래야 유튜브라는 생태계 안에서 더 많은 시간을 점유할 수 있기 때문이다. 그가 세계 1위가 된 이유는 복합적이지만, 시간과 관심이라는 관점에서 보면 답은 명확하다. 플랫폼의 본질을 가장 깊이 이해한 사람이 가장 큰 성과를 가져간다.

최근 더 주목받고 있는 '숏폼' 역시 이 흐름에서 예외는 아니다. 많은 사람들이 '이제는 짧은 영상이 대세'라고 오해하지만, 본질적으로 숏폼은 유튜브가 총 시청 시간을 극대화하기 위해 설계한 하나의 장치이다. 즉, 내 채널을 비구독자(신규 시청자)에게 노출해 '발견'하게 만드는 마중물인 셈이다. 숏폼 또한 개별 영상은 짧을지언정 결국 누적 시청 시간이 늘어나야 수익을 창출할 수 있는 포맷이다. 결국 플랫폼 비즈니스의 모든 승부는 '시간'이라는 관점에서 해석해야 한다.

사람들의 시간은 한정되어 있다. 유튜브는 이 사실을 누구보다 정확히 이해했고, 그래서 더 많은 시간을 점유할수록 더 큰 보상을 주는 구조로 플랫폼을 설계했다. 그리고 지금도 계속 그 방향으로 진화하고 있다.

02

시청자를 떠나지 못하게 만드는
멀티 포맷 전략

대중에게는 잘 알려져 있지 않지만, 유튜브가 수년 전부터 일관되게 밀어온 핵심 전략 중 하나는 '멀티 포맷Multi-Format'이다.[9] 유튜브 초창기를 떠올려보면, 한때는 '동영상Video'이라는 단일 탭만 존재했다. 이후 재생목록Playlists, 채널Channels 등이 추가되었고, 지금은 쇼츠Shorts, 라이브Live, 발표곡Art-Track, 팟캐스트Podcasts, 학습Courses, 게시물Community, 쇼핑Store 등 계속해서 새로운 항목들이 생겨나고 있다.

그림 1-2 | 유튜브의 다양한 기능을 보여주는 멀티 포맷 예시

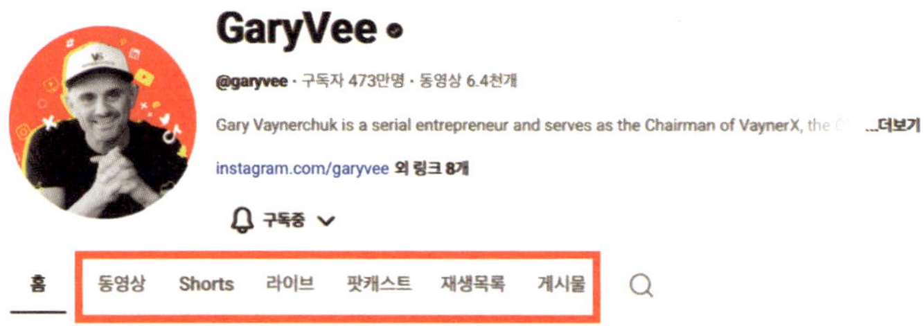

유튜브가 추구하는 멀티 포맷 전략이란, 디지털에서 소비되는 거의 모든 콘텐츠 포맷을 유튜브 안으로 끌어들인 뒤, '소비'에서 '구매 전환'까지 한 플랫폼 안에서 완결시키겠다는 구상이다. 다시 말해, 사용자가 다른 플랫폼으로 이동할 이유를 최대한 제거하겠다는 전략이다.

처음에는 누구나 동영상을 올릴 수 있는 단순한 플랫폼으로 출발했지만, 유튜브는 점차 라이브 스트리밍과 음악, 숏폼 등 다양한 콘텐츠를 소비할 수 있는 공간으로 확장했다. 최근에는 스레드Threads의 성장을 의식하며 커뮤니티 게시글의 노출을 강화, 텍스트와 이미지 영역까지 점유하는 움직임을 보이고 있다. 멀티 포맷 전략의 대표적 사례인 '유튜브 뮤직YouTube Music'이 한국에서 공정거래위원회의 제재 대상이 될 만큼 강력한 영향력을 확보한 것도 우연이 아니다.[10]

주목할 점은, 유튜브가 새로운 포맷을 흡수하는 방식이 점점 더 자연스러워지고 있다는 것이다. 유튜브가 처음 스트리밍을 추가할 때만 해도 어색한 부분이 없지 않았지만, 일단 첫 단추를 끼운 이후에는 지배력이 작동하기 시작했다. 쇼츠, 뮤직 등의 기능을 지나 학습 프로그램, 쇼핑 등의 신규 카테고리 역시 기존 동영상 경험과 거의 이질감 없이 결합되고 있다.

여기에는 유튜브의 영리한 전략이 숨어 있다. 유튜브는 신규 포맷을 출시할 때마다 해당 포맷을 적극적으로 활용하는 크리에이터에게 추가 노출이라는 인센티브를 제공해왔다. 심지어 해당 포맷을 활성화하기 위해 크리에이터 펀드를 만들어서 지원금까지 준다.[11] 공식적으로 수치가 공개되지는 않았지만, 수많은 크리에이터들과 함께 일하며 분석한 결과, 롱폼 콘텐츠만 제작하던 크리에이터가 라이브를 시작하거나 커뮤니티 게시물을 활용하거나 쇼츠를 병행하는 순간 채널 노출 빈도가 눈에 띄게 증가하는 것을 확인할 수 있었다. 탐색 탭과 홈 피드에서의 재등장은 이런 변화를 가장 쉽게 체감할 수 있는 지점이다.

똑똑한 크리에이터들은 이를 성장의 지렛대로 활용한다. 그들은 유튜브의 신기능이 출시될 때마다 누구보다 빠르게 테스트한다. 하나의 포맷에 안주하기보다 멀티 포맷을 활용해 시청자와의 접점을 다각화하는 것이 채널의 생존과 수익에 유리하다는 사실을 본능적으로 알고 있기 때문이다.

현재 유튜브가 가장 공들이고 있는 신규 영역은 단연 이커머스, 즉 쇼핑이다. 2022년 유튜브는 쇼피파이^{Shopify}와 파트너십을 체결하고 영상과 쇼츠에 제품을 직접 태그할 수 있는 '유튜브 쇼핑^{YouTube Shopping}' 기능을 도입했다. 이후 월마트^{Walmart}, 세포라^{Sephora}, 펜티 뷰티^{Fenty Beauty} 등 글로벌 브랜드들이 참여하며 쇼핑 생태계는 빠르게 확장되었다.

그 결과 2024년 기준, 한국과 미국에서만 약 25만 명 이상의 크리에이터가 유튜브 쇼핑을 활용하고 있으며, 한국에서는 쿠팡 연동 이후 유튜브 쇼츠 기반 쇼핑 콘텐츠로 월 매출 1억 원을 넘긴 크리에이터도 등장하고 있다. 굿즈 플랫폼과 연동한 셀러 브랜드형 모델 역시 늘어나고 있는데, 대표적으로 마플^{Marpple}은 2023년 한 해 동안 전년 대비 83% 성장했고, 상반기 매출만 230억 원을 기록했다.

이 모든 흐름을 관통하는 메시지는 단순하다. 유튜브의 멀티 포맷 전략은 '시간 점유 → 몰입 → 구매 전환'을 하나의 생태계 안에서 완성하려는 시도다. 누군가에게는 엔터테인먼트였던 시간을, 또 다른 누군가에게는 쇼핑이었던 시간을 유튜브 안으로 흡수하겠다는 것이다.

현재 유튜브는 숏폼으로 내 채널을 발견시키고, 롱폼과 라이브로 체류 시간을 늘린 뒤, 쇼핑으로 지갑을 열게 한다. 이것이 유튜브가 그리고 있는 멀티 포맷 전략의 큰 그림이다. 따라서 유튜브를 이해하고 활용하려는 사람이라면, 개별 기능보다 유튜브가 궁극적으로 무엇을 하려 하는지를 먼저 이해해야 한다.

그리고 유튜브가 사용자의 시간을 더 붙잡기 위해 노리고 있는 영역이 하나 더 있다. 바로 TV다.

03

모바일과 PC를 넘어, 거실의 TV까지 점령한 유튜브

유튜브는 웹사이트에서 출발한 서비스지만, 더 이상 작은 화면에만 머무르지 않는다. 여전히 많은 사람들이 유튜브를 스마트폰으로 시청하고 있지만, 최근 몇 년 사이 TV를 통한 유튜브 시청 비율과 시청 시간이 가파르게 증가하고 있다. 이 흐름은 지상파·케이블 TV 등 레거시 미디어의 방송 시청률이 전반적으로 하락하고 있는 추세와 뚜렷한 대비를 이룬다.

미디어 리서치 기관 닐슨^{Nielsen}에 따르면, 2025년 5월 기준 유튜브는 미국 전체 TV 사용 시간의 12.5%를 차지했다. 다시 말해, 유튜브를 TV로 시청하는 사람들이 그만큼 많아졌다는 얘기다. 이는 지금까지 어떤 스트리밍 서비스도 기록한 적 없는 최고치이며,[12] 해당 비중은 앞으로도 계속 증가할 것으로 전망된다.

방송업계에서는 "요즘 사람들은 TV를 안 본다"는 말을 많이 한다. 하지만 정확히 말하자면, 사람들은 TV를 안 보는 것이 아니라 기존 레거시 방송 콘텐츠를 보지 않는 것에 가깝다. 이를 가장 명확하게 보여주는 지표가 바로 TV를 통한 유튜브 시청 시간의 증가다.

유튜브 스튜디오^{YouTube Studio}에는 '기기 유형^{Device type}'이라는 분석 항목이 있다. 이를 통해 시청자들이 모바일, PC, 태블릿, TV 중 어떤 디바이스로 콘텐츠를 소비하는지를 확인할 수 있는데, 전 세계적으로 TV를 통한 시청 비중이 꾸준히 상승하고 있다.

닐슨이 발표한 2024년 보고서에 따르면, 미국 기준 전체 TV 시청 시간에서 유튜브의 점유율이 넷플릭스를 앞질렀다.[13] 영국 역시 2022년 29%였던 유튜브의 TV 시청 비중이 2023년에는 34%까지 상승했다.[14] 이 같은 흐름 속에서 영국의 대표적 레거시 방송사 ITV는 2024년부터 자사 프로그램을 유튜브에 공식 공급하기 시작했으며, BBC는 2035년 지상파 송출을 종료하고, 유튜브 기반 디지털 퍼스트 전략을 구사한다고 밝혔다.[15]

글로벌 차원에서 보더라도 흐름은 동일하다. 2024년 기준, 유튜브의 하루 평균 TV 시청 시간은 10억 시간을 돌파했으며,[16] 이는 전년 대비 약 30% 증가한 수치다. TV에서 주로 소비되는 유튜브 콘텐츠 유형은 '스포츠 경기'와 '비디오 팟캐스트^{Video Podcast}'다. 스포츠 콘텐츠 시청 시간은 전년 대비 45% 증가해 총 350억 시간을 기록했고, 비디오 팟캐스트는 매월 4억 시간 이상이 TV를 통해 소비되고 있다. 이후 2부에서 자세히 설명하겠지만, '로건 폴^{Logan Paul}'이나 '스티븐 바틀릿^{Steven Bartlett}' 같은 대형 유튜버의 성장은 이러한 시청 환경 변화와 밀접하게 연결돼 있다.

유튜브 역시 이런 흐름에 적극 대응하고 있다. TV 시청 환경을 고려한 UI 개편, 스마트폰과 TV 동기화 기능, 협업 재생목록, 실시간 해설이 가능한 '와치 위드^{Watch with} 기능' 등을 지속적으로 업데이트하고 있다.[17] 이는 유튜브가 모바일 중심 플랫폼을 넘어 TV와 결합된 종합 미디어 플랫폼으로 진화하고 있다는 신호다.

사람들은 왜 유튜브를 TV로 보기 시작했을까?

첫 번째 이유는 큰 화면이 주는 몰입감과 편안함이다. TV는 스마트폰보다 압도적으로 큰 화면과 뛰어난 음향 환경을 제공한다. 여행, 아웃도어, 다큐멘터리처럼 영상의 디테일과 분위기가 중요한 콘텐츠일수록 TV 시청 비중이 높은 이유다. 실제로 브이로그나 해외 여행 유튜버, 자연 풍경 중심 채널의 데이터를 보면, TV 시청 비율이 상대적으로 높게 나타난다. 여기에 더해 TV 제조사들 역시 스마트폰과의 차별화를 위해 화면 크기를 점점 더 키우고 있다. 2024년 기준 98인치 초대형 TV 판매량은 전년 대비 무려 50% 이상 급증했다.[18]

두 번째 이유는 커넥티드 TV와 스마트 TV의 보급 확대다. 유튜브 앱이 기본 탑재된 TV가 늘어나면서, 유튜브를 TV로 시청하는 과정 자체가 매우 간단해졌다. 동시에 크리에이터 간 경쟁이 치열해지면서 콘텐츠의 평균 퀄리티 역시 꾸준히 상승했고, 이제 유튜브 콘텐츠는 큰 화면에서 보아도 전혀 어색하지 않을 정도로 완성도가 높아졌다.

세 번째는 멀티태스킹 시청 습관이다. 많은 시청자들이 TV를 통해 유튜브를 '집중해서 보는 것'이 아니라, 집안일이나 재택근무 중에 틀어두는 배경 콘텐츠로 활용한다. 특별히 집중해서 보지 않아도 되는 브이로그, ASMR, 플레이리스트 채널들의 TV 시청 비중이 점차 늘어나는 이유가 여기에 있다. 최근에는 잠들기 전 TV나 모니터에 유튜브 롱폼 영상을 틀어놓고 자는 패턴도 하나의 문화로 자리 잡고 있다.

이 흐름에 맞춰 일부 크리에이터들은 의도적으로 8~10시간 분량의 장시간 콘텐츠를 제작한다. 시청자가 영상을 틀어놓기만 해도 시청 시간이 누적되기 때문에 노출과 수익 측면에서 유리하기 때문이다. 빗소리, 파도 소리, 모닥불 소리처럼 단순한 자연음 영상이 높은 조회수와 구독자를 확보하는 이유도 같은 맥락이다.

유재석 씨가 출연하는 유튜브 채널 '핑계고'의 영상이 토요일 아침 9시에 공개되는 이유도 이와 관련 있다. 핑계고는 초창기부터 '밥친구'라는 콘셉트를 내세워, 토요일 아침 느지막하게 일어나 아침밥을 먹으면서 핑계고를 보라는 메시지를 구독자들에게 전했고, 최초 공개 당시 동접자는 평균 4~5만 명에 이르렀다. 브랜드 협찬 광고도 주로 F&B 제품을 받고 있다.

크리에이터 입장에서도 TV 시청 비율이 높으면 좋은 것이, 요즘 스마트폰에서는 영상을 배속으로 빠르게 시청하는 습관이 확산되고 있는데, 아직 TV에서는 이 배속 플레이 기능을 지원하지 않는다. 유튜브에서 시청 시간의 측정 기준은 '절대값'이므로, TV에서 영상을 보는 사람이 많을수록 시청 시간 측면에서도 유리한 고지를 점할 수 있다.

네 번째는 심리적 요인이다. 연구에 따르면 TV 시청은 외로움을 완화하는 '가짜 사회적 연결Pseudosocial tie' 기능을 수행할 수 있다.[19] 특히 1인 가구나 노년층의 경우, TV를 켜두는 것만으로도 외로움을 완화하고 정서적 안정을 얻는 경향이 있다. 이로 인해 많은 사람들이 혼자 있을 때 TV를 배경음처럼 켜두고, 그 자리를 유튜브가 자연스럽게 대체하고 있다.

마지막으로 유튜브를 TV에서 보는 비중이 높아지는 다섯 번째 이유는 레거시 미디어와 전문 제작 인력의 유튜브 유입 때문이다. 특히 이 변화는 한국이 가장 빠른 편에 속한다. 이미 대부분의 지상파·종편·케이블 방송사는 유튜브 채널을 운영하며 24시간 콘텐츠를 송출하고 있고, 방송계 최정상급 인물들 역시 저마다 유튜브 채널을 개설해 활동하고 있다. 전문 제작 인력과 외주 제작사들 역시 유튜브로 이동하면서, 이제 유튜브의 일부 콘텐츠는 기존 방송과 구분이 어려울 정도의 퀄리티를 보여준다.

이 같은 환경에서는 TV로 시청하더라도 이질감이 거의 없고, 점차 크리에이터들의 콘텐츠도 4K가 기본 요건이 될지 모른다.

구글은 이러한 시청 패턴을 비교적 이른 시점인 2017년에 포착했고, 같은 해 2월 28일 'YouTube TV'를 출시하며 TV 기반 시청 시장에 본격적으로 진입했다. 이후 2023년 5월에는 TV 시청 환경에 최적화된 '건너뛸 수 없는 30초 광고'를 도입하기도 했다. 이는 모바일보다 광고 집중도가 높은 TV 시청자의 특성을 반영한 전략이다.

이처럼 현재 유튜브는 모바일과 PC를 넘어, TV와 거실이라는 오프라인 공간까지 점유하는 플랫폼으로 확장하고 있다. 이는 단순한 디바이스 확장이 아니라, 유튜브가 소비자의 라이프스타일 전반을 아우르는 '생활 플랫폼Life Platform'으로 진화하고 있음을 의미한다. 그리고 유튜브가 시청자(소비자)의 일상 깊숙이 스며들수록, 비즈니스 플랫폼으로서의 가치 역시 더욱 커질 수밖에 없다.

04

경쟁자가 없는
콘텐츠 아카이브와 네트워크 효과

유튜브가 전 세계 거의 모든 국가와 디바이스에서 압도적인 영향력을 구축할 수 있었던 비결은 무엇일까? 단순히 '시간 점유'라는 설계만으로는 설명이 부족하다. 또 다른 핵심 이유는 지난 20년간 축적해온 방대한 '콘텐츠 아카이브'와 그 위에서 강력하게 작동하는 '네트워크 효과Network Effect'에 있다.

인류 역사상 최대 규모의 지식·경험 저장소

유튜브는 그저 실시간 유행을 소비하는 플랫폼이 아니다. 유튜브의 본질은 '축적'이다. 2025년 기준, 유튜브에는 200억 개 이상의 영상이 저장돼 있으며,[20] 1분마다 약 500시간 분량의 영상이 새롭게 업로드되고 있다.[21] 하루 업로드 분량만 약 72만 시간으로, 한 사람이 평생 잠도 자지 않고 시청해도 다 볼 수 없는 양이다. 콘텐츠의 생성 속도와 누적량 면에서 유튜브는 이미 경쟁 상대가 없는 독보적인 위치에 들어섰다.

더욱 강력한 점은 콘텐츠의 '다양성'과 '검색 기능'의 결합이다. 구글이

'전 세계 정보의 조직화'를 목표로 성장했듯, 유튜브 역시 콘텐츠 플랫폼인 동시에 세계 2위의 검색 엔진 역할을 수행한다. 틱톡, 인스타그램, 스냅챗 등 인기 있는 플랫폼들과 비교했을 때 유튜브의 검색 기능은 비교 불가일 만큼 탁월하다. 틱톡이 밈Meme이나 챌린지 중심의 휘발성 소비에 강점이 있다면, 유튜브는 15초 쇼츠부터 수 시간짜리 ASMR 영상과 다큐멘터리까지 폭넓은 스펙트럼의 콘텐츠가 장기적으로 축적되고 재소비되는 구조를 갖췄다. 특히 비교·분석이 필요한 정보성 콘텐츠나 교육 콘텐츠에서 유튜브의 다아카이브는 타 플일랫폼이 결코 따라올 수 없는 강력한 자산이다.

광고주가 유튜브를 떠나지 못하는 이유

이 방대한 콘텐츠 아카이브는 그대로 광고 생태계의 확장으로 연결된다. 유튜브의 광고는 시청 기록, 검색 기록, 시청 시간, 참여 지표(좋아요·댓글·공유), 구독 정보 등의 '시청 데이터'와 연령, 성별, 지역, 기기 유형, 시간대 등의 '이용자 프로필'을 결합하여 노출된다.

다양한 연령대와 관심사의 시청자가 모인다는 것은, 곧 광고 상품을 세분화해 판매할 수 있다는 뜻이다. 실제로 유튜브의 광고 포맷은 다양하다. 숏폼은 물론, 롱폼, 라이브, 쇼핑 연동 콘텐츠, 라이브 커머스, 그리고 이제는 커뮤니티 게시글을 활용한 광고까지 매우 다양하다. 게다가 알고리즘 기반 검색 및 추천 구조 덕분에 한 번 제작한 광고 콘텐츠는 오랫동안 노출되며, 콘텐츠 수명 주기 역시 틱톡이나 인스타그램보다 훨씬 길기 때문에 광고주 입장에서도 유튜브에 광고를 집행하는 것이 더 안정적인 선택이다.[22]

광고주들은 유튜브에서 주로 세 가지 방식으로 광고를 집행한다. ①구글 애즈[Google Ads]를 통한 영상 도달 광고, ②크리에이터와 협업한 브랜디드 콘텐츠 제작, ③자체 유튜브 채널 운영이다.

2024년 기준 미국 기업들의 유튜브 광고 지출액은 23.5억 달러[3.5조 원], 2025년에는 약 34.5억 달러[5.1조 원]로 전망되었다. 이는 인스타그램(31.7억 달러)이나 틱톡(11.9억 달러)보다 높은 수치다.[23]

또 하나의 차별점은 제작 퀄리티다. 유튜브에서는 시네마 카메라, 고급 편집 툴, 전용 음향 장비를 활용한 고품질 콘텐츠 제작이 이미 보편화돼 있다. 이는 브랜드 입장에서 제품을 더 고급스럽고 신뢰감 있게 보여줄 수 있는 환경을 제공한다. 마르케스 브라운리[Marques Brownlee, MKBHD]가 대표적인 사례다. 2부에서 자세히 설명하겠지만, 그의 채널명 자체가 'HD[High Definition]', 즉 고퀄리티 콘텐츠 제작을 선언하며 많은 사람들의 신뢰와 사랑을 받고 있다.

결국 틱톡이나 인스타그램은 제작·아카이브·브랜드 구축 측면에서 유튜브를 대체하기 어렵다. 브랜드들도 유튜브를 주요 광고 채널로 활용할 수밖에 없으며, 구글의 전체 매출 중 유튜브 광고 매출이 차지하는 비중 또한 점차 늘고 있다.[24]

유튜브의 강력한 네트워크 효과

이처럼 크리에이터와 시청자, 브랜드(광고주)가 모두 유튜브에 몰리는 구조는 자연스럽게 '네트워크 효과'를 만든다. 참여자가 늘어날수록 콘텐츠는 풍부해지고, 알고리즘 정확도는 높아지며, 시청자는 자신의 취향에 맞는 콘텐츠를 더 쉽게 발견할 수 있다. 그 결과 체류 시간은 늘어나고, 플랫폼 이탈은 점점 더 어려워진다.

유튜브에는 하루 평균 1억 개 이상의 댓글이 달리고, 크리에이터들은

1천만 개 이상의 댓글에 '좋아요'를 누르며 시청자와 소통하고 있다.[25] 이는 유튜브를 단순한 영상 플랫폼이 아니라, 콘텐츠 기반 관계 비즈니스의 중심지로 만든다. 유튜브가 '대체 불가능한 플랫폼'이라 불리는 이유가 바로 여기에 있다.

이런 이유 덕분인지, 유튜브의 수익 구조는 타 플랫폼보다 훨씬 안정적이다. 유튜브는 크리에이터와 광고 수익을 55 : 45로 나누는 파트너 프로그램을 기반으로, 광고주와 창작자 모두에게 지속 가능한 생태계를 제공한다. 반면 일부 신생 플랫폼은 창작자들의 유입을 만들어내기 위해 플랫폼 초기에 리워드 형태로 고수익을 보장하지만, 이는 지속적인 자본 투입 없이는 유지되기 어렵다. 실제로 틱톡도 2021년, 2022년 숏폼 크리에이터를 대상으로 리워드를 제공했지만 효과는 좋지 못했다. 우리나라 기준 숏폼 지배력은 유튜브 쇼츠(87.4%), 인스타그램 릴스(58.3%), 틱톡(31.6%) 순이다.[26]

여기에 유튜브는 조회수 수익 배분 외에도 다양한 후원 기능(슈퍼챗, 슈퍼 스티커, 슈퍼땡스, 채널 멤버십)과 광고를 보지 않아도 되는 유튜브 프리미엄 요금제도의 수익을 분배하고 있으며, 유튜브 쇼핑 기능을 연동한 굿즈 판매 및 커머스까지 제공한다. 또한 일부 크리에이터에겐 유료 티켓 판매나 강의 기능도 제공하며, 크리에이터의 비즈니스 확장을 위한 전방위 시스템을 구축하고 있다.

05

자막과 더빙만으로
전 세계가 고객이 된다

"1인 미디어는 '미디어 혁명'이 아니라 '유통 혁명'입니다."[27]

국내 유튜브 크리에이터 1세대로 통하는 대도서관은 2018년 아프리카 TV에서 유튜브로 플랫폼을 옮기며 이렇게 말했다. 이 문장은 유튜브의 본질을 정확히 꿰뚫는다. 유튜브가 가진 지배력의 원천은 영상을 업로드하는 순간 전 세계 수십억 명의 시청자에게 도달할 수 있는 '글로벌 유통 인프라'에 있다. 그리고 이제 유튜브는 이 인프라 위에 '자막'과 '더빙'이라는 날개를 달아 콘텐츠의 국경을 사실상 무너뜨리고 있다.

콘텐츠 플랫폼에서 '유통력'은 그 자체로 가장 강력한 무기다. 그리고 오늘날 글로벌 유통망을 가진 플랫폼은 사실상 유튜브와 넷플릭스뿐이다. 하지만 그 구조를 뜯어보면 유튜브가 훨씬 진보적이다. 넷플릭스가 거대 스튜디오나 제작사의 계약을 통해 선별된 작품만 유통하는 플랫폼이라면, 유튜브는 개인 크리에이터도 글로벌 유통의 주체가 될 수 있기 때문이다. 특히 자막을 넘어 음성까지 변환하는 '멀티 트랙 오디오Multi-Track Audio' 기능의 도입은 언어 장벽을 허무는 결정적인 계기가 되었다.

실례로 크리에이터 '보겸'의 채널은 2024년 10월, 단 한 달 만에 구독자 수가 600만 명에서 1,500만 명으로 폭증했다. 베트남, 인도네시아 등 K-콘텐츠 수요가 높은 국가를 타깃으로 외국어 더빙 전략을 펼친 결과다. 이는 유튜브가 단순한 유통 창구를 넘어, 데이터 기반의 글로벌 확장 도구까지 제공하고 있음을 보여준다.

자막보다 강력한 더빙의 힘

유튜브의 더빙 기능은 단순히 오디오를 바꿔 끼우는 수준이 아니다. 크리에이터는 '멀티 트랙 오디오Multi-Track Audio' 기능을 활용해 시청자의 언어 설정에 따라 자동으로 다른 오디오가 재생되도록 설정할 수 있다. '시청視聽' 중 '보는 것視'만 커버하던 자막에 더해, '듣는 것聽'까지 커버하는 더빙이 작동함으로써 콘텐츠에 대한 이해도와 몰입도가 동시에 높아졌다.

더빙의 효과는 자막보다 훨씬 강력하다. 자막은 시각 정보에 의존하기 때문에 시청 중 인지 부하를 유발하고 몰입을 방해한다.[28] 반면 더빙은 감정, 억양, 어조까지 현지화할 수 있어 시청자의 정서적 반응을 끌어내는 데 유리하다. 실제로 〈포브스Forbes〉는 글로벌 성장의 핵심을 "추가적인 맥락 설명 없이도 이해 가능한 콘텐츠"라고 정의하며, 더빙이 시청 깊이와 만족도를 높이는 데 기여한다고 분석했다.[29] 더빙된 콘텐츠를 접한 비영어권 시청자들은 구독 전환율이 높고, 다음 콘텐츠를 기다리는 경향도 더 강하다는 설명이다. 이러한 수요를 반영하듯 AI 더빙 시장은 연평균 7.8% 성장률을 보이고 있으며, 이는 유튜브의 글로벌 전략과도 직결된다.

이 전략을 가장 선구적으로 활용한 이는 미스터비스트다. 그는 11개 이상의 언어로 콘텐츠를 더빙하기 위해 각국의 최정상 성우들을 기용했다. 한국에서는 게임과 애니메이션 팬층에 익숙한 성우 남도형 씨가, 그리고 일본에서는 글로벌 초히트 만화인 〈나루토〉의 주인공 성우 다케우치 준코竹内順子 씨가 참여했다. 이는 미스터비스트 콘텐츠의 핵심 타깃이 10대와 20대 초반 남성이라는 점을 정확히 겨냥한 전략이었다. 이러한 멀티트랙 오디오 전략은 채널의 글로벌 확장을 가속화했고, 초대형 채널과의 구독자 경쟁에서 결정적인 변곡점으로 작용했다.

키즈 콘텐츠 채널 '라이크 나스티아Like Nastya' 역시 같은 맥락의 사례다. 러시아어 콘텐츠로 시작한 이 채널은 2018년 이후 다국어 전략으로 빠르게 확장했고, 〈포브스〉는 나스티아를 "7개 언어로 영상을 제작해 세계에서 가장 빠르게 성장하는 크리에이터 중 한 명"으로 선정하기도 했다. 이처럼 유튜브에서는 개인 크리에이터도 언어의 장벽을 넘어 하나의 글로벌 브랜드로 성장할 수 있다.

표 1–1 | 언어권별 채널 개설을 통한 글로벌 확장 사례: 라이크 나스티아

채널	언어권	구독자 수 (25년 12월 기준)
Like Nastya	영어 채널	1.31억 명
Like Nastya Show	아랍어 → 영어 채널 (채널 변경 후 아랍어 채널 별도 개설)	4,450만 명
Like Nastya ESP	스페인어 채널	4,310만 명
Like Nastya Vlog	러시아어 채널	2,280만 명
Like Nastya AE	아랍어 채널	2,830만 명
Like Nastya PRT	포르투갈어 채널	2,700만 명
Like Nastya VNM	베트남어 채널	2,310만 명
Like Nastya Stories	힌디어 채널	1,560만 명
Like Nastya Collections	한국어 → 영어 채널	1,980만 명
Like Nastya FRA	프랑스어 채널	433만 명
Like Nastya GB	영국 채널	496만 명
Like Nastya DE	독일어 채널	333만 명

AI가 가속화하는 무국경 콘텐츠 시대

2025년 구글 I/O에서 공개된 AI 기반 동시 통역 기술과, 유튜브에 추가된 글로벌 자동 더빙 기능은 이 흐름을 더욱 가속화하고 있다. 최근 유튜브는 국가별·언어별 섬네일을 자동으로 최적화하는 기능까지 테스트하고 있다. 시청자가 접속한 국가에 맞춰 가장 클릭률이 높은 언어의 섬네일을 자동으로 보여주는 시스템이다. 이는 과거에 업로드한 영상에도 적용되어, 글로벌 현지화를 통해 잠자던 콘텐츠의 조회수까지 끌어올리는 효과를 낸다.[30] 이런 수준의 국가별 최적화 기능은 다른 소셜 플랫폼에서는 찾아보기 어렵다.

미스터비스트는 2025년 메타 CEO 마크 저커버그^{Mark Zuckerberg}와의 대화에서 글로벌 콘텐츠 유통 관점에서 유튜브가 페이스북이나 인스타그램보다 훨씬 앞서 있다고 따끔하게 지적했다.[31] 미스터비스트는 "내가 메타의 CEO라면, 가장 먼저 페이스북 비디오에 다국어 오디오 트랙 지원 기능을

그림 1-3 | '미스터비스트' 채널 영상의 국가별·언어별 현지화 전략

▲ (위)다국어 오디오 더빙 기능이 적용된 영상 화면. (아래)국가별·언어별 섬네일을 자동으로 최적화하는 영상 화면.

도입할 것이다. 참고로, 내 시청자의 70%는 영어를 이해하지 못한다"고 말했다. 미스터비스트의 구독자 중 70%가 비영어권 구독자임에도, 유튜브가 제공하는 다양한 기능 덕분에 계속해서 새로운 구독자를 확보하고 있다는 얘기다.

이런 맥락에서 보면, 유튜브를 제외한 대부분의 소셜미디어는 여전히 언어적으로 '로컬 플랫폼'에 가깝다. 크리에이터가 사용하는 언어를 이해하지 못하면, 해당 콘텐츠를 소비하기 어렵기 때문이다. 반면 유튜브에서는 다른 언어권 시청자도 자연스럽게 구독자로 전환될 수 있다.

이제 유튜브에 콘텐츠를 올리는 행위는 전 세계 시장에 상품을 진열하는 것과 같다. AI 기술이 고도화될수록 자동 번역과 자동 더빙의 완성도는 높아질 것이고, 크리에이터는 시작부터 국경을 넘는 콘텐츠를 기획하게 될 것이다. 유튜브가 구축한 이 압도적인 유통 인프라는 크리에이터가 전 세계를 하나의 시장으로 삼아 거대한 부를 창출할 수 있게 만드는 가장 강력한 무기다.

2026년 2월 4일, AI 기반한 자동 더빙이 모든 크리에이터를 대상으로 대폭 확대됐다. 유튜브 CEO 닐 모한은 2026년 비전을 발표하면서 유튜브를 단순한 1인 미디어가 아닌 '차세대 엔터테인먼트 스튜디오'로 재정의했다. AI 자동 더빙은 이러한 크리에이터의 기업화^{Institutionalization} 및 글로벌 확장을 가속화하는 핵심 인프라로 작동할 것이다.

06

유튜브가 데이터로
다른 플랫폼을 압도하는 방법

①전 세계 수십억 명이 하루 중 가장 많은 시간을 보내고, ②평생을 봐도 다 못 볼 콘텐츠가 쏟아지며, ③한 번의 업로드로 전 세계에 도달하는 글로벌 유통력. 이 세 가지 요소가 결합되면서, 유튜브 안에는 광고 수익과는 또 다른 거대한 자산이 쌓이고 있다. 바로 '데이터'다.

유튜브를 하지 않는 사람들은 물론이고, 수년째 채널을 운영해온 크리에이터조차 잘 모르는 사실이 하나 있다. 유튜브에서는 영상 하나를 업로드할 때마다 50개가 넘는 세부 데이터가 자동으로 생성된다는 점이다. 성별, 연령, 국가, 디바이스, 시청 시간, 클릭 여부, 섬네일 반응률, 유입 경로는 기본이고, 댓글 내용과 공유 방식까지 모두 분석할 수 있는 데이터가 생겨난다.

더 중요한 건 이 데이터가 실시간에 가깝게 제공된다는 점이다. 유튜브에 영상을 올리면, 분 단위로 성과를 확인할 수 있다. 그런 의미에서 유튜브 스튜디오는 콘텐츠 업계의 '구글 애널리틱스'에 가깝다. 예를 들어 '그림 1-4'와 같은 '타임 스탬프별 시청 지속 시간 그래프'를 보면, 시청자 반

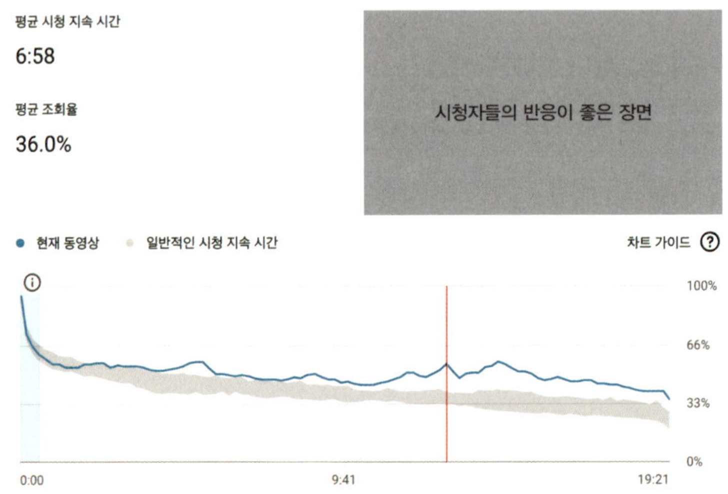

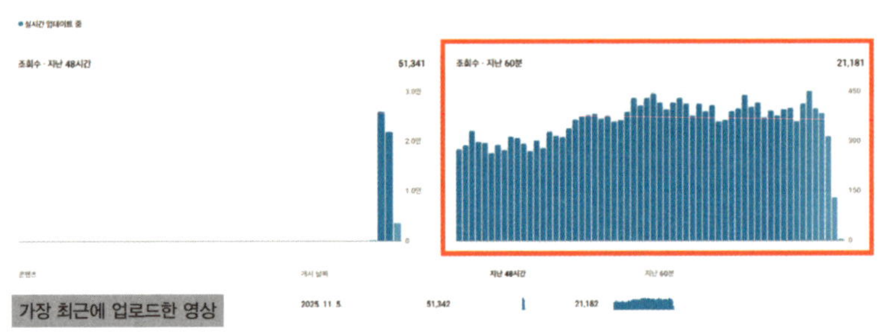

응이 급격히 떨어지는 구간이 한눈에 드러난다. 이 데이터는 다음 영상에서 어떤 장면은 과감히 덜어내고, 어떤 포맷은 더 강화해야 하는지를 명확하게 알려준다. 감이 아니라, 증거를 기반으로 콘텐츠를 수정할 수 있는 구조다.

또한 '그림 1-5'처럼 업로드 후에는 분 단위 조회수 추이를 통해 초반 반응을 즉시 확인할 수 있다. 만약 초반 반응이 기대에 미치지 못한다면, 제목이나 섬네일을 교체해 흐름을 되살리는 전략도 가능하다. 실제로 많은 크리에이터들이 이 방식을 통해 초기 노출량을 끌어올리고, 이후 알고리즘 추천 구간에 안착한다.

이외에도 유튜브는 영상 섬네일과 제목을 최대 3개까지 실험할 수 있는 A/B 테스트('그림 1-6' 참고), 시청자가 어떤 검색어를 통해 유입되었는지를 보여주는 검색어 데이터, 내 시청자가 함께 시청하는 다른 채널을 분석하는 시청자 군집 데이터, 그리고 '그림 1-7'에서처럼 내 시청자가 가장 활발하게 접속하는 시간대 데이터까지 제공한다. 예컨대 밤 시간대에 시청 데이터가 높아진다면, 이는 시청자들이 해당 채널을 잘 때 틀어놓고 잔다는 뜻이며, 이러한 채널일수록 '팟캐스트'와 '라이브' 포맷으로 넘어간다는 단서를 얻을 수 있다.

이 모든 데이터는 서로 분리된 정보가 아니라, 하나의 전략 지도처럼

그림1-6 | 영상 제목과 섬네일의 A/B 테스트 예시

▲ 섬네일의 오른쪽 사진 하나만 바꿔도 시청 시간에서 약 20% 차이가 나는 결과를 확인할 수 있다.

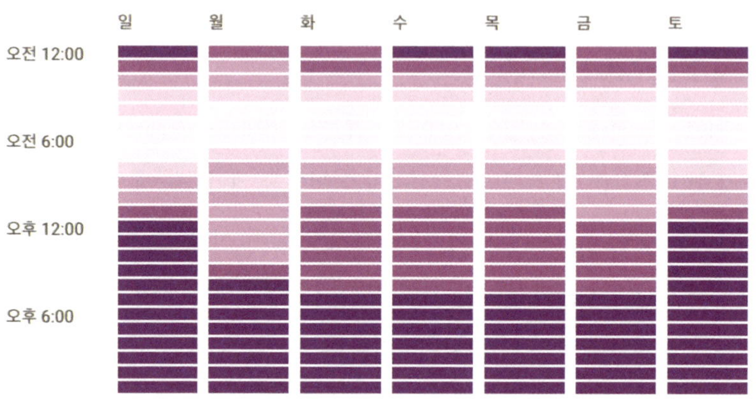

연결되어 작동한다. 실제로 미스터비스트를 비롯한 인기 크리에이터들은 감각보다 데이터에 의존해 콘텐츠 전략을 설계한다. 어떤 섬네일이 더 오래 시청되는지, 어느 구간에서 이탈이 발생하는지, 어떤 국가에서 반응이 터지는지를 보며 다음 영상을 결정한다.

이 같은 전략은 유튜브의 모기업인 알파벳의 정체성과도 맞닿아 있다. 알파벳은 오래전부터 데이터 기반 광고 비즈니스를 핵심으로 성장해온 기업이다. 그래서 유튜브가 제공하는 데이터의 깊이는 좋아요 · 댓글 · 조회수 정도만 제공하는 다른 플랫폼들과는 차원이 다르다. 특히 트래픽 흐름을 보며 섬네일이나 제목을 즉각적으로 바꿀 수 있는 구조는 현재로서는 유튜브가 사실상 유일하다.

이 데이터 중심 구조는 곧 알고리즘 경쟁력으로 이어진다. 알파벳은 챗GPT 등장 이전부터 인공지능에 가장 공격적으로 투자해온 기업 중 하나였고, 공동 창업자인 래리 페이지Larry Page는 2000년대 초반부터 검색의 미래가 AI에 있다고 판단했다.[32] 그 결과가 바로 지금 우리가 체감하는 유튜브의 추천 알고리즘이다. 한 번 보기 시작하면 계속 다음 영상을 보게 되는 구조는 우연이 아니라 수십 년간 축적된 AI 기술의 산물이다.

유튜브 추천 시스템은 검색어 이해, 섬네일 인식, 문맥 파악, 다국어 처리, 멀티모달 분석까지 단계적으로 고도화돼 왔다. 이 기술들은 단순히 영상을 더 잘 추천하기 위한 것이 아니라, 사용자의 관심과 시간을 더 정교하게 붙잡기 위한 장치다. 그리고 이 과정에서 발생하는 모든 행동 데이터는 다시 알고리즘을 고도화하는 연료로 쓰인다.

최근 인공지능 패권 경쟁이 치열해지면서 유튜브의 가치는 더욱 치솟고 있다. 이미 텍스트 기반의 학습 데이터는 고갈 상태에 이르렀으며, 이제 고품질 영상 데이터가 AI 학습의 '마지막 금맥'으로 불리기 때문이다. 오픈AI가 GPT-4 학습에 유튜브 영상을 활용했다는 의혹이 불거질 만큼, 유튜브의 방대한 영상 아카이브는 AI 시대에 가장 강력한 원유와 같다.

특히 AI가 코딩을 대신해주고, 바이브 코딩이 유행한다고 해도 현실은 단순하다. 사람들은 더 이상 새로운 앱을 다운로드하지 않는다. 앱 시장은 이미 포화 상태고, AI로 만들었든 사람이 만들었든 신규 앱이 일상 속에 안착할 가능성은 매우 낮다. 이런 환경에서 AI로 만든 결과물을 가장 효율적으로 유통할 수 있는 공간은 결국 유튜브다.

실제로 AI가 만든 결과물이 가장 널리 소비되고 있는 영역은 숏폼 콘텐츠다. 그리고 그 중심에 유튜브 쇼츠가 있다. 개인이든 기업이든, AI로 만든 콘텐츠가 사람들의 시간을 붙잡고 수익으로 연결되는 구조는 현재 유튜브가 가장 잘 갖추고 있다. 물론 이를 악용한 어뷰징도 늘고 있지만, 그만큼 이 시장이 크고 매력적이라는 방증이기도 하다.

정리하면, 유튜브의 진짜 경쟁력은 광고도, 크리에이터도 아니다. 시간을 기반으로 축적되는 방대한 데이터와, 그 데이터를 다시 영향력으로 환원시키는 구조다. 이 구조가 유지되는 한, 유튜브는 단순한 영상 플랫폼을 넘어 데이터와 AI 시대의 핵심 인프라로 기능하게 될 것이다.

07

유튜브를 가장 영리하게 활용한 산업, K-팝

지금까지 유튜브가 가진 구조적 강력함을 살펴봤다. 그렇다면 이 거대한 플랫폼을 가장 먼저, 그리고 가장 잘 활용한 주체는 누구일까? 바로 K-팝K-Pop 산업이다.

물론 K-팝의 성공을 유튜브 하나로만 설명할 수는 없다. 뛰어난 아티스트의 역량, 연습생 시스템, 고도로 분업화된 제작 구조, 팬덤 문화 등 복합적인 요인이 함께 작용했다. 하지만 이 모든 요소를 전 세계로 실어나른 핵심 인프라가 무엇이었느냐고 묻는다면, 유튜브를 빼놓고 설명할 수는 없다.

흥미로운 사실은 K-팝 기획사들이 처음부터 전략적으로 유튜브를 선택한 것은 아니라는 점이다. 북미와 일본 중심의 기존 음반 유통망과 방송 네트워크에 진입하기 어려웠던 K-팝은, 당장 수익이 되지 않더라도 유튜브라는 무료 글로벌 유통 채널을 선택할 수밖에 없었다. 반면 미국과 일본의 대형 기획사들은 수익성 문제를 이유로 유튜브 활용을 주저했고, 덕분에 K-팝이 온라인 니치 시장을 선점할 수 있었다. 당시의 '불가피한 선택'이 훗날 K-팝 글로벌 성공의 가장 강력한 성장 동력이 된 셈이다.

특히 BTS와 블랙핑크는 유튜브를 단순한 음악 유통 채널로만 쓰지 않았다. 그들은 유튜브를 팬과 직접 소통하는 창구로, 팬들이 서로 교류하는 커뮤니티로, 그리고 장기적인 관계를 쌓고 팬덤을 낳는 플랫폼으로 확장시켰다.

그 결과는 숫자로도 명확하게 드러난다. BTS 공식 채널은 8천만 명 이상의 구독자와 250억 회 이상의 누적 조회수를 기록했고, 블랙핑크는 9천만 명이 넘는 구독자를 확보하며 유튜브 역사상 가장 영향력 있는 아티스트 중 하나가 되었다. 이는 테일러 스위프트Taylor Swift나 저스틴 비버Justin Bieber 같은 글로벌 팝스타들도 앞지르는 수치다. K-팝이 주류 음악인지에 대한 논쟁과 별개로, 디지털 공간에서 K-팝은 이미 주류이자 대세로 자리 잡았다.

이 성과의 핵심에는 K-팝이 유튜브의 구조를 정확히 이해하고 활용했다는 점이 있다. BTS의 공식 채널인 'BANGTANTV'는 데뷔 전부터 연습 영상, 자작 랩, 데뷔 준비 과정 등을 꾸준히 공개하며 팬과의 접점을 쌓아왔다. 신곡이 발표되면 뮤직비디오뿐만 아니라, 안무 영상, 리액션 영상, 메이킹 필름, 멤버별 직캠까지 연속으로 공개했다. 이는 유튜브 알고리즘이 가장 중요하게 평가하는 시청 시간과 체류 시간을 극대화하는 전략이다.

블랙핑크 역시 연습실 안무 영상, 투어 다이어리, 인터뷰, 비하인드 콘텐츠 등을 통해 팬들과의 관계를 지속적으로 강화해왔다. 즉, K-팝은 유튜브가 선호하는 멀티 포맷 전략을 가장 일찍, 가장 체계적으로 구현한 산업이다.

더 나아가 K-팝 콘텐츠는 팬들의 2차 창작을 적극적으로 유도하며 콘텐츠 생태계를 기하급수적으로 확장시켰다. 리액션 영상, 커버 댄스, 보컬

커버, 리믹스 콘텐츠가 대량으로 생성되며 원본 콘텐츠의 노출과 생명력이 자연스럽게 연장됐다. 여기에 더해 BTS는 팬들의 커버 영상을 직접 시청하고 리액션하는 콘텐츠까지 제작하여 상호작용의 깊이를 한층 더했다.[33] 한마디로, 공식 콘텐츠 → 팬 2차 창작 콘텐츠 → 공식 리액션 콘텐츠로 이어지는 이 순환 구조는, 팬들의 체류 시간을 늘리고 글로벌 팬덤을 가속화하는 데 결정적인 역할을 했다.

2020년 〈월스트리트저널The Wall Street Journal〉은 BTS 콘텐츠 조회수의 90% 이상이 해외에서 발생한다고 분석했다. 이는 유튜브의 자막, 번역, 추천 알고리즘이 K-팝 콘텐츠를 글로벌로 확산시키는 데 얼마나 효과적으로 작동하는지를 보여준다.

결국 K-팝은 유튜브의 알고리즘, 멀티 포맷 전략, 글로벌 유통 인프라, 실시간 소통 기능 등을 통합적으로 활용한 가장 완성도 높은 사례다. 블랙핑크는 2021년 1월 유튜브에서 진행한 온라인 콘서트 'THE SHOW'를 멤버십 결제 방식으로 진행했다. 전 세계 28만 명이 넘는 유료 관객을 모으며 약 1,064만 달러약 156억 원의 매출을 기록했다.[34] 이는 유튜브가 단순한 콘텐츠 플랫폼을 넘어 전 세계 팬덤 기반의 관계 비즈니스 인프라로 진화했음을 상징적으로 보여준다. 그리고 이 같은 모델은 이제 음악 산업을 넘어, 다른 산업으로 확장될 준비를 마쳤다.

최대 경쟁자
넷플릭스마저 선택한 유튜브

K-팝만큼이나 유튜브를 비즈니스 플랫폼으로 적극 활용하고 있는 기업이 있다. 바로 넷플릭스다. 시간과 관심을 붙잡기 위한 비즈니스에서 유튜브와 넷플릭스는 명실상부 최대 경쟁 관계다. 그런데 아이러니하게도, 넷플릭스는 유튜브를 글로벌 비즈니스의 핵심 유통 및 마케팅 인프라로 적극 활용하고 있다. '표 1-2'에서 볼 수 있듯, 넷플릭스는 단순히 유튜브 채널 하나를 운영하는 수준을 넘어, 장르·지역·IP·기업 전략까지 세분화된 '메가 채널 네트워크'를 구축해 전 세계 시청자를 공략한다.

넷플릭스가 이토록 유튜브에 진심인 이유는 명확하다. 월간 활성 이용자 수MAU가 넷플릭스의 10배에 달하는 유튜브만큼 효율적인 홍보 창구가 없기 때문이다. 넷플릭스는 예고편은 물론, 인터뷰, 메이킹 영상, 그리고 자사 플랫폼에는 유통하지 않는 유튜브 전용 콘텐츠까지 쏟아내며 잠재 고객과의 접점을 만든다.

최근에는 이 전략이 더욱 과감해졌다. 2024년 넷플릭스는 오스카 후보작이었던 애니메이션 영화 〈니모나Nimona〉 전편을 공식 유튜브 채널에 무

표 1-2 | 넷플릭스의 유튜브 채널 운영 전략

채널 유형	대표 사례(채널명)	전략적 의미
메인 브랜드 채널	Netflix	전 세계 이용자를 연결하는 글로벌 허브
장르 특화 채널	Netflix Film, Netflix Anime, Netflix After School, Netflix is a Joke	영화, 애니메이션, 코미디 등 취향별 팬층 집중 공략
국가 · 언어별 채널	Netflix Korea, Netflix Japan, Netflix India, Netflix Brasil, Netflix UK & Ireland, ……	전 세계 문화 · 언어권 맞춤 14개 별도 채널 운영
오리지널 IP 전용 채널	Stranger Things, Patriot Act	'슈퍼 팬' 커뮤니티 형성
비 콘텐츠 채널	Night School Studio(글로벌 게임 스튜디오), Netflix Investor Relations (투자자 정보 · 기업 채널)	플랫폼 확장, 기업 정체성 강화

료로 공개하는 파격적인 행보를 보였다. 장편 콘텐츠 전체를 유튜브에 푸는 이 선택은, 유튜브의 거대한 유입을 활용해 IP의 인지도를 폭발시키고 궁극적으로 신규 구독을 유도하려는 고도의 전략이다. 또한, 인기 시리즈의 첫 에피소드를 유튜브에 무료로 선공개하여 시청자를 유혹한 뒤, 다음 이야기를 보기 위해 넷플릭스로 결제하게 만드는 '미끼 전략'도 이제는 일상이 되었다.

여기에 더해 넷플릭스는 작품별 팬 커뮤니티 구축에도 힘을 쏟고 있다. 〈기묘한 이야기Stranger Things〉처럼 인기 시리즈는 전용 채널을 운영하며, 제작 비하인드 영상과 출연진 인터뷰, 팬 이벤트를 통해 팬 참여를 극대화한다.[35] 이는 단순한 홍보를 넘어, 유튜브 안에서 '슈퍼 팬'을 키우는 전략이다. 동시에 광고 수익이나 멤버십을 통해 추가 수익까지 창출한다.

결국 넷플릭스는 유튜브 안에 '플랫폼 속의 플랫폼'을 구축하고 있다. 경쟁자임에도 불구하고 유튜브를 활용하지 않을 수 없는 이유는 분명하다. 유튜브는 이제 경쟁 대상이 아니라, 콘텐츠 산업 전체가 의존할 수밖에 없는 필수 인프라가 되었기 때문이다.

그렇다면 K-팝과 넷플릭스 같은 거대 플레이어만이 이렇게 유튜브를 활용할 수 있는 걸까? 당연히 아니다. 오히려 유튜브의 진짜 매력은 개인 크리에이터 역시 이 강력한 인프라를 활용해 한 국가의 방송국이나 거대 기업에 맞먹는 영향력을 가질 수 있다는 데 있다. 이제 우리는 그 승리 공식을 개인 단위에서 완벽하게 실행하고 있는 이들을 만나러 갈 것이다.

그들은 이미 시스템을 이해하고, 데이터를 읽으며, 국경 없는 비즈니스를 펼치고 있다. 이제부터 본격적으로 '슈퍼 유튜버'의 세계로 들어가보자.

1부에서는 유튜브라는 플랫폼이 얼마나 압도적인 구조와 영향력을 갖고 있는지, 그리고 그 힘이 어디에서 비롯되는지를 살펴봤다. 그렇다면 이 거대한 플랫폼을 가장 잘 활용하고 있는 사람들은 누구일까?

2부에서는 전 세계 1위 유튜버인 미스터비스트[MrBeast]를 시작으로, 유튜브 생태계의 정점에 올라선 '슈퍼 유튜버' 12인의 사례를 집중적으로 살펴본다. 이들이 흥미로운 이유는 각자의 출발선도, 콘텐츠 장르도, 성공 경로도 모두 다르다는 점이다. 과연 이들은 어떻게 성장했고, 어떤 전략적 판단을 해왔으며, 위기와 실패를 어떻게 극복했는지, 그리고 수익을 비즈니스로 확장해간 전략은 무엇인지 구체적으로 들여다보자.

SUPER

PART 2

슈퍼
유튜버
스토리

01 미스터비스트

실패 위에 세운
세계 1위의 콘텐츠 제국

미스터비스트^{MrBeast}는 구독자 4.56억 명을 보유한 명실상부 전 세계 1위 크리에이터다. 그러나 '세계 1위 유튜버'라는 수식어만으로 그를 설명하기엔 부족하다. 그는 인류 역사상 가장 거대한 개인 미디어를 구축했을 뿐만 아니라, 콘텐츠 권력을 기반으로 연 매출 1조 원대를 바라보는 '글로벌 비즈니스 제국'을 설계하는 치밀한 사업가이기 때문이다.

그의 성공은 결코 운이 아니었다. 그는 약 5년간의 무명 시절 동안 유튜브 플랫폼의 작동 원리를 세포 단위까지 분석했다. 집착에 가까운 관찰 끝에 얻은 깨달음을 시스템으로 치환했고, 그 결과 플랫폼의 알고리즘마저 자신의 편으로 만들었다.

야구 선수를 꿈꾸던 소년은 어떻게 세계 1위 크리에이터가 되었으며, 어떤 방식으로 비즈니스 영토를 확장하고 있을까?

초라한 출발, 게임보다 '알고리즘'에 몰두한 소년

—

미스터비스트의 본명은 제임스 스티븐 도널드슨[James Stephen Donaldson]이다. 그는 고등학생 시절 야구선수로 활동했지만, 만성 염증성 장질환인 크론병을 앓게 되면서 운동을 지속할 수 없게 되었다. 좌절의 시기, 그가 도피처로 삼은 것은 어린 시절부터 탐닉하던 유튜브였다.

그는 당시 세계 1위 유튜버였던 퓨디파이[PewDiePie]를 롤모델 삼아 자신도 똑같이 게임 채널을 개설했다. 그의 목표는 처음부터 '세계 1위 유튜버'였기 때문이다. 그러나 마인크래프트, 포켓몬 등 인기 게임 리뷰를 포함해 2년 동안 300개가 넘는 영상을 올리고도 구독자는 고작 1,000명을 넘지 못했다. 실패의 이유는 명확했다. 그는 게임 실력이 뛰어나지도 않았고, 입담이 화려하지도 않았다.

흥미로운 지점은 여기서 발생한다. 그는 게임 화면을 켜두고 게임 공략 대신 '유튜브 알고리즘'과 '영상 구조'에 대해 혼잣말을 늘어놓기 시작했다. 남들이 게임 아이템을 연구할 때, 그는 '어떤 영상이 왜 추천되는가'라는 근본적인 질문에 매달렸다. 훗날 유튜브 생태계를 집어삼킬 괴물의 탄생은 바로 이 지루한 관찰의 시간에서 비롯되었다.

5년간의 암흑기, 광적인 연구의 시간

—

미스터비스트의 진짜 재능은 자신의 실패를 데이터로 직시하는 능력이었다.' 그는 감에 의존하지 않고, 유튜브라는 플랫폼 자체를 분석하기 시작했다.

물론 그 즉시 성공한 것은 아니었다. 수익이 거의 없던 시절, 그는 중고 아이폰으로 촬영했고, 노트북이 고장 나면 형의 노트북을 몰래 사용했다. 그렇게 초기 게임 유튜버에서 '유튜브로 돈 버는 법', '유명 유튜버는 돈을 얼마나 벌까' 등의 콘텐츠를 만드는 것으로 방향을 수정하며 사람들의 관심을 끌기 시작했다. 그리고 구독자 5만 명이 되었을 때 대학을 중퇴하고 유튜브에 올인하겠다고 선언했다. 하지만 어머니는 "대학에 안 갈 거면 집에서 나가라"고 강경하게 나무라셨고,[2] 결국 그는 집을 떠나게 된다.

거의 무일푼 상태에서도 그는 하루 종일 유튜브 인기 영상과 알고리즘을 분석했다. 이 광적인 집착은 곧 폭발적인 성장으로 이어졌다.

그림 2-1-1 | 숫자로 본 미스터비스트의 도약

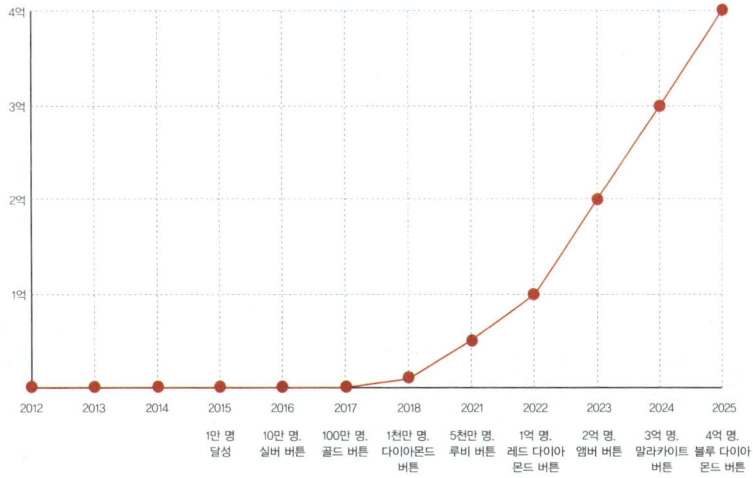

출처 : 미스터비스트 인스타그램[3]에 표기된 구독자 숫자를 그래프로 그린 것

미스터비스트가 깨달은 3가지 콘텐츠 원칙

1. 아무도 하지 않는 독창적인 도전

미스터비스트의 첫 히트 콘텐츠는 '1부터 1만까지 숫자를 세는 영상'이었다. 그저 숫자를 카운팅하는 게 무슨 의미가 있나 싶지만, 2016년 2월에 업로드된 이 영상은 25년 12월 기준 6,842만 회가 넘는 조회수를 기록했다.

이후 그는 '23시간 동안 10만까지 숫자를 세는 영상', '로건 폴의 이름을 10만 번 부르는 영상' 등 기이한 실험 콘텐츠를 연이어 제작했다. 전자레인지 안에 스마트폰을 넣는 콘텐츠도 만들고, 메가폰 소리만으로 유리 깨기, 골판지 상자만으로 저택 만들기, 24시간 동안 물속에 있기 등 온갖 실험 콘텐츠를 만들어 사람들의 폭발적인 반응을 이끌어냈다.

그가 이런 콘텐츠를 만든 이유는 단순했다. 유튜브에서 살아남으려면 사람들의 시선을 사로잡아야 하고, 그러기 위해서는 다소 기이하더라도 전에 없던 것을 해야 한다고 판단했기 때문이다. 그는 훗날 유튜브 채널

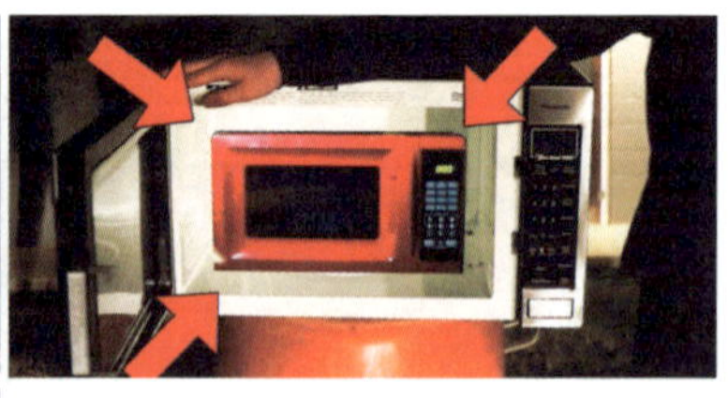

◀초창기에 업로드한 기이한 실험 콘텐츠들의 섬네일

'The Diary Of A CEO'에 출연해 이렇게 말했다. "콘텐츠가 바이럴을 타려면 전에 그 누구도 해본 적이 없는 일을 해야 합니다. 여러분이 지나가다가 '보라색 소'를 발견하면, 시선이 갈 수밖에 없잖아요? 콘텐츠도 같은 원리입니다."[4]

2. 시청자를 참여자로 만들기

그는 유튜브가 일방향 매체가 아니라는 점에 주목했다. 시청자를 단순한 소비자가 아니라 콘텐츠 안으로 끌어들일수록 반응은 커진다고 판단한 것이다. 시청자가 만든 인트로를 채택하거나, 팬을 콘텐츠 참가자로 초대하는 방식이 대표적이다. 이게 바로 그가 깨달은 유튜브 흥행 제 2의 법칙이었다.

3. 돈은 최고의 바이럴 도구다

2017년, 그는 처음 받은 광고비 1,000달러를 노숙자에게 나눠주는 콘텐츠를 제작했다. 이 경험을 통해 자본주의 사회에서 '돈'이야말로 가장 강력한 바이럴 소재라는 사실을 깨닫는다. 이후 그는 자선과 상금을 결합한 자신만의 콘텐츠 스타일을 구축했고, 이는 미스터비스트의 정체성이 되었다.

예를 들어, 트위치 스트리머나 배달 기사, 택시 드라이버들에게 돈을 주는 콘텐츠를 만들거나, 팬들을 참여시켜서 엄청난 상금과 경품을 주는

콘텐츠를 만들기 시작했다. 다른 유튜버들과 서바이벌 콘텐츠를 제작하여 큰 액수의 상금을 걸어놓고, 참여한 유튜버들이 해당 콘텐츠를 2차 바이럴시키도록 유도하기도 했다.

콘텐츠를 게임처럼 설계하다

미스터비스트의 콘텐츠는 철저히 게임의 문법을 따른다. 탐험, 생존, 도전이라는 게임적 요소를 현실로 구현하고, 편집 역시 게임 UI에 가깝게 설계한다. 이는 그가 단순히 게임을 좋아해서가 아니다. 전 세계 30억 명

▲ 미스터비스트는 마치 게임 화면처럼 영상을 편집하는 것으로 유명하다.

에 달하는 게임 인구가 디지털 플랫폼에서 가장 강력하고 활동적인 시청자층이라는 사실을 간파한 철저한 타깃팅 전략이다.

그의 대표 콘텐츠인 〈오징어 게임〉 실사화 영상은 이 전략의 정점이다. 가상의 게임을 현실에서 가장 압도적인 스케일로 재현함으로써 전 세계 시청자를 열광시켰다. 여기에 유튜브에서 제공한 '더빙' 기능을 공격적으로 활용해 언어 장벽마저 허물었다.

특히 미스터비스트는 번 돈의 대부분을 다시 콘텐츠에 재투자하는 방식으로 상금의 규모와 세트의 스케일을 키운다. 콘텐츠가 넘쳐나는 유튜브 시장에서, 그리고 조금만 인기가 있으면 따라 하는 채널들이 우후죽순 생겨나는 유튜브 생태계에서 자신만의 압도적인 경쟁 우위를 구축하기 위해 다른 크리에이터들은 쉽게 따라 할 수 없는 규모의 상금을 걸면서 규모의 경제를 키우고 있다.

그렇다면 그는 이 같은 독보적인 영향력을 어떻게 비즈니스로 연결했을까?

첫 사업의 뼈아픈 교훈

유튜브에 관심 있는 사람이라면 미스터비스트가 피스터블^{Feastables}이라는 초콜릿 사업을 운영하고 있다는 사실을 알 것이다. 실제로 피스터블은 현재까지 안정적인 성과를 내고 있다. 초콜릿 사업 하나만으로도 2024년 기준 2억 5,100만 달러약 3,637억 원의 매출을 기록했기 때문이다. 하지만 이 성공에 앞서, 미스터비스트에게는 뼈아픈 실패 경험이 있었다.

채널이 폭발적으로 성장하던 2020년, 그는 미스터비스트 버거^{MrBeast Burger}라는 햄버거 프랜차이즈 사업에 뛰어들었다. 버추얼 다이닝 콘셉트^{Virtual Dining Concepts, VDC}라는 업체와 손잡고 사업을 시작했다. VDC는 여러 식당과 제휴, 유명인의 브랜드와 레시피를 활용해 빠르게 매장을 확장하는 회사로, 이른바 고스트 키친^{Ghost Kitchen} 방식의 비즈니스를 운영한다.

이 방식은 전통적인 프랜차이즈와 다르다. 프랜차이즈가 직원 교육, 원자재 공급, 운영 매뉴얼 등을 중앙에서 일괄 통제하는 방식이라면, 버추얼 다이닝은 유명인의 브랜드 파워와 레시피만 제공하고 실제 조리는 각 지

◀미스터비스트 버거 팝업 스토어 앞에
늘어선 자동차 대기줄과 이벤트 행사

역의 기존 식당이 맡는다. 덕분에 초기 투자와 확장 속도 면에서는 압도적인 장점이 있다. 수요만 있다면 곧바로 글로벌 확장도 가능하기 때문이다.

미스터비스트 버거는 이 구조의 장점을 극단적으로 보여줬다. 관련 콘텐츠를 업로드하자마자 미국 전역 300개 매장에서 첫날 모든 물량이 소진됐고, 전용 앱은 애플 앱스토어와 구글 플레이에서 동시에 1위를 차지해 서버가 과부하될 정도였다.

미스터비스트는 햄버거 팝업 스토어를 열고, 현장에서 음식과 함께 경품과 현금을 나눠주는 이벤트를 진행했다. 팬덤이 몰리면서 자동차 대기 줄이 20마일약 32킬로미터까지 늘어났고, 결국 안전상의 이유로 팝업은 중단됐다.

팬데믹으로 매출이 급감하는 시기였다는 점을 고려하면, 기존 식당 점주들에게 이 사업은 매우 매력적으로 보일 수밖에 없었다. 실제로 미스터비스트 버거는 출시 첫해인 2021년 약 7천만 달러약 1,014억 원의 매출을 기록했고, 2022년 7월까지 누적 매출 1억 달러약 1,449억 원를 넘어섰다.[5] 코로나 시기, 추가 수익원을 찾던 자영업자들에게 미스터비스트 버거는 일종의 희망으로 비춰지는 긍정적인 시선도 만들어졌다.

하지만 이 빠르고 간편한 확장 전략은 곧 부메랑이 되어 돌아왔다. 버추얼 다이닝 방식은 확장에는 유리했지만, 품질 관리 측면에서는 치명적인 한계를 드러냈다. 매장마다 조리 환경과 인력이 달라 음식의 맛과 품질 편차가 컸고, 주문 누락이나 과도한 대기 시간에 대한 불만이 잇따랐다.

문제는 책임 구조였다. 계약상 매장 운영과 관리는 VDC의 책임이었지만, 소비자 입장에서 브랜드의 얼굴은 미스터비스트였다. 결과적으로 모든 불만과 비판은 그에게 향했고, 이는 곧 브랜드 신뢰도 하락으로 이어졌다. 결국 미스터비스트 버거는 2022년 하반기부터 매출이 하락하기 시작했고, 미스터비스트는 VDC에 버추얼 레스토랑 방식의 중단을 요청했다.

미스터비스트가 공개적으로 매장 관리 문제를 지적하면서 양측은 현재 법적 분쟁까지 들어간 상태다. 야심차게 시작한 첫 사업은 이렇게 실패로 끝났고, 이 경험은 이후 미스터비스트의 사업 전략을 근본적으로 바꾸는 계기가 되었다.

실패를 자산으로 삼은 두 번째 도전, 초콜릿

햄버거 사업의 실패 원인을 "전문성 부족과 외부 파트너에 대한 과도한 의존"으로 정의한 그는 두 번째 사업인 초콜릿 브랜드 '피스터블'에서 전혀 다른 전략을 취했다.

그는 직접 모든 것을 통제하려 하지 않았다. 대신 단백질 바 브랜드 'RXBar'를 성공시킨 전문 경영인 짐 머레이 Jim Murray를 CEO로 영입했다.[6] 제품 개발과 운영은 전문가에게 맡기고, 자신은 가장 잘하는 영역인 '콘텐츠와 마케팅'에만 전념하기로 한 것이다.

또한 피스터블 초콜릿 출시 과정을 전형적인 광고가 아니라, 그의 채널 콘텐츠로 설계했다. 2022년 1월 업로드된 영상 'World's Most Dangerous Escape Room!'[7]에서 10개의 테마로 만든 방 중 하나를 캔디로 꾸미고, 참가자가 쏟아지는 피스터블 초콜릿 속에서 다음 방으로 넘어갈 황금 티켓을 찾도록 했다. 이는 실제 제품 안에 복권형 황금 티켓을 넣어 놓은 이벤트와 연동한 장치였다. 이 영상은 현재 2억 8천만 회 이상의 조회수를 기록하고 있다.

▲ 영화 〈찰리와 초콜릿 공장〉을 현실에 구현한 영상

이 '미스터리 티켓 이벤트'는 2022년 1월부터 4월까지 진행됐고, 테슬라 전기차를 포함해 31만 개 이상의 경품이 걸렸다. 그리고 출시 72시간 만에 초콜릿 바 1,000만 개가 판매되었다. 이후 업로드한 영상 'I Built Willy Wonka's Chocolate Factory'에서는 실제 초콜릿 공장을 배경으로 게임 콘텐츠를 제작했고, 최종 우승자에게는 "공장을 가질 것인가, 상금 50만 달러약 7억 2,515만 원를 가질 것인가" 중 선택하게 했다.

이 콘텐츠는 영화 〈찰리와 초콜릿 공장〉을 실제 현실에 구현한 것으로, 미스터비스트의 특징 중 하나인 가상의 콘텐츠를 현실에 구현한 것과 같은 방식이었으며, 편집도 한 편의 게임을 보는 듯한 방식으로 이뤄져 엄청난 관심을 일으켰다.

피스터블 초콜릿 마케팅 방식은 크게 두 가지였다. 하나는 최대 경쟁사인 허쉬Hershey's를 직접 등장시켜 비교 구도를 만드는 방식이었고, 다른 하나는 지속적인 경품·당첨 구조를 통해 구매 동기를 강화하는 전략이었다. 둘 다 유튜브 콘텐츠와 제품 판매가 완전히 하나의 시스템으로 결합된 방식이었다.

미스터비스트가 허쉬를 견제하는 듯한 연출을 한 이유는 제품 포지셔 닝과도 연결된다. 미스터비스트 버거에서 품질 문제가 발생했던 경험을 교훈 삼아, 피스터블은 처음부터 원재료의 퀄리티와 윤리성을 강조했다. 허쉬가 개당 1~2달러의 대중적 제품이라면, 피스터블은 유기농 재료와 건강 지향을 내세운 3달러 이상의 준프리미엄 전략을 택한 것이다. 다만 고디바GODIVA처럼 완벽한 프리미엄은 아닌, 미스터비스트 채널 타깃인 10 대 청소년들이 구매하기에 무리가 없는 금액으로 책정했다.

또한 Z세대 소비자 성향에 맞춰 공정무역 및 아동 노동 배제를 강조했 고, 2025년에는 전 제품이 유대교 율법에 따른 식품 인증인 코셔Kosher 인 증을 받았으며, 카카오 원료를 윤리적 문제가 없는 페루에서 조달한다고 밝혔다.

리브랜딩 역시 눈에 띈다. 관련 영상에서는 "피스터블의 목표가 허쉬 보다 맛있는 것인가요? 아니요. 저희의 목표는 맛으로 세계 1위 초콜릿이

▲ 왼쪽 사진이 제품의 초기 디자인 이고, 오른쪽 사진이 리뉴얼한 디자 인이다.

되는 겁니다"라며,[8] 다양한 초콜릿 공장을 방문하며 맛과 식감을 개선하는 노력을 보여줬다.

제품 컬러의 리브랜딩도 주목할 만했는데, 기존 초콜릿 브랜드가 거의 사용하지 않는 하늘색 계열을 메인 컬러로 선택했다. 블루 컬러는 식욕을 저해한다는 일반적인 문법을 깨고, 영상과 진열대에서 단번에 눈에 띄는 색으로 바꾼 과감한 선택을 한 것이다. 이는 브랜드 차별화 전략인 동시에, 일부 제품명에 대한 상표권 분쟁 이후 디자인을 정리해야 했던 현실적인 이유와도 맞닿아 있다.

왜 하필 햄버거와 초콜릿이었을까?

———

이쯤에서 한 가지 짚어볼 질문이 있다. 푸드도 아니고 엔터테인먼트 채널을 운영하는 미스터비스트가 왜 햄버거와 초콜릿을 비즈니스 아이템으로 선택했을까?

결론부터 말하면, 햄버거는 만국 공통의 '주식主食'이고, 초콜릿은 만국 공통의 '간식'이기 때문이다. 그의 핵심 시청자층인 10~20대 남성이 일상에서 가장 쉽게 소비하며, 국가와 문화에 관계없이 글로벌 확장이 용이한 아이템이 바로 햄버거와 초콜릿이다.

햄버거에서 초콜릿으로 사업 축을 옮긴 이유는 단순히 품질 관리 문제 때문만은 아니다. 여기에는 명확한 비즈니스적 판단이 작용했다. 전 세계 햄버거 시장 규모는 2022년 기준 약 60억 달러약 8조 6,082억 원 수준인 반면, 초콜릿 시장은 1,210억 달러약 173조 원로 약 20배에 달한다. 두 시장 모두 연평균 성장률은 4~5%대로 비슷하지만, 시장 크기 자체가 완전 다르다.

▲ 무인도 생존 콘텐츠에서 비상 식량으로 제공된 피스터블

두 번째 이유는 콘텐츠 포맷과의 궁합이다. 미스터비스트 콘텐츠의 주요 콘셉트는 '생존'이다. '무인도에서 7일간 생존하기', '전용기에 갇힌 채 100일 동안 살아남기' 등의 설정에서 햄버거는 필연적으로 한계가 있다. 반면 초콜릿은 보관이 용이하고, 고열량 식품으로 생존 콘텐츠에 자연스럽게 녹아들 수 있다. 실제로 그의 영상에는 출연자들에게 초콜릿이 비상 식량처럼 지급되는 장면이 반복해서 등장한다. 피스터블의 패키지 색상을 멀리서도 한눈에 들어오는 하늘색 계열로 리브랜딩한 이유 역시 이와 무관하지 않다.

느슨한 연대를 통한 시장 장악: 런칠리

이러한 확장 전략은 여기서 멈추지 않는다. 2024년 9월, 미스터비스트는 유튜버 로건 폴, KSI와 함께 합작 법인을 설립하고 어린이 점심 간편식 브랜드 '런칠리Lunchly'를 출시했다. 로건 폴(구독자 2,350만 명)과 KSI(1,700만 명)는 각각 미국과 영국을 대표하는 크리에이터이며, 이들의 핵심 타깃 역시 10대 남성으로 미스터비스트와 거의 일치한다. 런칠리 안에는 피자 도우와 나초, 치즈와 함께 미스터비스트의 피스터블 초콜릿, 그리고 로건 폴과 KSI가 만든 음료 브랜드 프라임Prime이 들어가 있다. 하나의 제품 안에

▲ 왼쪽부터 KSI, 미스터비스트, 로건 폴

세 크리에이터의 브랜드 제품을 동시에 녹여낸 것이다.

런칠리가 겨냥하는 시장은 한국의 밀키트와는 다르다. 미국의 어린이 간편식은 조리 없이 바로 먹는 냉장 포장식이 중심이며, 도시락을 집에서 싸오거나 포장 식품을 이용하는 문화가 오래전부터 자리 잡고 있다. 미국 어린이 냉장 간편식 시장 규모는 30~40억 달러[4조 4,082억~5조 8,784억 원]로 추산 된다.[9]

하지만 미스터비스트가 노리는 시장은 이보다 더 크다. 그는 단순한 '어린이 점심'이 아니라, 어린이 스낵 시장 전체를 바라보고 있다. 이 시장 은 2023년 기준 약 615억 달러[약 88조 원] 규모이며, 2030년까지 연평균 8% 성장할 것으로 전망된다.[10] 미국뿐 아니라 영국 역시 어린이 간편식과 스 낵 소비가 꾸준히 늘고 있어 더욱 주목받는 상황이다.

한편 피스터블 브랜드는 이미 초콜릿을 넘어 젤리, 단백질 쉐이크 등으 로 제품군을 확장하고 있다. 지금까지의 행보를 보면, 장기적으로 10~20

대를 타깃한 종합 F&B 브랜드로 진화할 가능성이 크다.[11]

장난감 사업의 성공적 진입

미스터비스트는 푸드 비즈니스를 안정화시킨 후, 새로운 카테고리로 사업을 확장했다. 2024년 7월, 그는 글로벌 톱 10 장난감 기업인 무스 토이Moose Toys와 협업해 '미스터비스트 랩MrBeast Lab'이라는 장난감을 출시했다. 가챠 방식의 수집형 피규어로, 랜덤으로 제공되는 희귀 피규어를 포함해, 물에 넣으면 변신하는 재밌는 기능을 갖추고 있는 제품이다. 이를 홍보하기 위해 제작한 콘텐츠 '물이 흐르는 동굴에서 7일간 생존하기'는 1억 5천만 회 이상의 조회수를 기록했다. 결과적으로 미스터비스트 랩은 2024년

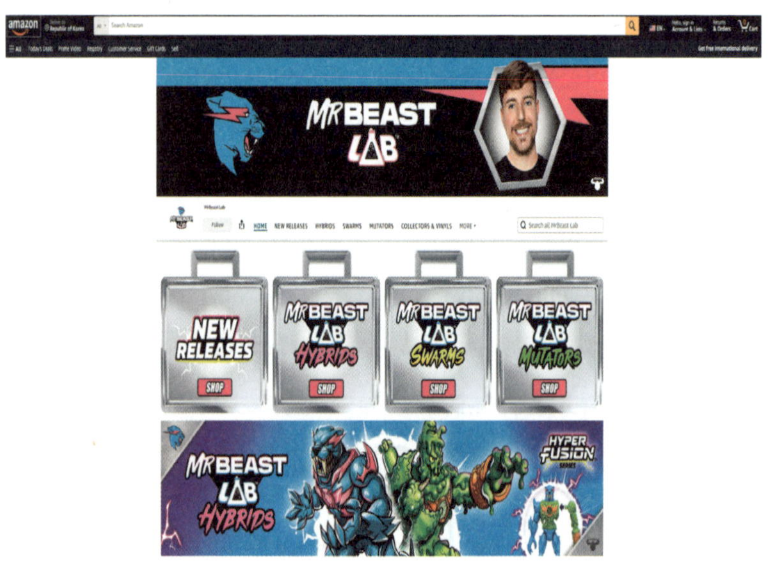

▲ 아마존에서 판매 중인 미스터비스트 랩

최다 판매 신제품이 되었고, 북미·캐나다·유럽에서 최고 성장 브랜드상을 수상했다. 2025년 초에는 아마존 장난감 카테고리 판매 1위까지 기록했다.

2025년 7월 28일, 미스터비스트는 '비스트 애니메이션Beast Animations' 채널을 통해 애니메이션 트레일러를 공개했다. 단 하나의 예고편만으로 구독자 701만 명, 조회수 98만 회를 기록했다. 애니메이션 제목은 장난감 브랜드와 동일한 '미스터비스트 랩'이었다. 실험실에서 탄생한 비스트들과 몬스터가 싸우는 스토리는 장난감 세계관과 직접 연결되어 있으며, 이는 단순히 유튜브 영상 콘텐츠가 아니라, 장난감 사업의 마케팅 전략의 일환임을 보여준다.

▲ 애니메이션 '미스터비스트 랩'

투자자이자 사업가로 변신한 미스터비스트

미스터비스트의 행보는 단순히 자기 브랜드를 파는 수준에 머물지 않았다. 그는 크리에이터 이코노미 생태계 전반에 자본을 투자하며 영향력을 확장하고 있다. 대부분의 크리에이터가 어느 정도 성공에 안주할 때, 그는 수익의 거의 전부를 콘텐츠 제작과 미래 산업 투자에 쏟아붓는 '고위험·고성장' 전략을 고수한다.

그의 투자 행보는 철저히 'Z세대'와 '크리에이터'라는 키워드에 집중되어 있다. 2020년 투자한 스마트폰 게임 컨트롤러 스타트업 '백본^{Backbone}'은 아이폰을 휴대용 게임 콘솔처럼 활용할 수 있는 제품을 만든다. 이 회사에 대한 투자는 모바일 게임 시장의 성장 가능성에 대한 투자일 뿐 아니라, 게임 콘텐츠를 기반으로 성장해온 자신의 정체성과도 맞닿아 있는 선택이었다.[12]

2021년에는 금융 스타트업 크리에이티브 주스^{Creative Juice}와 함께 200만 달러 규모의 크리에이터 전용 펀드를 조성했고,[13] 같은 해 젊은 층을 겨냥한 모바일 뱅킹 서비스 커런트^{Current}에도 투자자로 참여했다.[14]

물론 모든 투자가 성공적이었던 것은 아니다. 2021년 NFT 마켓플레이스 리파이너블^{Refinable} 토큰 투자 사례는 가격 폭락으로 논란을 불러왔다.[15] 이 사건은 인플루언서의 영향력이 금융 시장에 미칠 수 있는 위험성과 책임 문제를 동시에 드러냈고, 미스터비스트 역시 이후 투자와 추천에 대해 한층 신중해지는 계기가 되었다.

데이터를 서비스로 만들다: 뷰스탯

미스터비스트는 자신의 강점을 활용한 새로운 서비스를 만들어 판매하기도 했다. 2023년 12월 출시한 '뷰스탯^{ViewStats}'은 그가 수년간 집착적으로 분석해온 유튜브 데이터를 바탕으로 직접 만든 크리에이터용 데이터 분석 플랫폼이다.

그 시작은 많은 크리에이터들이 감에 의존해 콘텐츠를 만들거나 데이터 분석에 취약하다는 문제의식에서 출발했다. 뷰스탯은 유튜브 API를 활용해 섬네일 A/B 테스트, 쇼츠와 롱폼 성과 비교, 조회수 추이 예측 등 실제 영상 제작 과정에 필요한 다양한 기능을 제공한다. 이는 미스터비스트가 자신만의 노하우와 인사이트를 서비스로 구현하고 사업화한 사례이다.

또한 미스터비스트는 콘텐츠를 단발성 영상이 아닌 지속 가능한 IP로 확장하는 실험도 병행하고 있다. 앞서 언급했던 애니메이션 역시 단순한 콘텐츠가 아니라 장난감 브랜드(미스터비스트 랩)와 연결된 세계관 IP로 제작한 것이다. 이는 영상 → 장난감 → 세계관 확장으로 이어지는, 전통 엔

그림 2-1-2 | 미스터비스트 사업 구조

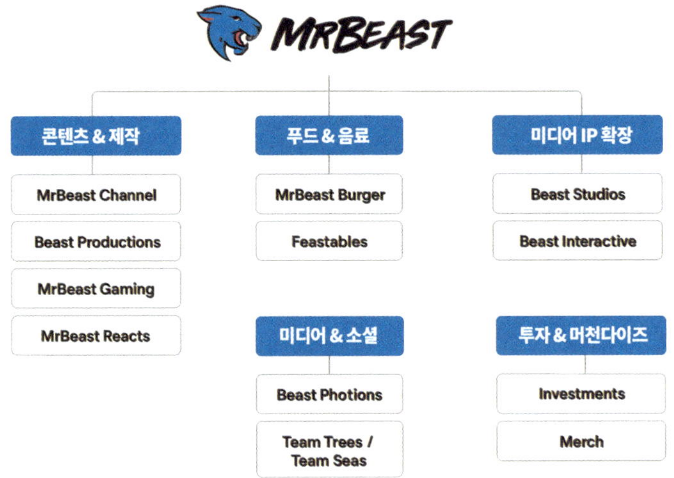

터테인먼트 산업의 전략을 유튜브 크리에이터 방식으로 재해석한 사례다. 또한 그는 베스트셀러 작가 제임스 패터슨James Patterson과 협업해 스릴러 소설을 집필 중이며, 2026년 출간 예정이다.[16]

개인 브랜드에서 기업으로, 전문 경영 체제 전환

2023~2024년, 미스터비스트는 비즈니스 규모가 급격히 커지자 전문적인 경영 체제를 정비하기 시작했다. 2024년 5월, 그는 소프트뱅크 비전 펀드 출신이자 셔터플라이Shutterfly CEO를 역임한 제프리 하우젠볼드Jeffrey Housenbold를 자신의 회사 사장 겸 COO로 영입했다.[17]

이 시점을 기점으로 회사명도 '미스터비스트 LLCMrBeast LLC'에서 '비스트 인더스트리Beast Industries'로 변경했다. 이는 유튜브 채널 중심의 운영에서 벗어나, 미디어·소비재 복합 기업으로 성장하겠다는 선언에 가깝다. 하우젠볼드는 "세계에 긍정적인 영향을 주는 혁신적인 미디어 및 소비재 기업으로 만들겠다"는 포부를 밝혔다.

동시에 그는 2018년부터 함께해온 매니지먼트사 나이트 미디어Night Media와의 독점 계약을 종료했다.[18] 더 이상 특정 매니지먼트에 의존하지 않고, 사업 전반을 직접 통제하겠다는 판단이었다.

억만장자 크리에이터의 탄생과 IPO 전망

비스트 인더스트리는 대규모 자본 유치에도 나섰다. 2023년 후반부터 논의된 투자 유치는 약 2억 달러약 2,890억 원 규모, 기업 가치는 50억 달러7조 2,260억 원 이상으로 평가됐다.[19] 유출된 자료에 따르면 회사는 최근 몇 년간 약 2억 달러의 영업손실을 감수하며, 단기 수익보다 시장 지배력 확보를 우선시해왔다.

2024년 기준 매출은 콘텐츠 부문과 커머스 부문을 합하여 총 5억 달러^{약 7,227억 원}에 달했다. 특히 피스터블을 중심으로 한 커머스 부문은 전년 대비 160% 성장하며 광고 수익을 추월했다. 회사는 2026년 매출 16억 달러^{약 2조 3,122억 원}를 목표로 하고 있다.

미스터비스트는 "버는 족족 재투자하기 때문에 통장에 100만 달러도 없다"고 말하지만, 역설적으로 그 무모한 재투자가 그를 최초의 억만장자 유튜버이자 상장사[IPO]의 주역으로 이끌고 있다.

유출된 내부 문건이 보여준 사업가적 면모

2024년 9월 유출된 내부 문건 'How to Succeed in MrBeast Production'은 미스터비스트의 사업가적 면모를 더욱 선명하게 보여준다.

성과주의 운영과 병목 제거

그는 직원들을 A · B · C급 인재로 구분한다. 핵심은 속도와 문제 해결 능력이다. A급은 다른 직원 5명이 일주일 걸릴 일을 30분 만에 해결할 수 있는 인재다. B급은 실수를 통해 배우고 성장할 수 있는 잠재력 있는 인재, 그리고 C급은 변명만 늘어놓고 발전하지 않는 직원으로 규정한다. 콘텐츠 제작을 공장처럼 협업 체계로 운영하는 만큼, 한 명의 지연이 전체를 멈추게 한다는 인식이 강하다.

그는 심지어 "우리 회사의 베테랑 모두가 저에게 100만 달러 이상의 손해를 끼쳤습니다. 하지만 그것은 일종의 투자이자 교육 비용이며, 실수를 통해 성장할 수 있다면 괜찮습니다. 다만 변명만 하는 직원은 필요하지 않습니다"라고 말한다. 이 같은 관점은 논란의 소지가 있지만, 미스터비스트가 세계 1위 채널을 유지할 수 있는 비결이기도 하다.

창의성이 곧 비용 절감이다

그는 '돈을 펑펑 쓰는 유튜버'라는 세간의 이미지와 달리, 창의성을 최고의 비용 절감 수단으로 본다. 예를 들어, 게임 참가자에게 2만 달러의 상금을 주는 것보다 과자 도리토스를 1년간 제공하는 방식이 훨씬 더 재미있고 비용도 줄어든다고 보는 식이다. 경험, 스토리 등의 창의성으로 단순 보상을 대체하는 방식을 지향한다.

13분 콘텐츠의 과학적 구성

미스터비스트는 평균 13분 길이의 영상을 '표 2-1-1'과 같이 네 구간으로 나눠 설계한다. 초반부의 이탈 방지 전략, 중반부의 몰입을 높이는 시각적 정점을 거쳐 예측 불가능한 엔딩까지, 이 모든 판단은 감이 아니라 리텐션 데이터를 기준으로 이뤄진다. 그리고 이 핵심을 이해하지 못해 레거시 미디어가 유튜브에서 실패한다고 지적한다.

그가 특히 강조하는 지표는 '노출 클릭률[CTR], 평균 시청 지속 시간[AVD], 평균 조회율[AVP]이다. 이 세 지표가 성패를 가른다는 판단이다.

브랜디드 콘텐츠의 재정의

광고의 일환인 브랜디드 콘텐츠는 일반 콘텐츠보다 조회수나 시청 시간이 덜 나오는 경우가 대부분이다. 그러나 미스터비스트에게 광고는 단

구간	시간	핵심 전략
도입부	0초~1분	최초 1분 사이 시청자들의 이탈이 많기 때문에, 첫 1분을 가장 신경 써서 만들어야 하며, 초기 1분에 흥미로운 요소들을 일부러 배치해야 한다.
전개	1~3분	급진적인 스토리를 만들어 시청자 이탈을 막아야 한다. 예를 들어, 숲에서 몇 주 동안 생존하는 콘텐츠를 만들 때 기존 레거시 미디어라면 3분 동안 '첫날 생존기'를 보여주겠지만, 미스터비스트 채널은 여러 날 동안 어떻게 생존했는지를 빠르게 보여줘서 시청자가 스토리에 몰입하게 만든다. 단순히 시간 순서대로 이야기를 진행하는 게 아니라, 시청자들이 몰입할 수 있는 요소를 던져준다.
절정	3~6분	영상의 전반부까지 시청이 이뤄지면 해당 영상을 끝까지 시청할 확률이 높아지기 때문에, 이 구간에선 막대한 돈을 들여 시각적인 장관을 연출하여 시청자들을 만족시켜야 한다.
결말	6~13분	반대로, 스토리가 처음 기획한 대로 흘러가지 않을 경우 이를 후반으로 빼고, 영상이 점점 끝난다는 암시를 주지 않다가 갑작스럽게 엔딩을 맞이하게 한다. 이처럼 일반적으로 재미없는 부분을 후반으로 빼긴 하지만, 애초 너무 평범하거나 재미없는 영상은 해당 영상에 수백만 달러의 제작비가 들었을지라도 과감하게 폐기한다.

순히 '끼워 넣는 요소'나 숙제가 아니라, 콘텐츠의 일부다. 제대로 만들고 전문성을 키워야만 장기적으로 살아남을 수 있다고 강조한다. 실제로 그는 게임과 서사를 결합한 브랜디드 콘텐츠로 수천만, 수억 뷰를 만들어낸다. 그의 채널 광고는 슈퍼볼 광고보다 높은 전환율을 기록한 사례도 있다.

이처럼 광기 수준의 성과주의, 비용 최소화를 위한 창의성, 철저한 데이터 기반 제작, 장기 효과를 중시하는 브랜디드 콘텐츠 전략 등은 미스터비스트가 그저 '돈 많이 쓰는 유튜버'라는 대중의 인식을 불식시킨다.

유튜버에서 종합 콘텐츠 제작사로 성장하다

미스터비스트가 커머스 등 다른 사업에만 집중하고 있는 것은 아니다. 그의 본질은 여전히 콘텐츠에 있다. 미스터비스트와 그의 회사는 콘텐츠를 만들고, 이를 다양한 플랫폼에 유통하는 콘텐츠 공급자이자 제작사로서의 역할을 점점 더 강화하고 있다.

그는 유튜브에서 숏폼과 미드폼 콘텐츠를 제작하는 데서 멈추지 않는다. 글로벌 이커머스 기업 아마존의 OTT 서비스인 '아마존 프라임 비디오 Amazon Prime Video'를 통해 대형 오리지널 예능 프로 '비스트 게임 Beast Games'을 기획·제작하며 롱폼 콘텐츠 영역까지 본격적으로 확장하고 있다. 이는 미스터비스트가 1인 크리에이터에서 출발해, 숏폼·미드폼·롱폼을 모두 다루는 종합 콘텐츠 제작사로 진화하고 있음을 의미한다.

많은 사람들이 간과하지만, 디지털에서 출발해 모든 길이의 영상 포맷

▲ '비스트 게임' (출처: 아마존 프라임 비디오)[20]

을 아우르는 제작사로 성장한 사례는 극히 드물다. 각 포맷은 제작 문법도, 제작 비용도, 요구되는 역량도 완전히 다르기 때문이다.

물론 미스터비스트 역시 롱폼 제작 과정에서 수많은 시행착오를 겪었다. 하지만 그는 그 과정에서 가능성 또한 분명히 증명해냈다. 총 제작비 1억 달러약 1,446억 원 이상이 투입된 '비스트 게임'은 〈오징어 게임〉에서 영감을 받은 서바이벌 예능으로, 전 세계에서 모집한 1,000명의 일반인 참가자가 단계별 게임을 통해 생존 경쟁을 펼친다.

시즌 1의 최종 상금은 당초 500만 달러약 72억 원로 알려졌지만, 마지막 순간 두 명의 결승 진출자가 무작위로 서류 가방을 선택하는 반전 장치가 등장하며, 승자의 상금은 1,000만 달러로 두 배가 됐다. 이 밖에도 람보르기니 등 파격적인 상품이 제공되어 화제를 모았다.[21] 이 콘텐츠는 공개 25일 만에 5천만 명 이상이 시청했고, 아마존 프라임 역사상 비드라마 장르 최고 성과를 기록했다.

미스터비스트는 여기서 멈추지 않았다. 서브 채널 'MrBeast2'를 통해 2025년 2월, 비스트 게임 13화 풀버전을 공개하며 다시 한 번 바이럴을 일으켰다. 각 영상은 4~5천만 조회수를 기록했고, 나머지 에피소드는 아마존 프라임에서 시청하도록 유도했다. OTT와 유튜브를 넘나드는 크로스 플랫폼 유통 전략을 실행한 것이다. 그는 "가장 거대한 쇼를 만들어 유튜브 크리에이터도 다른 대형 플랫폼에서 성공할 수 있음을 증명하고자 했다"고 밝혔다.

왜 넷플릭스가 아닌 아마존 프라임이었을까?

넷플릭스는 막대한 제작비를 지원하는 대신, 콘텐츠 IP를 소유하는 '납품형 구조'를 택한다. 또한 편집과 편성에 대한 개입도 비교적 강한 편이다. 반면 아마존 프라임은 크리에이터의 자율성을 존중하는 구조를 취한다.

또한 넷플릭스는 굿즈, 모바일 게임, 넷플릭스 하우스 등으로 IP 비즈니스를 확장하려 하는데, 미스터비스트는 이미 자신의 IP를 기반으로 다양한 사업을 전개하고 있어 넷플릭스보다 아마존 프라임이 더 적합한 파트너였을 것이다.

더 중요한 차이는 커머스 인프라다. 2024년 기준 아마존은 미국 이커머스 시장의 37.6~40.4%를 차지하며, 2위 월마트(6.4%)를 압도한다.[22] 미스터비스트가 향후 IP 기반 비즈니스를 확장한다면, 콘텐츠 유통과 상품 판매를 동시에 고려할 수 있는 아마존이 넷플릭스보다 훨씬 전략적인 파트너다. 쉽게 말해 이런 질문이다. "장난감을 팔기 위해 만든 애니메이션을 판매 기능이 없는 플랫폼(넷플릭스)에 올릴 것인가, 아니면 콘텐츠와 구매가 자연스럽게 연결되는 플랫폼(아마존)에 올릴 것인가?"

아마존 역시 이 성공을 놓치지 않았다. 2025년 5월, 아마존은 비스트 게임의 추가 시즌 제작을 공식 발표하며 장기 파트너십을 예고했다. 미스터비스트는 "이번 성공으로 나처럼 새로운 계약을 맺은 크리에이터가 여럿 있는 걸로 안다. 향후 1년간 크리에이터에게 수백만 달러의 자본이 유입될 것"이라고 전망했다.[23]

전문 IP 비즈니스로 진화하다

사실 미스터비스트 이전에도 유튜브에서 OTT로 진출한 사례는 있었다. 하지만 비스트 게임 이후 판도가 달라졌다. 이제 협업의 목적은 단순한 콘텐츠 유통을 넘어 오리지널 시리즈 제작을 통한 IP 비즈니스 확장으로 이동하고 있다. 콘텐츠 유통은 더 이상 디지털 플랫폼에만 머물지 않는다. 교도소, 박물관, 항공기 기내, 학교 교육 현장 등 콘텐츠가 필요한 곳이라면 어디든 유튜브 기반 콘텐츠가 유통되는 시대다. 이는 유튜브가 단순한 광고 매체가 아니라, 종합 비즈니스 플랫폼으로 진화하고 있음을 보여준다.

미스터비스트의 사례는 이를 가장 극적으로 증명한다. 슈퍼 유튜버는 더 이상 '영향력 있는 개인'이 아니다. 이제는 콘텐츠를 기반으로 한 글로벌 브랜드로 진화하고 있다.

결국 실행이다

지금의 미스터비스트를 보면 괴물 같은 존재로 느껴지지만, 그의 출발은 의외로 평범했다. 초기 게임 콘텐츠는 큰 반응을 얻지 못했고, 유튜브 분석 콘텐츠로 조금씩 주목받았을 뿐이다. 그가 분석에만 머물렀다면, 지금의 미스터비스트는 존재하지 않았을 것이다.

하지만 그는 '전 세계 1위 유튜버'라는 목표를 분명히 세웠고, 분석에 그치지 않고 직접 실행했다. 욕을 먹을 각오로 실험했고, 실패를 기록으로 남겼으며, 그 결과를 다시 다음 콘텐츠에 반영했다. 그렇게 그는 전 세계 거의 모든 국가에서 조회수 상위권을 차지하는 크리에이터로 성장했다.

사업도 마찬가지다. 첫 버거 사업이 실패에 가까운 평가를 받았을 때도 그는 멈추지 않았다. 다음 실험을 선택했고, 그것이 지금의 초콜릿 사업이다. 그는 이 성공 경험을 바탕으로 콘텐츠·투자·미디어를 결합한 거대한 실험을 계속하고 있다.

물론 그가 앞으로도 계속해서 폭발적인 성장세를 이어갈지는 알 수 없다. 그를 둘러싼 논란과 비판은 늘 존재해왔고, 이것이 언제 파국을 만들어낼지도 알 수 없다. 그러나 분명한 사실 하나는 있다. 그는 뚜렷한 목표를 세웠고, 그 목표를 이루기 위해 누구보다 치열하게 실행해왔다는 점이다. 미스터비스트의 콘텐츠를 좋아하든 싫어하든 그건 취향의 문제다. 하지만 목표를 세우고, 그 목표를 위해 과감히 도전하고 끝까지 실행해내는 태도만큼은 누구에게나 배울 만한 지점이 아닐까.

02
마르케스 브라운리

한국 IT 업계에도 잘 알려진 마르케스 브라운리[Marques Keith Brownlee]는, 15살에 유튜브를 시작해 현재 글로벌 테크 업계에서 가장 영향력 있는 크리에이터로 자리 잡았다. 지금 그는 주요 빅테크 기업의 행사에서 수십 년 역사를 자랑하는 주류 미디어보다 더 주목받는 존재다.

2013년, 구글의 전 수석 부사장 빅 군도트라[Vic Gundotra]는 당시 대학생이던 마르케스를 두고 "지금 이 지구상에서 가장 뛰어난 테크 리뷰어"라고 극찬했다.

유튜브에서 출발해, 오로지 콘텐츠의 힘만으로 테크 산업의 중심에 선 크리에이터 마르케스 브라운리는 콘텐츠가 곧 권력이 되는 시대를 상징하는 인물이다. 실제로 그가 특정 제품에 대해 부정적인 리뷰를 남기면, 해당 스타트업의 존폐가 위협받는다는 이야기가 나올 정도로 막강한 영향력을 갖고 있다.

빅테크 CEO들마저 줄 서서 기다리는 채널

업계 일각에서는 "장기적으로 봤을 때 미스터비스트보다 더 큰 영향력과 부를 거머쥘 이는 마르케스 브라운리다"고도 말한다. 현재 그의 구독자 수는 약 2,000만 명으로, 미스터비스트의 5% 수준에 불과하다. 그럼에도 이런 전망이 나오는 데에는 나름의 논리가 있다.

세상은 이미 테크를 중심으로 움직이고 있고, 그 영향력은 앞으로 더욱 커질 가능성이 높다. 따라서 엔터테인먼트 중심의 크리에이터보다 테크에 대한 전문성과 신뢰를 동시에 갖춘 오피니언 리더가 더 강력한 영향력을 가질 수 있다는 분석이다.

실제로 마르케스 브라운리는 2018년 제10회 쇼티 어워즈^{Shorty Awards}에서 'Creator of the Decade^{10년의 크리에이터}'로 선정됐고, 2024년에는 〈타임^{TIME}〉 선정 '가장 영향력 있는 100명의 AI 인물'에 이름을 올렸다. 게다가 유튜브에서 15년 넘게 활동해왔음에도 불구하고 그는 여전히 30대 초반에 불과해, 앞으로 그가 이 산업에 미칠 영향력은 사실상 측정 불가능한 수준이다.

마르케스 브라운리의 영향력은 그가 인터뷰해온 인물들만 봐도 명확히 드러난다. WWDC 2024에서는 애플 CEO 팀 쿡^{Tim Cook}이 직접 그의 채

널에 출연했고, 2018년에는 일론 머스크^{Elon Musk}가 인터뷰는 물론 테슬라 공장까지 직접 안내하며 채널에 등장했다. 당시는 일론 머스크가 언론 인터뷰를 대부분 거절하던 시기였다는 점에서 이 출연은 그 자체로 큰 화제를 모았다. 이 밖에도 마크 저커버그^{Mark Zuckerberg}, 빌 게이츠^{Bill Gates}, 사티아 나델라^{Satya Nadella} 등 수많은 빅테크 기업의 핵심 인물들이 그의 채널을 거쳐 갔다. 심지어 버락 오바마^{Barack Obama} 전 대통령, 농구 선수 코비 브라이언트^{Kobe Bryant}, 천체물리학자 닐 디그래스 타이슨^{Neil deGrasse Tyson}까지, 분야를 가리지 않고 거물들이 등장했다.

그는 단순한 제품 리뷰를 넘어, 서브 채널이자 팟캐스트인 '웨이브폼^{Waveform}'을 통해 테크 산업 전반에 대한 인사이트를 확장하고 있다. 〈포브스〉는 그를 두고 "소셜미디어 시대의 가젯 구루^{Gadget Guru}"라고 표현했다.

15살 중학생에 불과했던 마르케스 브라운리는 어떻게 유튜브를 통해 자신만의 브랜드를 만들고, 테크 산업의 핵심 오피니언 리더로 성장할 수 있었을까?

떡잎부터 달랐던 중학생의 유튜브 도전기

마르케스 브라운리는 1993년생으로, 2008년 3월 21일 유튜브 활동을 시작했다. 당시 중학생이던 그의 장래 희망은 골프 선수였다. 그래서 그가 처음 올린 유튜브 영상은 골프 연습 콘텐츠였다. 하지만 반응이 미미했고, 소년은 빠르게 방향을 틀었다.

2009년 1월 1일, 그는 HP 파빌리온 노트북 리모컨 리뷰를 시작으로 테크 콘텐츠로 방향을 전환했다. 이 선택은 결과적으로 그의 인생을 바꿔놓았다.

이 리뷰가 탄생한 배경은 매우 개인적이다. 그는 노트북을 사기 위해 부모님이 주신 용돈을 모으며 어떤 제품을 살지 철저히 조사했다. 그렇게 고심 끝에 선택한 제품이 HP 파빌리온 노트북이었다. 그리고 제품을 받아본 순

▲ 첫 번째 리뷰 콘텐츠의 섬네일

간, 그는 깜짝 놀랐다. 그동안 어떤 리뷰에서도 본 적 없는 리모컨이 박스 안에 들어 있었기 때문이다. 많은 사람들이 대수롭지 않게 넘겼을 대목이지만, 그는 마치 특종을 발견한 기자처럼 이 소식을 사람들에게 알려야 한다고 생각했다. 그렇게 올라간 2분 51초짜리 영상은 글로벌 테크 크리에이터의 등장을 알리는 조용한 시작이었다.

여기서 주목할 점이 있다. 마르케스 브라운리는 완벽하게 '영상 콘텐츠 네이티브'라는 사실이다. 어린 시절부터 인터넷과 함께 성장한 그는 제품 정보를 찾을 때 자연스럽게 '영상'을 먼저 검색했고, 영상을 통해 웬만한 궁금증을 다 해결했다. 그리고 자신이 알게 된 정보를 텍스트가 아닌 영상으로 공유하는 데 망설임이 없었다.

그의 첫 리뷰 영상에는 '아무도 안 보면 어떡하지', '악플이 달리면 어쩌지' 같은 고민과 두려움을 전혀 찾아볼 수 없다. 오히려 "이 작은 버튼은 정확히 어떤 기능인지 모르겠어요. 아시는 분은 댓글로 알려주세요"처럼 과장 없이 사람들과 친근하게 소통했다.

짧은 영상이었지만, 그 안에는 테크 리뷰어가 갖춰야 할 핵심 요소가 잘 들어 있었다. 즉, 제품의 기능을 명확히 설명하고, 소비자 입장에서 살

만한지 아닌지 명확한 판단을 제시했다. 또한, "조명이 어두운 것 같다"며 영상의 완성도가 부족하다는 점을 솔직하게 인정했다. 사실 그의 채널명 MKBHD는 Marques Keith Brownlee의 이니셜에 'HD$^{\text{High Definition}}$'를 붙인 것이다. 10대 시절부터 그가 고품질 영상 제작에 대한 욕심을 갖고 있었음을 알 수 있는 대목이다.

1일 1영상, 유튜브 붐 이전부터 시작된 미친 실행력

마르케스 브라운리는 2009년 한 해에만 총 283개의 영상을 업로드했다. 유튜브가 대중화되기 훨씬 이전, 소위 말하는 '1일 1영상'을 이미 실천하고 있었던 셈이다.

초기 영상의 주제는 제품 리뷰였지만, 실제로는 노트북 사용법이나 인터넷 활용법을 설명하는 튜토리얼 콘텐츠가 대부분이었다. 사파리나 파이어폭스 같은 브라우저 사용 팁, 기본 설정 방법 등 지금 보면 소소한 내용들이었다.

그가 이렇게 꾸준히 영상을 올릴 수 있었던 이유에 대해 그는 한 인터뷰에서 '시청자들의 반응'을 꼽았다. "고맙다"는 댓글이나 "A는 이해했는데, B는 어떻게 하나요?" 식의 질문이 달리기 시작했는데, 그런 피드백에 대해 영상으로 답하는 방식이 자연스럽게 콘텐츠 생산의 동력이 됐다고 한다.

넘볼 수 없는 영향력은 어디서 오는가

1. 시청자 중심 철학

마르케스 브라운리가 테크 업계에서 독보적인 리뷰어로 성장할 수 있었던 핵심 요인은, 처음부터 끝까지 '전문가의 시선'이 아니라 '시청자, 즉 소비자의 시선'에서 콘텐츠를 만들었다는 점이다.

테크 제품은 가격대가 높은 고관여 제품이다. 구매 전 고민의 시간이 길고, 비교와 정보 탐색이 필수다. 갤럭시나 아이폰 신제품이 나올 때마다 항상 논쟁의 중심이 되는 것도 결국 "이 가격에 살 만한가?"라는 질문 때문이다. 그래서 테크 카테고리는 다른 분야보다 리뷰 의존도가 높다. 유튜브 이전에는 블로그 리뷰가 강세였고, 유튜브가 성장하자 가장 빠르게 영상 중심으로 이동한 분야 역시 테크였다.

그런 의미에서 마르케스 브라운리는 시장의 변화가 본격화하기 전에 이미 2009년부터 유튜브를 선점한 크리에이터라고 볼 수 있다.

2. 신뢰를 자산으로 만드는 원칙

15년 넘게 유튜브에서 활동해온 그는 콘텐츠 제작에 있어 명확한 원칙을 갖고 있다. 언제나 '시청자'를 먼저 고려한다는 것이다. 현재 그는 광고 및 브랜드 협업을 WME[William Morris Endeavor]라는 에이전시와 함께 진행하지만, 최종 결정은 전적으로 본인이 직접 한다.[1] 그리고 실제로 협업 제안의 99% 이상을 거절한다고 밝힌 바 있다. 이미 리뷰하기로 결정한 제품에 대해서는 광고를 받지 않고, 광고주가 콘텐츠 내용에 개입하는 방식 역시 철저히 차단한다. 반대로, 본인이 염두에 둔 기기가 아니라도 시청자들의 요청이 많다면 직접 경험하고 리뷰를 진행한다. 이러한 태도는 장기적으로 탄탄한 신뢰를 쌓았다.

미국 IT 전문 매체 〈테크크런치TechCrunch〉는 "마르케스 브라운리는 10년 넘게 유튜브라는 정글에서 활동해오면서도 시청자의 신뢰를 단 한 번도 저버리지 않은 점이 가장 인상적"이라고 평가했다.[2]

3. 본질에 충실: 전문성과 신뢰도

유튜브에서 채널을 운영하는 크리에이터나 사업자들은 자신이 몸담고 있는 카테고리가 어떤 특성을 가지고 있는지를 이해하는 것이 중요하다. 테크 카테고리는 다른 유튜브 분야와 작동 방식이 다르다. 대부분의 카테고리는 신규 콘텐츠를 지속적으로 제작하지 않으면 이미지가 소진되어 채널의 조회수가 하락하고 구독자 수가 정체되거나 감소한다.

하지만 테크 분야는 신제품이 끊임없이 등장한다. 즉, 신제품 자체가 새로운 콘텐츠 기획의 출발점이 된다. 이때 중요한 것은 단순한 정보 전달이 아니라, '이 채널에서만 볼 수 있는 관점과 설명'이다. 테크 유튜버에게 전문성은 선택이 아니라 생존 조건이다. 그리고 그 전문성이 반복적으로 증명될 때, 채널은 팬덤과 신뢰를 동시에 얻는다.

이 지점에서 마르케스 브라운리와 다수의 테크 유튜버는 분명히 갈린다. 국내외를 막론하고 많은 테크 유튜버들은 신제품 출시와 동시에 '업로드 속도 경쟁'에 뛰어든다. 아이폰 발표 시즌마다 해외로 급히 이동하는 이유도 누구보다 빨리 영상을 올리기 위해서다. 하지만 이는 역설적으로, 콘텐츠 자체의 차별성이 크지 않다는 방증이기도 하다. 마르케스 브라운리는 이 경쟁에서 일찌감치 발을 뺐다. 그는 속도가 아니라 콘텐츠의 해석과 질문의 깊이로 승부한다.

테슬라 사이버트럭 리뷰가 대표적이다. 대부분의 리뷰어들이 디자인과

스펙에 집중할 때, 마르케스 브라운리는 두 가지 다른 관점의 접근을 보여줬다. 미국에서는 땅이 넓어 트럭을 견인용으로 사용한다고 알려져 있지만, 그는 데이터를 제시하며 '실제로는 트럭 소유자의 63%가 견인 목적보다 웅장한 디자인 때문에 트럭을 구매'한다는 점을 설명했다. 테슬라가 왜 이렇게 극단적인 디자인을 선택했는지에 대한 산업적 맥락을 분석한 것이다.

그리고 "이 디자인은 지금만 아이코닉한가, 아니면 미래에도 살아남을 것인가?"라는 질문을 던졌다. 그는 사이버트럭이 아이폰처럼 시대의 아이콘이 될 수 있을지, 아니면 PT 크루저[PT Cruiser]처럼 일시적 실험으로 남을지를 함께 고민하게 만들었다. 이런 시각이 있기 때문에 사람들은 신제품이 나오면 "마르케스 브라운리는 이걸 어떻게 볼까?"를 궁금해한다.

전문성을 키우기 위한 체계적인 노력

이러한 전문성과 고유의 관점은 자연스럽게 팬덤으로 이어졌고, 이는 시청 지속 시간 증가와 이탈률 감소로 연결됐다. 그 결과, 현재 그의 월

간 조회수 기반 수익은 약 71만~88만 달러약 10억~13억 원로 추정된다.[3] 이 전
문성은 하루아침에 만들어진 것이 아니다. 그는 자신의 진로 자체를 테크
크리에이터에 맞춰 설계했다. 즉, 미국 명문 공과대학으로 평가받는 스티
브스 공과대학Stevens Institute of Technology에 진학해 기술 경영Technology & Business을
전공했다. 이 대학은 STEM 분야에서 높은 평가를 받는 학교로, 두 명의
노벨상 수상자를 배출한 것으로도 유명하다.

대학생 시절에도 그는 이미 유명한 테크 유튜버였는데, 한 교수는 그를
보며 "아직도 왜 자퇴하지 않는지 모르겠다"고 농담 섞인 말을 했다고 전
한다. 2015년 5월 졸업과 동시에 그는 유튜브 활동에 전념하기 시작했고,
이후 전문성과 영향력을 동시에 확장하는 독보적인 커리어를 만들 수 있
었다.

영상 퀄리티에 집착하는 차별화 전략

마르케스 브라운리가 성공한 이유를 전문성 하나로 설명하기는 어렵
다. 테크 업계에는 그보다 나이도 많고 경력도 좋은 전문가들이 이미 많
기 때문이다. 그의 또 다른 결정적 차별화 요소는 영상 퀄리티에 대한 집
요한 집착이다. 현재는 자신의 이름을 그대로 채널명으로 쓰고 있지만, 초
창기 채널명은 'MKBHD'였고, 그 이유는 앞서 설명한 대로다. 그는 어린
시절부터 자신의 콘텐츠 핵심 경쟁력을 '정보'만이 아니라 '보여주는 방
식'에서도 찾고 있었다.

그렇다면 그는 왜 고품질 영상에 집착하게 됐을까? 테크 리뷰 분야의
특징은 명확하다. 신제품은 끊임없이 쏟아지고, 같은 제품을 다루는 리뷰

영상도 동시에 넘쳐난다. 이런 환경에서 대부분의 리뷰어들이 비슷한 영상을 제작할 때, 그는 압도적인 영상 퀄리티로 다른 크리에이터들을 따돌리겠다고 생각했다. 한 인터뷰에서 그가 영상 퀄리티에 투자한 이유를 좀 더 구체적으로 설명했다.

1. 테크 카테고리에서는 모두가 동일한 소재를 다루기 때문에, 채널 고유의 시각적 차별화가 필요했다.
2. 유튜브는 모방이 쉬운 플랫폼이지만, 고퀄리티 영상은 흉내 내기 어렵다.
3. 광고주 입장에서도, 완성도 높은 영상을 만드는 크리에이터에게 더 큰 신뢰를 보낸다.
4. 고퀄리티를 유지하려면 고정된 스튜디오 환경이 필수적이며, 이는 장기적인 품질 관리와 직결된다.

한마디로, 영상 퀄리티는 그의 취향이 아니라 비즈니스 전략이었다.

3억 5천만 원짜리 로봇팔이 만드는 경쟁력

실제로 그는 자신의 영상을 쉽게 따라 할 수 없도록 만들기 위해 약 25만 달러[3억 5천만 원]를 들여 로봇팔을 주문 제작했다. 사람의 손으로는 구현하

▲ 고화질 촬영 공간

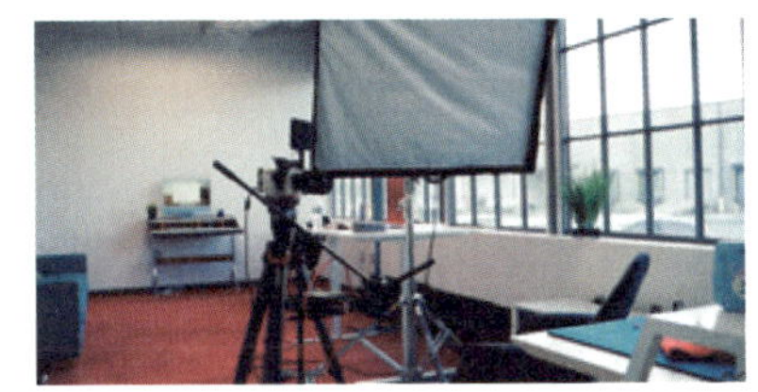

▶ 전자기기의 색감을 잘 살리기 위해 다양한 배경에 공들인다.

기 어려운 카메라 무브먼트, 제품을 감싸듯 움직이는 정교한 촬영 각도는 이제 그의 영상에서 하나의 시그니처가 되었다.

또한 그는 비교적 이른 시기부터 약 5만 달러^{약 7,173만 원} 상당의 8K RED 시네마 카메라를 사용했고, 촬영 스튜디오 구축에도 대규모 투자를 아끼지 않았다. 현재 스튜디오 월세만 해도 월 3만 달러^{약 4,304만 원} 수준으로 알려져 있다.

이러한 투자의 목적은 명확하다. 최고의 테크 리뷰 영상을 만들기 위해서다. 이를 위해 그는 제품을 위에서 내려다보는 톱다운^{Top-down} 전용 룸에 약 10만 달러^{1억 4,354만 원}를 투자했고, 자연광 변화에 영향을 받지 않도록 거대한 암막·방음 설비와 천장 조명 시스템을 구축했다. 그런가 하면 제품 색감을 정확히 표현하기 위해 색깔·재질별로 다양한 배경지를 준비해놓기도 한다. 또한 제품에 따라서는 익숙하고 캐주얼한 분위기를 연출할 필요도 있었기에 마치 자신의 방에서 촬영하는 듯한 느낌을 주는 세트 룸을 만들었다. 그

▲ 브이로그 형태의 캐주얼한 콘셉트 촬영 공간

리고 이 공간에는 일부러 방음 처리를 하지 않고, 자연광이 들어오는 창
문을 두었다.

BBC급 퀄리티를 목표로 한 15인 드림팀

초기에는 혼자 모든 작업을 도맡았지만, 채널이 성장한 이후 그는 고품
질 제작을 위해 팀을 꾸리기 시작했다. 2016년 첫 직원을 채용한 이후 현
재 그의 팀에는 영상 그래픽 디자인, 모션 그래픽·애니메이션, 제품 리뷰
및 리서치, 카메라, 조명 등 15명의 팀원이 있다. 팀원을 채용할 때 그의
기준은 'BBC 등 세계 유수의 매체보다 더 퀄리티 좋은 콘텐츠를 만드는
것에 관심이 있는지, 그리고 그렇게 할 실력이 있는지'다.

그럼에도 불구하고, 콘텐츠의 핵심인 스크립트는 여전히 자신이 직접
작성한다. 한 인터뷰에서 그는 "유튜버는 작가이자 기획자, 촬영감독, 편
집자, 마케터 등의 역할을 모두 할 줄 알아야 한다"고 말한 바 있다. 다만
어느 순간 자신보다 더 잘할 수 있는 사람에게 역할을 넘겨야 하는 규모
에 이르렀다는 판단으로 직원을 채용한 것이다. 그는 직원 채용을 "나의
팔을 잘라내는 일"에 비유할 만큼 힘들어 했지만, 그래야 전체가 더 강해
진다고 생각했다.

"그의 리뷰 하나로 회사가 흔들린다"

영향력이 커지자 논란도 뒤따랐다. 그가 부정적인 리뷰를 남기면 회사
가 망한다는 주장이 미국에서 화제가 된 것이다. 이에 대해 마르케스 브
라운리는 직접 해명했다.[4] "저의 리뷰 때문에 회사가 망하는 게 아닙니다.

제품이 좋지 않으니 시장에서 외면받는 거죠." 그는 오히려 자신이 지적한 단점을 반영해 제품을 개선한 기업들은 더 성장했다고 덧붙였다.

▲ 리뷰의 영향력에 대해 해명한 영상('Do Bad Reviews Kill Companies?') 화면

2024년 한 인터뷰에서 그는 "좋은 제품에는 좋다고 말하고, 형편없다면 형편없다고 말하는 것이 내 역할"이라고 자신의 기준을 분명히 했다.

이 논란은 해프닝에 가깝지만, 그만큼 그의 리뷰가 시장에 실질적인 영향을 미친다는 인식이 퍼져 있다는 증거이기도 하다.

성장의 결정적 촉매, 스마트폰

마르케스 브라운리의 성장을 이야기할 때 빠질 수 없는 키워드는 스마트폰이다. 초기에는 음향 기기나 컴퓨터 주변기기를 주로 다뤘지만, 아이폰 등장 이후 스마트폰이 대중화되는 흐름과 맞물리며 스마트폰 리뷰에 집중하기 시작했다. 그리고 이 선택은 채널 성장의 분기점이 됐다.

그의 대표 콘텐츠인 '스마트폰 어워즈Smartphone Awards'는 한 해 동안 출시

된 스마트폰을 종합적으로 평가하는 콘텐츠다. 이 영상이 공개되면 한국을 포함한 각국의 언론이 이를 인용 보도할 정도로 글로벌한 파급력을 가진다.[5]

스마트폰은 이제 거의 모든 사람이 사용하는 가장 대중적인 테크 제품이다. 워런 버핏Warren Buffett이 "아이폰은 이미 소비재"라고 말했을 정도다. 결국 마르케스 브라운리는 모두가 사용하는 제품을, 소비자 관점에서 가장 잘 설명하는 리뷰어로 자리 잡으며 채널의 성장과 영향력을 동시에 강화했다.

트렌드를 가장 잘 해석하는 리뷰어

그는 대학생 시절부터 전 세계 주요 테크 기업들이 참여하는 행사 CES에 꾸준히 참가하며 변화하는 테크 트렌드를 직접 체감했다. 에어팟, 전기차, 드론, 그리고 최근의 생성형 AI까지 새로운 기술이 등장할 때마다 그는 빠르되 가볍지 않게, 자신의 해석을 덧붙였다.

2022년에는 자동차 전문 서브채널 '오토 포커스Auto Focus'를 개설해 전기차와 차량 기술을 집중적으로 다뤘고, 이 채널은 약 1년 만에 구독자 100만 명을 돌파했다. 이는 마르케스 브라운리가 단순한 리뷰어를 넘어 시대를 읽는 테크 해설자로 성장하고 있음을 보여준다.

비즈니스 모델: 보수적 확장과 안정적 수익 구조

그렇다면 마르케스 브라운리는 실제로 어느 정도의 수익을 거두고 있을까? 그는 2024년 한 유튜브 채널에 출연해 자신의 매출 구성 비율을 직접 공개한 바 있다. 유튜브 조회수 수익이 30%, 굿즈 등 상품 판매 10%, 브랜드 협찬 광고 60% 정도라고 말했다.[6] 이를 바탕으로 추정되는 연간 매출은 1,390만~1,730만 달러^{약 200억~248억 원} 수준이다.[7]

이 수치는 누군가에게는 작아 보일 수도, 그의 영향력에 비해 의외로 보수적인 금액으로 느껴질 수도 있다. 하지만 바로 이 지점이 그의 전략을 이해하는 핵심이다.

99%의 광고를 거절하는 이유

마르케스는 콘텐츠 퀄리티에는 집착했지만, 비즈니스 확장에는 굉장히 보수적이었다. 그는 광고 제안의 99%를 거절해왔고, 유튜브 초기 수년간 그의 수익 대부분은 오직 조회수 수익에서 나왔다. 실제로 그는 2013년에야 유튜브 파트너로 승인받았고, 그 이후에도 약 3년간 직원 없이 혼자 콘텐츠를 제작했다. 이 시기 그의 선택은 명확했다. 비즈니스보다 먼저 시청자 만족과 영향력을 키우는 데 집중하기로 한 것이다.

그가 법인 'MKBHD Inc.'를 설립한 것은 2016년이다. 중학생 때 유튜브를 시작한 이후 상당한 시간이 흐른 뒤의 일이었다. 채용 역시 극도로 보수적이었다. 많은 크리에이터들이 인기를 얻자마자 편집자부터 고용한 것과 달리, 그는 BBC·CNN급 완성도를 구현할 수 있는 인재만을 원했다. 그 결과, 전 세계 최정상급 영향력을 가진 크리에이터임에도 그의 팀 규모는 15명가량에 불과하다.

그는 지금도 콘텐츠의 핵심인 기획과 편집 방향을 직접 컨트롤한다. 특히 촬영 전 대본을 쓰는 작업이 자신의 업무 중 가장 중요한 일이라고 강조한다. "저는 편집의 거의 전부를 책임지고, 모든 내용을 직접 씁니다. 그게 곧 제 얼굴이자, 제 생각을 보여주는 방식이니까요."

이 모든 선택은 하나로 귀결된다. 마르케스는 아직도 비즈니스보다 브랜딩을 우선한다. 그는 콘텐츠의 힘만으로 글로벌 테크 업계에서 전통 매체보다 더 큰 영향력을 확보했다. 빅테크 기업들이 그를 VVIP로 대우하고, 언론 노출을 꺼리는 CEO들조차 그의 채널에는 출연하는 이유다.

과장을 조금 보태면, 그의 서사는 '중학생 유튜버가 테크 산업의 최대 영향력자가 되는 과정'에 가깝다. 그리고 아직 30대 초반인 그에게 비즈니스는 긁지 않은 복권으로 남아 있다.

마르케스 브라운리식 커머스 전략

그렇다면 그는 미래를 어떻게 준비하고 있을까? 현재 그의 핵심 포석은 콘텐츠와 커머스의 느슨하지만 깊은 결합이다. 2023년 4월, 그는 신발 브랜드 아톰즈^{Atoms}와 협업해 시그니처 한정판 스니커즈 '모델 251'을 출시했다. 제품명 '251'은 그가 올린 첫 영상의 길이 2분 51초에서 따온 것

▲ '모델 251'을 소개한 유튜브 섬네일

이다. 이 제품은 약 20만 켤레 이상 판매되었고, 매출은 약 1,600만 달러[약 223억 원]로 알려져 있다.

다만 이 경험을 통해 그는 한계를 깨달았다. 크리에이터로서 참여하는 단순 협업만으로는 자신이 중요하게 여기는 퀄리티 컨트롤에 한계가 있다는 점이었다. 그래서 그는 2024년 2월, 남성용 지갑·액세서리 브랜드 '리지Ridge'에 투자자이자 최고 크리에이티브 파트너Chief Creative Partner로 직접 합류했다. 이는 단순 모델 계약이 아니라 지분 투자와 이사회 참여를 포함한 결정이었다.

리지 측은 "마르케스 브라운리의 높은 기준과 진정성이 브랜드 철학과 맞닿아 있다"고 설명했고, 그 역시 "일회성 컬래버레이션이 아닌, 내가 실제로 쓰는 제품을 만드는 회사에 깊이 관여한 첫 사례"라고 밝혔다. 자신이 퀄리티를 직접 통제할 수 있고, 이사회에 참여하여 목소리를 낼 수 있는 구조의 비즈니스를 선택한 것이다. 앞으로도 그가 진행하는 비즈니스는 이런 방식으로 진행될 가능성이 크다.

단 하나의 목표, 연간 100개 영상 만들기

마르케스 브라운리가 별다른 사건 사고 없이 이토록 안정적으로 성장할 수 있었던 이유는 무엇일까? 그에게는 다른 크리에이터들과 다른 단 하나의 목표가 있었다. "연간 100개의 고퀄리티 콘텐츠를 제작하는 것"이다. 그는 단 한 번도 구독자 수나 조회수 목표를 세운 적이 없다고 말한다. 그저 '연 100개 제작'이라는 단순한 목표를 15년 넘게 지켜왔고, 지금까지 업로드한 영상은 1,650개 이상이다.

꾸준함의 힘

이 꾸준함은 그를 테크 업계의 신뢰 자산으로 만들었고, 연간 수십억 원대의 조회수 수익을 가능케 했다. 여기에 미국 시장 특유의 높은 광고 단가도 한몫했다. 유튜브가 나누는 채널 수익 단가는 국가별로 다른데, 소위 선진국일수록 디지털 광고 시장 규모가 크기 때문에 조회수 수익 단가가 더 높다. 이는 안정적인 조회수 수익이 중요한 마르케스 브라운리에게 본의 아니게 유리하게 작용했다.

게다가 미국은 빅테크 기업들의 본거지답게 수많은 대기업이 그의 채널에 경쟁적으로 광고를 하고 싶어 한다. 이런 이유들로 그는 무리하게 사업을 벌이지 않아도 꽤 안정적인 수익을 보장받게 되었고, 벌어들인 수익을 다시 콘텐츠 퀄리티에 재투자하는 선순환 구조를 만들 수 있었다.

그가 지금의 기준과 생산성을 유지한다면, 테크 산업이 성장할수록 그의 영향력과 사업 규모 역시 자연스럽게 복리로 커질 가능성이 크다. 앞으로가 더욱 기대되고 신뢰 가는 크리에이터가 아닐 수 없다.

03
듀드 퍼펙트

듀드 퍼펙트^{Dude Perfect}는 운동을 좋아하는 대학생 친구들의 장난에서 출발해, 현재는 '유튜브 계의 디즈니'로 불릴 만큼 북미 시장에서 압도적인 영향력을 가진 콘텐츠 팀으로 성장했다.

2009년, 텍사스 A&M 대학교 기숙사에서 만난 다섯 명의 친구가 집 뒷마당에 80달러짜리 농구 골대를 설치하고 샌드위치 내기를 하며 노는 장면을 촬영해 유튜브에 올린 것이 시작이었다. 이 첫 영상은 업로드 일주일 만에 20만 조회수를 기록했고, 미국 아침 방송 '굿모닝 아메리카'에 소개되며 전국적인 화제를 모았다. 이후 채널은 꾸준히 성장해 현재는 구독자 6,180만 명 이상을 보유한 글로벌 톱 크리에이터 팀이 되었다. 듀드 퍼펙트가 다른 유튜버들과 결정적으로 다른 지점은 비즈니스적 기대치다. 이들이 만드는 스포츠 엔터테인먼트에 가능성을 본 한 헤지펀드는 1억 달러^{약 1,468억 원} 이상을 투자했고, NBA에서 임원급으로 활동하던 인사까지 경영진으로 합류해 비즈니스를 설계하고 있다. 이들은 여기서 멈추지 않는다. NBA와 디즈니를 뛰어넘는 오프라인 엔터테인먼트 경험을 제공하겠다며 테마파크 건설까지 추진 중이다. 단순한 유튜브 채널을 넘어 'IP 기반 엔터테인먼트 기업'으로 평가받는 이유다.

순수한 재미와 찐텐으로 급성장하다

듀드 퍼펙트는 타일러 토니^{Tyler Toney}, 개릿 힐버트^{Garrett Hilbert}, 코리 · 코비 코튼^{Cory · Coby Cotton} 형제, 코디 존스^{Cody Jones}, 이렇게 다섯 명의 대학 친구로 구성된 크루형 채널이다. 이들이 처음 주목받은 콘텐츠는 농구, 골프, 미식축구 등에서 기상천외한 방식으로 성공시키는 트릭샷^{Trick Shot} 영상이었다.

이들은 뒤돌아 던져 골 넣기, 지붕 위에서 던지는 슛, 일상적인 물건을 활용한 묘기 슛까지 다양한 트릭샷 내기를 하며 놀았다. 그리고 2009년 4월, 친구인 숀 타운젠드^{Sean Townsend}가 이 장면들을 촬영해 유튜브에 업로드하면서 듀드 퍼펙트의 운명은 완전히 바뀌었다.

이들은 유튜버가 되겠다는 목표로 시작하지 않았다. 그저 친구들끼리 노는 게 재미있었고, 그 자연스러운 에너지, 이른바 '찐텐 바이브'가 사람들의 시선을 사로잡았다.

이들의 도전이 유명해질수록 "저게 정말 가능한가" 하는 논란도 함께 커졌다. 듀드 퍼펙트는 이 논란을 피하지 않고 오히려 즐겼다. 왜냐하면 모든 도전은 백퍼센트 실제였기 때문이다. 코디 존스는 한 인터뷰에서 이

▲ 트릭샷 장면을 연출하는 유튜브 영상 화면

렇게 말했다. "어렵다는 게 불가능하다는 뜻은 아니잖아요. 사람들은 불가능해 보이는 일이 실제로 일어나면 그걸 가짜라고 말하는 경향이 있어요."

실제로 멤버들은 영상 속 묘기를 성공시키기까지 평균 15번 이상 반복 연습했고, 어떤 샷은 수백 번의 시도 끝에 완성했다. 이 과정 자체가 스토리가 되었고, 논쟁은 관심을, 관심은 성장을 불러왔다.

취미에서 직업으로, 팀이 된 순간

하지만 2009년 당시만 해도 유튜버가 직업이 될 수 있다는 인식은 거의 없었다. 그래서 졸업 후 일부 멤버는 취업을 했고, 일부는 채널 운영을 맡아 주말마다 모여 촬영을 이어갔다.

그러나 채널이 빠르게 성장하면서 일과 유튜브를 병행하는 것은 한계에 부딪혔다. 타일러 토니는 다니던 회사로부터 유튜브 활동에 대한 경고를 받았고, 토요일 촬영을 이유로 한 번만 더 결근하면 해고하겠다는 문자까지 받았다. 토니는 친구들을 설득하며 말했다. "모두가 집중하면 1인당 연 1만 5천 달러^{약 2,154만 원}는 벌 수 있어."

결국 다섯 명은 결단을 내린다. 단, 조건이 하나 있었다. 모든 멤버가 동등한 지분을 가진다는 것. 이때부터 이들은 단순한 취미나 재미를 넘어 직업으로서 유튜브 활동에 몰입했고, 점점 더 과감한 도전으로 사람들의 관심과 사랑을 받기 시작했다.

자극 없이 시선을 사로잡는 법: 가족 친화적 콘텐츠

듀드 퍼펙트가 구축한 가장 독특한 포지션은 가족 친화적 콘텐츠다. 이들은 선정성, 욕설, 술·담배 광고를 철저히 배제하며 아이와 부모가 함께 볼 수 있는 엔터테인먼트를 지향했다.

ABC 뉴스와의 인터뷰에서 이들은 이렇게 말했다. "우리는 브랜드를 관리할 때 기독교적 가치관을 지키려고 노력합니다." 코비 코튼은 "부모가 퇴근할 때까지 기다렸다가 가족이 함께 본다는 피드백을 들을 때 가장 기쁘다"고 밝혔다.

일반적으로 사람들의 관심을 끌려면 어쩔 수 없이 자극적인 콘텐츠를 추구할 수밖에 없다고 생각하기 쉽지만, 듀드 퍼펙트는 그렇지 않고도 충분히 대중의 사랑을 받을 수 있다는 점을 보여준다.

선정성 아닌 역동성으로 승부한다

듀드 퍼펙트가 선택한 무기는 자극이 아니라 역동성이었다. 믿기 힘든 각도에서 성공하는 슛, 생수병 같은 일상적인 물건을 활용한 기상천외한 묘기슛 등, 다양한 도전으로 20개 이상의 기네스 세계 기록을 세웠다. 533피트^{약 162미터} 높이에서 슛을 성공시킨 장면은 지금 봐도 현실감이 없을 정도다. 이 기록들은 조회수만을 위한 장치가 아니라, 팀의 도전 정신을 증명하는 상징이었다.

광고주 친화적 콘텐츠의 힘

유튜브의 수익 구조에서 결코 무시할 수 없는 존재는 광고주다. 그래서 유튜브에는 '광고주 친화적인 콘텐츠 가이드라인'이 존재하는데, 자극적이거나 논란이 될 만한 콘텐츠는 광고주 친화적이지 않은 영상으로 분류돼 수익이 제한된다.

많은 이들이 숏폼 등에서 조회수가 잘 나오려면 최대한 도파민을 자극하는 방식으로 콘텐츠를 만들어야 한다고 생각하지만, 이는 일부는 맞지만 본질은 아니다. 유튜브에서는 사람들의 관심을 광고주 친화적인 방식으로 사로잡는 채널이 빠르게 성장하는 구조이고, 듀드 퍼펙트는 이를 정확히 이해하고 공략했다.

이러한 전략을 누구보다 잘 아는 미스터비스트는 2024년 한 인터뷰에서 듀드 퍼펙트를 이렇게 평가했다. "그들은 가족 친화적이면서도 대규모 팬덤을 만든 선구자다." 도파민의 극단에 서 있는 크리에이터조차 전혀 다른 길을 가는 듀드 퍼펙트에 존경을 표한 것이다.

선한 영향력의 비즈니스 가치

지금도 듀드 퍼펙트 팀은 "가족 친화적인 콘텐츠를 만드는 것이 목표"라고 분명히 말한다. 이 철학은 콘텐츠 기획을 넘어 브랜드 협업 방식에서도 일관되게 이어지고 있다.[1]

대표적인 사례가 음료 브랜드 닥터 페퍼Dr. Pepper와 함께한 '등록금 던지기Tuition Throw' 이벤트다. 이들은 트릭샷 콘텐츠와 연계해 약 80만 달러11억 6천만 원 규모의 대학 등록금을 장학금 형태로 시청자들에게 지원했다.

또 하나의 상징적인 사례는 2009년 여름, 팀원 몇 명이 기독교 청소년 캠프인 스카이 랜치Sky Ranch에서 지도자로 일하던 중 촬영한 '서머 캠프 에디션' 영상이다. 이 영상이 큰 반향을 일으키자 듀드 퍼펙트는 뜻깊은 약속을 내놓았다. 해당 영상 조회수 10만 회마다 제3세계 아동 한 명을 후원하겠다는 것이었다. 실제로 이 약속은 국제 아동 후원 단체인 컴패션 인

▲ 메이크어위시 재단(Make-A-Wish Foundation)은 세계 50여 개 국가에서 난치병을 앓고 있는 아동들의 소원을 이뤄주는 국제 비정부기관이다. '메이크어위시 아메리카'는 듀드 퍼펙트의 헌신을 기리며 2019년 그들에게 상을 수여했다. ⓒMake-A-Wish America 페이스북

터내셔널Compassion International을 통해 현실로 이어졌다.

이러한 행보 덕분에 듀드 퍼펙트는 '가족 엔터테인먼트 분야에서 가장 신뢰받는 브랜드'로 평가받고 있다.[2] 또한 듀드 퍼펙트 멤버들이 가족과 커뮤니티를 중시하는 독실한 기독교적 가치관을 가지고 있다는 점 역시 이 같은 이미지를 강화한다.

온라인 팬을 오프라인으로 끌어내다

듀드 퍼펙트의 트릭샷 콘텐츠가 초기부터 폭발적인 반응을 얻을 수 있

▲ 첫 번째 라이브 투어 포스터

었던 이유 중 하나는 사람들이 믿기 힘들 정도의 장면을 보며 "저게 진짜 인가, 가짜인가"를 두고 끊임없이 논쟁했기 때문이다. 그리고 앞서 살펴봤 듯, 듀드 퍼펙트는 이 논란을 즐겼다. 흥미로운 지점은 이들이 대중의 의 심을 말로 해명하지 않고, 비즈니스로 잘 풀어냈다는 점이다.

2019년, 듀드 퍼펙트는 오프라인 공간에서 첫 번째 라이브 투어를 열 었다. 투어명은 'Pound It Noggin Tour'. 이 표현은 듀드 퍼펙트가 영상의 인사나 마무리에서 자주 사용하던 시그니처 문구다. 이 투어는 단 20회 공연으로, 전 회차 전석 매진을 기록했다.[3]

공연의 핵심은 명확했다. 유튜브에서 가짜 논란이 있었던 트릭샷들을 관객 앞에서 직접 성공시키는 것, 그리고 그 과정과 비하인드 스토리를 무대 위에서 직접 풀어내는 것이었다. 듀드 퍼펙트의 대표 코너인 '오버타임^{Overtime}'에 등장하는 '골든 보이$^{The\ Golden\ Boy}$' 캐릭터도 무대에 올라 공연의 분위기를 끌어올렸고, 일부 관객들은 직접 트릭샷에 참여하는 기회도 얻었다.

즉, "저게 진짜냐"라는 질문에 대한 답을 설명이 아니라 즐거운 쇼와 체험으로 제공한 셈이다. 논란을 해소하는 동시에 완전히 새로운 수익 모델로 전환한 사례다.

가족 단위 관객을 위한 경험 설계

듀드 퍼펙트의 오프라인 투어는 철저하게 가족 단위 관객을 기준으로 설계되어 있다. 자신들의 팬과 구독자에 대한 정확한 분석이 있었기 때문이다. 티켓 가격은 지역별로 차이가 있지만 평균 65~70달러$^{약\ 10만\ 원}$이며, 주로 NBA · NHL 경기장 규모의 대형 실내 공연장에서 열린다. 좌석 수는 보통 8천~1만 석 규모다.[4]

4인 가족 기준으로 보면 약 300달러$^{43만\ 원}$ 내외로, 미국 기준 하루 나들이나 생일 이벤트로 부담없이 선택할 수 있는 가격대다. 키즈 타깃 콘텐츠의 실질적인 소비자가 부모라는 점을 정확히 이해한 설계다. 실제로 미국의 10대 소년들 사이에서 듀드 퍼펙트의 라이브 투어는 '생일에 꼭 가

▲ 오프라인 투어 장면

보고 싶은 버킷 리스트'로 자주 언급된다.

투어의 진화와 확장

듀드 퍼펙트의 오프라인 투어는 2019년 첫 공연에서 20개 도시 전석 매진을 기록하며 시장의 가능성을 확인한 이후 꾸준히 진화와 확장을 거듭해왔다. 2020년에 북미와 캐나다를 포함한 30개 도시로 규모를 확대했지만, 안타깝게도 코로나19로 인해 전면 취소할 수밖에 없었다. 그리고 팬데믹 이후 재개한 투어는 2021년 가을 시즌에 약 28개 도시를 순회하며 진행됐고, 2022년에는 '해피 서머 투어That's Happy Summer Tour'라는 이름으로 여름 시즌에 약 24개 도시 공연을 진행했다. 이때부터 투어 이름에 대한 브랜딩 작업도 본격적으로 진행했다.

매년 성공리에 계속되는 투어의 가장 최근 모습은 2025년 '히어로 월드 투어Hero World Tour'에서 확인할 수 있었다. 7월 초 콜로라도 주에서 시작된 역대 최대 규모의 투어는 영국과 아일랜드 일부 일정이 취소되는 해프닝이 있었지만, 생중계형 트릭샷 공연은 물론 팬들과의 다양한 상호작용을 포함한 체험 요소가 더욱 확대되었다.

한편, 2026년에는 '스쿼드 게임 투어Squad Games Tour'라는 새로운 콘셉트의 투어가 계획되어 있다. 이 투어는 약 22개 도시를 순회하며, 전통적인 경기장 공연이 아니라 360도 전방향 스테이지를 활용한 몰입형 라이브 쇼로 팬들에게 새로운 경험을 선사할 예정이다.[5]

투어 비즈니스의 경제적 성과

듀드 퍼펙트의 오프라인 투어는 단순한 팬 서비스 차원을 넘어, 이제는 하나의 독립적인 수익 사업으로 자리 잡았다. 이들의 영향력을 인정한 유

▲ 유튜브 오리지널에 공개된 다큐멘터리 '백스테이지 패스'의 한 장면

튜브는 2020년, 듀드 퍼펙트의 투어 준비 과정과 멤버들의 진솔한 일상을 담은 다큐멘터리 '백스테이지 패스Backstage Pass'를 제작해 유튜브 오리지널YouTube Originals에서 공개했다.[6] 크리에이터의 오프라인 활동이 플랫폼 차원의 '오리지널 IP'로 확장된 사례였다.

공연 업계 전문지 〈폴스타Pollstar〉와 북미 공연 데이터에 따르면, 듀드 퍼펙트는 2021~2023년 투어에서 공연당 평균 51만 달러약 7억 4천만 원 이상의 매출을 기록한 것으로 추정된다.[7] 2025년 진행된 '히어로 월드 투어'는 약 20만 장 이상의 티켓을 판매하며 총 매출 약 1,300만 달러약 188억 원 수준을 기록한 것으로 알려졌다. 이는 듀드 퍼펙트 전체 수익의 3분의 1에 해당하는 규모다.[8] 유튜브 채널에서 출발한 팀이 라이브 공연만으로 수백억 원대 매출을 만드는 구조를 완성한 셈이다.

듀드 퍼펙트 투어의 수익은 티켓 판매에만 의존하지 않는다. 수만 명의 가족 단위 관객을 오프라인으로 끌어낼 수 있다는 점에서 대형 글로벌 기업들이 투어 스폰서로 참여하고 있다.[9] 2025년 '히어로 월드 투어'에는 삼성전자와 구글이 메인 스폰서로 참여해 공연장 외부에 팬 체험존을 조성했고, 공연 중에는 실시간 디지털 인터랙션과 투표 시스템을 운영했다. 덕분에 관객들은 12피트 높이의 물병 플립, 풋볼 던지기 등 듀드 퍼펙트 영상 속 트릭샷을 직접 체험할 수 있었고, 공연은 단순한 관람형 이벤트가 아니라 참여형 스포츠 엔터테인먼트로 이뤄졌다. '가족 친화적·광고주 친화적'이라는 브랜드 이미지가 오프라인에서도 그대로 수익으로 연결되고 있는 것이다.

체험형 엔터테인먼트 공간인 본사 건설부터 테마파크까지

고객의 오프라인 경험은 투어에서 멈추지 않는다. 2024년 초, 듀드 퍼펙트는 텍사스 프리스코^Frisco 에 새로운 본사 'DPHQ3^Dude Perfect Headquarters'를 완공했다. 프리스코는 NFL 댈러스 카우보이^NFL Dallas Cowboys , PGA 본부, NHL 훈련 시설 등이 모여 있는 미국 내 대표적인 스포츠 중심 도시다.[10]

듀드 퍼펙트가 이곳을 선택한 이유는 명확했다. 약 8만 제곱피트^약 7,432제곱미터 규모의 이 본사는 단순한 사무 공간이 아니다.[11] 실물 크기의 농구 코트, 미식축구 필드, 축구장, 미니 골프 코스, 퍼팅 그린, 실내 암벽등반장, 피클볼 코트까지 갖춘 '촬영·업무·팬 체험이 공존하는 공간'이다.[12] 이곳은 콘텐츠 제작 공간인 동시에 팬 이벤트와 굿즈 판매, 투어형 체험 공간으로 함께 활용될 예정이다.[13] 본사 자체가 하나의 미디어이자 IP 경험 공간이 되는 셈이다.

▲ 듀드 퍼펙트 유튜브에 공개된 '100만 달러 테마 파크' 조감도

디즈니를 넘어서는 꿈, 듀드 퍼펙트 월드

이 흐름은 테마파크 구상으로 이어진다. 듀드 퍼펙트는 '듀드 퍼펙트 월드[Dude Perfect World]'라는 이름의 참여형 스포츠 테마파크를 단계적으로 준비해왔다.[14] 초기 콘셉트에는 랜드마크 역할을 할 약 100미터 높이의 '임파서블샷[Impossible Shot]' 타워를 비롯해 대형 트릭샷 체험존, 라이브 쇼 공간 등이 포함됐다.[15]

2025년 7월 발표에 따르면, 듀드 퍼펙트는 체험형 놀이공원 운영사 디그 월드[Dig World]와 협력해 2026년 초, 텍사스 그레이프바인 밀스[Grapevine Mills] 인근에 참여형 놀이 공원을 개장할 계획이다.[16]

멤버 타일러 토니는 "우리는 여러분의 가족과 친구들이 와서 즐거운 시간을 보낼 수 있는 공간을 만들고 싶습니다. 영상으로 보는 것도 재미있지만, 직접 와서 즐기면 차원이 다를 거예요"라며 테마파크로 고객 경험의 혁신을 이루겠다는 비전을 밝혔다.

스케일이 다른 투자와 경영 전문화

〈월스트리트저널〉 보도에 따르면, 듀드 퍼펙트의 매출은 2021년 2,000만 달러약 289억 원, 2022년 2,500만 달러약 362억 원를 기록했고,[17] 주요 미국 매체 보도에 따르면 2024년에는 5,000만 달러약 724억 원를 넘어설 것으로 추정된다(듀드 퍼펙트는 비상장 회사여서 공식적인 매출 기록이 없고, 신뢰할 수 있는 기관이 보도한 최근 자료는 24년 추정치에서 그친다).

유튜브 광고 수익 외에도 굿즈, 라이선싱, 라이브 이벤트 등의 사업을 통해 연간 3,500만 달러약 506억 원 이상의 매출을 창출하고 있으며, 영업이익률은 무려 50%를 넘는 수준으로 평가된다. 이는 듀드 퍼펙트가 '유튜브 채널'을 넘어 가족 타깃 글로벌 IP 기업으로 진화하고 있음을 보여주는 지표다.

1억 달러 투자 유치가 의미하는 것

이러한 성장세를 보고 2024년 4월, 미국 사모펀드 하이마운트 캐피털Highmount Capital이 듀드 퍼펙트에 1억[18]~3억[19] 달러1,447억~4,341억 원 규모의 투자를 진행했다는 보도가 나왔다.

하이마운트는 투자 당시 "처음에는 그저 특이한 아이디어처럼 보이던 것이 결국 문화 혁신으로 이어지는 사례가 있습니다. 우리는 크리에이터 이코노미에서 지금 그런 변혁이 일어나고 있다고 봅니다"라며, 듀드 퍼펙트에 대해 "크리에이터 이코노미의 변곡점에 선 회사"로 평가했다. 이어 자체 스트리밍 플랫폼, 테마파크, 글로벌 투어, 완구 · 장난감, 라이선싱 사업 등을 핵심 성장 동력으로 지목했다.

실제로 듀드 퍼펙트는 투자 유치 전부터 미국의 대표적인 완구 기업

브랜드 너프[Nerf]와 제휴해 장난감을 선보였고, 스무디킹[Smoothie King]과 협업한 음료 사업, 보드게임 출시 등 다양한 IP 기반 사업을 전개하고 있었다.

NBA 임원 출신 CEO 영입

투자 유치 이후 듀드 퍼펙트는 NBA에서 디지털·콘텐츠 부문을 총괄했던 앤드류 야페[Andrew Yaffe]를 CEO로 영입했다.[20] 야페는 NBA 공식 유튜브 채널을 세계 최대 스포츠 채널 중 하나로 성장시킨 인물로,[21] 스탠퍼드 MBA 출신이자 맥킨지 컨설턴트 경력을 지녔다.[22] 그는 듀드 퍼펙트를 '디즈니식 수직 통합 모델', 즉 IP를 중심으로 콘텐츠 – 상품 – 경험을 결합하는 21세기형 미디어 기업으로 키우겠다는 전략을 공개했다.

야페는 자신의 이직을 의아한 시선으로 보는 이들에게 "NBA는 모든 리그 중 가장 많은 팔로워를 보유하고 있지만, 그 수는 2천만 명입니다. 저는 NBA보다 세 배는 더 큰 곳으로 이직하는 겁니다"라고 답하며 듀드 퍼펙트가 가진 잠재력을 분명히 했다.[23]

다음 성장 동력: 게임 시장 진출

듀드 퍼펙트는 콘텐츠 유통과 오프라인 경험을 넘어, 다음 성장 동력으로 게임 시장을 주목하고 있다. 이들의 핵심 팬층인 10~20대 남성들이 가장 열광하는 분야가 바로 게임이기 때문이다. 스포츠, 게임, 엔터테인먼트는 이미 문화적으로 긴밀하게 연결돼 있고, 듀드 퍼펙트는 이 교차 지점을 오래전부터 실험해왔다.

실제로 듀드 퍼펙트는 2011년 모바일 게임 '듀드 퍼펙트'를 출시해 수백만 건의 다운로드를 기록했고, 이후 '듀드 퍼펙트 2[Dude Perfect 2]', 엔드리스 더커[Endless Ducker]' 등 후속 게임을 선보였다. 이 게임들은 농구 트릭샷을 가상으로 구현하거나, 멤버 캐릭터를 활용한 아케이드 게임으로 팬들에게 큰 인기를 끌었다.

2015년에는 모바일 게임 퍼블리셔 미니클립[Miniclip]과 협업해 보다 완성도 높은 게임을 선보이기도 했다. 비록 대형 게임 IP로 성장하지는 못했지만, 듀드 퍼펙트가 자신들의 팬덤과 게임의 궁합을 꾸준히 테스트해왔다는 점은 분명하다.

팬 취향을 검증하는 실험실: 게임 서브 채널

이러한 흐름은 2020년 개설한 서브 채널 '듀드 퍼펙트 게이밍[Dude Perfect Gaming]'으로 이어진다. 이 채널은 단순한 게임 플레이 채널이 아니라, 듀드 퍼펙트 팬들이 어떤 게임 콘텐츠에 반응하는지를 실험하는 일종의 테스트 베드에 가깝다.

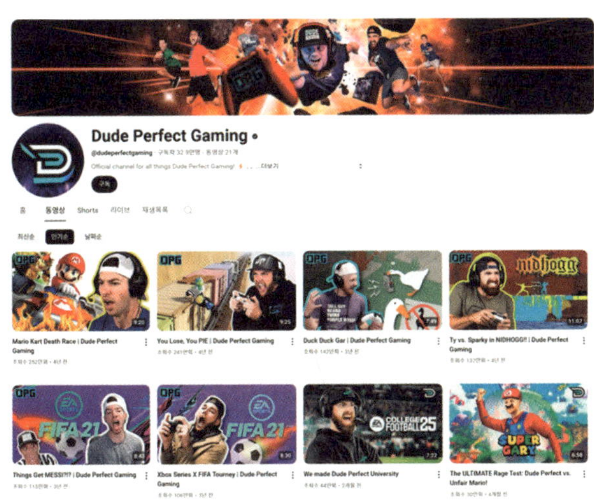

▲ 듀드 퍼펙트 서브 채널 화면

앤드류 야페 CEO는 〈패스트컴퍼니$^{Fast Company}$〉의 팟캐스트에 출연해 "현재 서브 채널을 통해 다양한 게임을 시도하며, 우리 팬들에게 어떤 형식의 게임 콘텐츠가 가장 잘 맞는지 검증하고 있다"고 밝힌 바 있다.[24]

스포츠 팬과 게임 팬은 구조적으로 매우 닮아 있다. 특정 팀이나 선수를 응원하며 승패에 감정을 이입하고, 그 성공을 자신의 성취처럼 느낀다. 이는 K-팝 팬덤이 아티스트의 성공을 함께 만들어간다고 느끼는 구조와도 유사하다. 듀드 퍼펙트는 이러한 팬 심리를 이해하고, 게임을 또 하나의 관계 확장 도구로 활용하려 한다.

유튜브에서 탄생한 새로운 디즈니

스포츠에서 게임으로, 온라인 영상 콘텐츠에서 오프라인 경험으로 확장하는 듀드 퍼펙트의 행보는 유튜브가 더 이상 광고 플랫폼이 아님을 보여준다.

듀드 퍼펙트의 오프라인 투어와 테마파크 구상은 단순한 수익 사업이 아니다. 팬을 실제로 만나고, 그들과 경험을 공유하고, 그렇게 만들어진 관계를 다시 온라인으로 되돌려보내는 순환 구조의 비즈니스다. K-팝 산업이 증명했듯, 지속 가능한 콘텐츠 비즈니스의 핵심은 온라인과 오프라인을 넘나드는 통합적 경험 설계에 있다.

듀드 퍼펙트는 지금의 브랜드 정체성과 신뢰를 유지한 채, 더 넓은 엔터테인먼트 세계로 확장하는 것을 꿈꾼다. 한 투자자의 말처럼, "처음엔 그저 유튜브 채널 사업이라 생각했지만, 알고 보니 훨씬 큰 미디어 제국의 시작이었다"는 평가가 점점 현실이 되어가고 있다.

듀드 퍼펙트는 이제 '잘 노는 유튜버 팀'을 넘어, IP를 기반으로 콘텐츠·경험·비즈니스를 연결하는 21세기형 엔터테인먼트 기업으로 진화하고 있다.

04
로건 폴

로건 폴Logan Alexander Paul은 미국을 넘어 전 세계 소셜미디어에서 가장 논란이면서도 성공한 인물로 꼽히는 인플루언서다. 유튜버로 커리어를 시작했지만, 현재는 프로레슬러, 복서, 배우, 그리고 자산 가치가 수조 원에 달하는 브랜드의 수장으로 활동하며 그 영역을 무한히 확장하고 있다.

그의 메인 유튜브 채널인 '로건 폴 브이로그Logan Paul Vlogs'는 구독자 2,360만 명을 돌파했으며, 그는 2017년과 2018년, 그리고 2021년 〈포브스〉가 선정한 '세계에서 가장 많은 수익을 올린 유튜버' 명단에 이름을 올렸다. 현재 로건 폴은 수십억 달러 가치로 평가받는 스포츠 음료 브랜드의 노련한 사업가이다.

이 압도적 성공의 이면에는 '관종'이라 비난받던 악동 시절과 절체절명의 몰락 위기가 있었다. 주목받기 위해서라면 무엇이든 했고, 실제로 그 전략은 유효했다. 문제는, 그 대가가 너무 컸다는 점이다.

운동 신경이 뛰어났던 소년, 숏폼을 만나 관종이 되다

로건 폴은 2024년 '복싱 전설' 마이크 타이슨^{Mike Tyson}과 대결을 펼쳐 화제를 모은 제이크 폴^{Jake Paul}의 형이다. 2023년 기준 기업 가치 약 12억 달러^{약 1조 7천억 원} 규모로 성장한 스포츠 음료 브랜드의 공동 창업자인 그는 사실 전형적인 '어텐션 시커^{Attention Seeker}', 즉 관심에 목마른 청년이었다.

오하이오 주에서 자란 로건 폴은 10살 때부터 '주시^{Zoosh}'라는 채널에 홈비디오를 올리며 코미디 영상을 제작했다. 영상에 대한 열정만큼이나 운동 신경도 남달랐는데, 고교 시절 미식축구 '올스타 라인배커'로 선정되고 주 대회 레슬링 경기에서 입상할 정도로 뛰어난 기량을 자랑했다. 이때 다져진 역동적인 에너지는 훗날 그가 제작한 스포츠 콘텐츠의 밑거름이 되었다.

그가 대중의 시선을 사로잡은 결정적 계기는 2013년 숏폼 플랫폼 '바인^{Vine}'이었다. 6초라는 짧은 시간 안에 승부를 봐야 하는 이곳에서 그는 과장된 몸개그와 위험천만한 스턴트, 짓궂은 장난을 선보이며 폭발적인 인기를 끌었다. 플랫폼의 몰락과 함께 서비스는 종료됐지만, 로건 폴은 이미 940만 명의 팔로워를 확보한 '바인 스타'로 우뚝 서 있었다. 이후 페이스북과 인스타그램으로 팬덤을 확장한 그는 게시물 하나당 수십만 달러를 벌어들이는 거물급 인플루언서로 진화했다.

틱톡 스타일의 선구자

2014년, 로건 폴은 오하이오 대학교^{Ohio University} 공과대학 장학생이라는 안정적인 길을 포기하고 중퇴를 선언했다. 본격적인 크리에이터이자 배우의 꿈을 이루기 위해 LA로 향한 것이다. 그는 현지에서 연기 수업을 병행하며 단역부터 시작해 경력을 쌓는 한편, 유튜브를 주 무대로 1분 내외의 짧고 강렬한 코미디 시리즈를 제작하기 시작했다.

흥미로운 점은 그가 현재의 '틱톡TikTok' 스타일을 무려 10년 전부터 구현했다는 사실이다. 자신감을 뽐내는 과장된 연출이나 뺨 때리기 챌린지, 음악에 맞춘 반복 동작 등 2016년경 그가 선보인 포맷들은 오늘날 틱톡 챌린지의 원형과 흡사했다. 이후 동생 제이크와 부모님까지 가세한 자극적인 가족 시트콤 형태의 콘텐츠로 화제성을 이어갔지만, 동시에 '자극에만 치중하는 관종'이라는 비판의 꼬리표도 따라붙기 시작했다.

▲ 로건 폴의 유튜브 초기 영상 'WHEN YOU DO SOMETHING COOL!'[1]

인기와 논란 사이의 아슬아슬한 줄타기

논란 속에서도 로건 폴의 영향력은 전방위로 뻗어 나갔다. 여러 영화에 출연하며 배우로서의 입지를 다지는가 하면, 음악 분야에서도 두각을 나타냈다. 특히 동생 제이크 폴을 저격^{Diss}하는 곡 'The Fall Of Jake Paul'은 현재 조회수 2.8억 회를 넘어서는 기염을 토했다.

그러나 대중의 관심을 끌기 위한 그의 시도는 점점 선을 넘기 시작했다. 대형 마트에서 속옷만 입고 쇼핑하거나 동생의 여자친구를 납치하는 설정의 영상을 제작하는 등 기행이 이어졌다. 2018년에는 청소년들 사이에서 유행한 위험한 '타이드 팟^{Tide Pod}(캡슐 세제 먹기)' 챌린지를 부추기는 듯한 트윗을 올려 거센 비난을 받기도 했다.

그럼에도 채널의 성장세는 가팔랐다. 2016년 실버·골드 플레이버튼을 모두 달성했고, 2017년에는 구독자 1,000만 명을 넘기며 다이아몬드 플레이버튼을 받았다. 같은 해 로건 폴의 연간 수입은 약 1,250만 달러^{약 181억 원}로 추정되며, 전 세계 유튜버 수입 순위 4위에 올랐다. 하지만 자극의 끝은 결국 낭떠러지였다.

커리어를 끝낼 뻔한 일생일대 위기: 일본 자살 숲 사건

2017년 12월 31일, 로건 폴은 일본의 '아오키가하라' 숲(일명 '자살 숲'으로 알려진 곳)을 방문한 브이로그 영상을 업로드했다. 이 영상에는 실제 자살한 것으로 보이는 남성의 시신이 부분 모자이크 처리된 채 등장했다. 심지어 로건 폴은 시신 앞에서 농담을 던지고 웃는 등 지극히 부적절한 태도를 보였다.

전 세계는 분노했다. 'Change.org'를 통해 채널 폐쇄 청원이 들불처럼 번졌고, 수백만 명이 그의 퇴출을 요구했다. 유튜브는 즉각 그의 채널에서 광고 수익화 기능을 정지시켰으며, 예정되었던 오리지널 영화 프로젝트를 무기한 보류했다.

이 사건으로 인해 2018년 초 그의 채널 조회수는 반토막났고, 신규 구독자 유입은 90% 가까이 폭락했다. 광고 계약 파기 등으로 입은 직접적인 손실만 약 500만 달러약 72억 원에 달한다는 보도도 있었다.

정면 돌파 전략과 진정성 있는 사과

위기의 순간, 로건 폴은 비겁한 변명 대신 정면 돌파를 선택했다. 그는 거센 비난 속에서도 자신을 옹호하는 팬들을 향해 "제발 나를 옹호하지 말라"며 다음과 같이 말했다. "저의 팬일지라도 이번 일만큼은 저를 감싸지 마세요. 피해자의 가족들은 지금 이 순간에도 고통받고 있습니다."[2]

사과 이후의 행보는 더욱 구체적이었다. 자극적인 웃음을 만드는 데 집중하던 그는, 자살 예방이라는 진지한 주제를 정면으로 다룬 공익 콘텐츠를 직접 제작, 발표했다.[3] 그리고 '논란을 일으킨 크리에이터'가 아니라, 한 단계 성장한 창작자로 거듭나겠다는 메시지를 분명히 했다.

사과 약 한 달 뒤인 2018년 1월 말, 그는 자살 생존자들의 인터뷰를 담은 단편 다큐멘터리를 공개했다. 영상 속에서 "이 문제의 해결에 기여하고 싶다"며 자살 방지 기관에 100만 달러약 14억 5천만 원를 기부하겠다고 약속했고, 이를 실행에 옮기며 로건 폴의 새로운 서사가 만들어지기 시작했다.

▲사과 영상(좌)과 자살 예방 다큐멘터리의 한 장면(우)

콘텐츠 스타일의 근본적 변화: 성장

로건 폴은 콘텐츠 전략도 근본적으로 수정했다. 초창기 채널인 'TheOfficialLoganpaul'의 자극적인 숏폼 위주 운영에서 벗어나, 메인 채널인 'Logan Paul'을 중심으로 깊이 있는 롱폼 콘텐츠에 집중하기 시작했다.

여전히 장난스러운 감각은 유지했지만, 아버지와 함께하는 브이로그나 전 세계의 자연을 탐험하는 영상을 통해 자기 성찰적인 메시지를 녹여냈다. 99일간의 세계 여행을 기록한 폴라로이드 사진과 함께 자신의 생각과 목표를 팬들과 공유하기도 하고,[4] 또 다른 영상에서는 "삶은 원래 엉망진창입니다. 하지만 우리는 나아갈 수 있습니다"라는 메시지로 방황하는 청년 세대에게 공감을 불러일으켰다.[5]

그렇게 로건 폴은 관심을 끌기 위해 무엇이든 하던 크리에이터에서, 자신의 변화 과정을 콘텐츠로 보여주는 창작자로 진화했다.

미디어의 확장: 비디오 팟캐스트 론칭

2018년 11월, 로건 폴은 비디오 팟캐스트 '임펄시브^{Impaulsive}'를 론칭하며 또 한 번의 전환점을 만든다. 동료 크리에이터와 각계 명사들을 초대해 깊이 있는 대화를 나누는 이 채널에서 그는 1년 만에 100회 에피소드를 돌파할 만큼 압도적인 에너지를 쏟아부었다. 그리고 자신의 생각과 가치관을 솔직하게 가감 없이 드러내며 대중과 소통했다.

이 팟캐스트는 유튜브를 넘어 스포티파이 등 오디오 플랫폼에서도 상위권을 휩쓸며 로건 폴을 단순 유튜버에서 '종합 미디어 호스트'로 격상시켰다. 2026년 1월 현재 임펄시브 채널은 구독자 480만 명을 돌파하며 여전한 확장세를 이어가고 있다.

▲ 저명한 성 심리학자 섀넌 차베즈(Shannon Chavez) 박사가 소년들을 대상으로 성에 대해 가르치는 팟캐스트 방송 화면

스포츠 콘텐츠로의 대전환

로건 폴의 변신 중 가장 드라마틱한 지점은 바로 '스포츠'다. 학창 시절부터 뛰어난 운동신경을 보였던 그가 복싱 경기 링에 오르게 된 계기는

▲ 격투기 콘텐츠로 진화한 유튜브 영상 화면(좌), KSI와의 복싱 대결 장면(우)

영국의 스타 유튜버 KSI가 보낸 공개 도전장이었다. 2018년 8월, 단순한 유튜버들 사이의 기 싸움으로 시작된 이 매치는 의외의 결과를 낳았다. 로건 폴이 훈련 과정과 스파링 영상을 콘텐츠화하자, 의외의 진지한 노력과 태도에 시청자들이 반응하기 시작한 것이다. 아마추어 경기였음에도 불구하고 런던 맨체스터 아레나에서 열린 당시 대결은 세계적인 관심을 끌며 약 1,100만 달러약 159억 원의 매출을 기록했다. 이를 기회로 로건은 스포츠라는 정통 엔터테인먼트 영역에서 자신의 가치를 증명할 수 있다는 확신을 갖게 되었다.

이후 2021년, 그는 전설적인 복서 플로이드 메이웨더Floyd Mayweather와 특별 경기를 치르며 정점에 올라섰다. 약 100만 건 이상의 PPV(유료 생중계) 판매고를 올린 이 경기에서 그는 수익의 10%를 배당받는 파격적인 계약을 통해 약 1,400만 달러약 202억 원 이상의 수익을 거둔 것으로 추정된다.

WWE 미국 챔피언 등극

그의 도전은 여기서 멈추지 않았다. 2022년 세계 최대 프로레슬링 단체인 WWE와 정식 계약을 체결한 그는, 2023년 마침내 WWE 미국 챔피언 자리에까지 올랐다. 파트타임 레슬러라는 편견을 깨고 화려한 기량과 압도적인 스타성을 선보이며 '인터넷 악동'에서 '진정한 스포츠 스타'로 거

▲ 로건 폴의 WWE 우승 장면 ©Wrestling Phenomena 유튜브

듭난 것이다.

인터넷 시대의 문제아가 절체절명의 위기를 겪고, 운동과 자기 성찰을 통해 성숙한 서사를 완성해가는 과정은 전 세계 팬들을 열광시키기에 충분했다. 그렇다면 이 강력한 퍼스널 브랜딩이 어떻게 비즈니스로 이어졌을까?

커머스의 진화: 단순 굿즈에서 글로벌 브랜드로

로건 폴은 자신의 강점과 영향력을 사업적 성취로 연결하는 데 탁월한 감각을 지녔다. 현재 그는 전 세계 크리에이터 중 커머스 비즈니스의 최전선에 서 있다고 해도 과언이 아니다. 하지만 그 시작은 결코 순탄치 않았다.

그의 첫 사업은 반려 앵무새의 이름에서 따온 의류 브랜드 '매버릭^{Mav-}

▲ 브랜드 '매버릭'의 시작을 알리는 유튜브 영상 화면

▲ 매버릭' 티셔츠 ⓒAmazon.com

erick'이었다. '전통과 권위에 맞서 독립적으로 생각하는 개척자'라는 의미를 담은 이 브랜드는 그의 강력한 팬덤을 기반으로 빠르게 성장했다. 그는 팬들에게 "우리는 모두 세상 밖으로 나가 자신의 인생을 살아야 한다. 마지막 한 방울까지 에너지를 짜내 목표를 이뤄라. 그것이 매버릭의 정신이다"라고 강조하며 강력한 브랜드 아이덴티티를 구축했다.[6]

로건 폴은 이 브랜드에서 만든 티셔츠를 직접 입고 영상에 출연하면서 브랜드와 개인 서사를 강하게 결합했다.

위기에서 찾은 리브랜딩 기회

초보 사업가였던 그에게 첫 번째 시련은 예기치 못한 곳에서 찾아왔다. 이미 시장에 '매버릭 어패럴'이라는 동명의 회사가 존재했던 것이다. 설상가상으로 '일본 자살 숲 사건'으로 그의 여론이 악화되자, 해당 업체는 브랜드 이미지 타격을 이유로 상표권 소송을 제기하며 강력하게 압박했다.

로건 폴은 이를 정면 돌파했다. 2020년 브랜드를 'mav'로 리뉴얼하며 체질 개선에 나섰다. 당시 의류 매출은 연간 약 3,000만~4,000만 달러[약 434억~578억 원] 규모에 달했다.[7] 그는 여기서 멈추지 않고, 자신의 정체성이 '스

포츠'로 이동함에 따라 브
랜드를 다시 한번 'mav
athlts'로 완전히 탈바꿈시
켰다. 단순히 '유튜버 이름
이 찍힌 굿즈 개념의 티셔
츠'를 넘어 전문 스포츠 의
류 시장에 도전장을 던진
것이다.

▲ 브랜드 리뉴얼을 알리는 인스타그램 포스트

WWE와 'mav athlts'의 시너지

로건 폴이 WWE 무대에서 미국 챔피언에 오르는 등 활약이 커질수록 브랜드의 노출 효과도 극대화되었다. 그는 링 위에서 자신의 브랜드 의류를 직접 착용하며 전 세계 시청자들에게 스스로가 가장 강력한 모델임을 입증했다.[8]

특히 2025년을 기점으로 WWE의 위상은 더욱 공고해졌다. 넷플릭스가 대규모 중계권을 확보하며 가세했고,[9] 미국 내에서만 매주 평균 260만 가구가 시청하는 거대 시장이 형성되었다. 과거 중장년층에 치우쳤던 시청 연령층도 로건 폴 같은 인플루언서들의 유입으로 젊은 층까지 확대되었다. 로건은 이 거대한 플랫폼을 활용해 자신의 팬덤인 MZ세대를 WWE로 끌어들이는 동시에, 기존 레슬링 팬들을 자신의 브랜드 고객으로 전환하는 고도의 전략을 구사했다.

5천 억 달러 시장을 정조준하다

로건 폴이 스포츠 의류에 집중하는 이유는 명확하다. 전 세계 스포츠 의류 시장은 2026년 현재 약 4,000억 달러[약 578조 원] 규모를 넘어섰으며, 2030년에는 5,800억 달러[약 838조 원]까지 성장할 것으로 전망된다.[10] 특히 일상복과 운동복의 경계가 사라진 '애슬레저[Athleisure]' 트렌드는 로건 폴에게 엄청난 기회였다. 나이키[Nike], 아디다스[Adidas], 룰루레몬[Lululemon] 등 수십 조 단위의 매출을 올리는 거물들이 지배하는 시장에서, 그는 강력한 '퍼스널 브랜딩'을 무기로 자신만의 영토를 구축하고 있다.

로건 폴은 단순히 인플루언서의 굿즈 판매 수준에 머물지 않았다. 그는 자신의 서사, 활동 무대, 시장 흐름을 하나의 브랜드 전략으로 엮어냈다. 그리고 의류 사업을 넘어 로건 폴을 조 단위 자산가로 만들어준 '대박 사업'이 있었다. 바로 전 세계 음료 시장을 뒤흔든 '프라임[PRIME]'의 탄생이다.

역사상 가장 빠르게 성장한 스포츠 음료 브랜드

라이벌에서 파트너로, 판을 뒤흔든 전략적 제휴

'프라임'은 로건 폴의 비즈니스 제국을 완성한 '결정적 한 방'이었다. 이 사업이 더욱 화제가 된 것은 공동 창업자의 정체 때문이다. 로건 폴은 과거 링 위에서 주먹을 섞었던 숙적, 영국의 인기 유튜버 KSI와 손을 잡았다.

미국의 로건 폴과 영국의 KSI가 동시에 화력을 집중하자 프라임은 론칭과 동시에 대서양 양쪽 시장을 모두 장악했다. 팬들에게 '어제의 적이 오늘의 동료'가 된 서사는 그 자체로 거대한 마케팅 콘텐츠가 되었고, 프라임은 신생 브랜드라는 한계를 비웃듯 시장의 판도를 흔들기 시작했다.

▲ KSI와 협업한 '프라임'의 시작을 알리는 유튜브 영상[11]

단 2년 만에 이뤄낸 놀라운 성과

프라임의 성장은 음료 산업 역사상 유례를 찾기 힘들 정도로 가팔랐다. 미국 스포츠 음료 시장은 게토레이^{Getorade}가 약 67%의 점유율로 수십 년간 1위 자리를 굳게 지키고 있다. 그런데 프라임이 출시 단 2년 만에 게토레이의 아성에 균열을 낸 것이다.

2022년 프라임 첫 출시 당시 약 2억 5,000만 달러약 3,615억 원였던 매출은, 이듬해인 2023년 12억 달러약 1조 7,352억 원로 껑충 뛰었다. 이는 업계 2위 브랜드인 파워에이드^{Powerade}의 매출 턱밑까지 차오른 수치다.[12] 로건 폴과 KSI는 이를 근거로 "역사상 가장 빨리 성장한 스포츠 음료"라는 타이틀을 거머쥐었다.

출시 초기에는 공급이 수요를 감당하지 못해 '인당 3병 구매 제한'이라는 조치가 취해졌고, 새벽부터 편의점 앞에 줄을 서는 오픈런 현상이 발생했다. 일부 스포츠 구단과 협업한 한정판 에디션은 리셀가 100만 원을 호가하는 기현상을 낳기도 했다.[13]

▲ 프라임은 다양한 스포츠 종목과 제휴 마케팅을 벌였다.

타깃 마케팅: 팬덤의 결합과 확장

프라임의 성공 비결은 철저한 스포츠 마케팅에 있었다. 로건 폴은 자신의 주 무대인 WWE뿐 아니라 UFC, MLB(메이저리그 야구), 유럽 프리미어리그 구단들과 전방위적 스폰서십을 체결했다. 단순히 로고를 노출하는 데 그치지 않고, 각 구단의 상징색에 맞춘 한정판 병 디자인을 선보이며 구단 팬덤의 소유욕을 자극했다. 2023년 UFC(미국 종합격투기) 공식 스포츠 음료로 선정된 것은 프라임이 단순한 '인플루언서 굿즈'를 넘어 기능성 음료로서의 전문성을 인정받은 결정적 계기가 되었다.

그러나 프라임은 2024년 이후 영국 매출이 급감하는 등 성장세가 둔화되는 조짐을 보이고 있다. 가장 강력한 도전자는 '축구의 신' 리오넬 메시 Lionel Messi다. 메시는 2024년 6월, 스포츠 음료 'Más+'를 론칭하며 이 시장에 뛰어들었다. 로건 폴 측은 Más+의 디자인과 슬로건이 프라임을 복제했다며 상표권 침해를 주장하는 등 강력히 견제하고 나섰다.[14] 여기에 미스터비스트까지 음료 사업 진출을 예고하며 시장은 그야말로 '총성 없는 전쟁터'가 되고 있다.

왜 모두가 스포츠 음료에 뛰어드는가

그렇다면 왜 크리에이터와 스포츠 스타들은 하나같이 스포츠 음료 시장을 노릴까? 이 시장은 규모가 크고, 반복 구매가 발생하며, 브랜드 충성도가 강한 특징을 갖고 있기 때문이다.

2025년 기준 미국 내 스포츠 음료 시장은 약 126억 달러약 18조 2,196억 원에 달하며, 2030년까지 전 세계 시장은 630억 달러약 91조 원 수준으로 성장할 전망이다.[15] 또한 게토레이가 시장의 60% 이상을 점유하고 있지만, 역설적으로 이는 '게토레이가 아닌 것'을 찾는 젊은 소비자들에게 강력한 대안이 될 기회를 제공한다.

로건 폴은 이 거대한 시장의 틈을 '콘텐츠'와 '팬덤'으로 파고들었다. 비록 경쟁자들이 늘어나고 있지만, 그가 구축한 브랜드 자산은 여전히 강력하다.

멈추지 않는 도전: 미스터비스트와 드림팀 결성

로건 폴은 협업의 위력을 누구보다 잘 아는 크리에이터다. 그는 2024년, 전 세계 1위 유튜버 미스터비스트, 그리고 파트너 KSI와 함께 어린이 간편식 브랜드 '런칠리Lunchly'를 론칭하며 또 한 번 시장을 뒤흔들었다.

런칠리는 미스터비스트의 '피스터블' 초콜릿과 로건 폴의 '프라임' 음료를 한데 묶은 밀키트다. 이는 단순한 신제품 출시를 넘어, 각 분야의 독보적 팬덤을 가진 크리에이터들이 서로의 사업을 견인하는 거대한 협업 프로젝트였다. 그들은 수십 년간 간편식 시장을 장악해온 크래프트 하인즈Kraft Heinz를 정조준하며 "우리가 기존 강자들보다 더 건강한 대안을 제시하겠다"라고 선언했다.

물론 이들의 거침없는 행보가 늘 장밋빛인 것은 아니다. 프라임과 런칠리는 강력한 팬덤을 기반으로 폭발적인 성장을 이뤘지만, 제품 자체의 본질적인 퀄리티에 대한 의구심을 완전히 지우지는 못했다.

소비자들은 초기에 '팬덤의 소속감'을 위해 지갑을 열었으나, 공급이 안정화되고 희소성이 사라지자 냉정한 평가를 내리기 시작했다. 실제로 일부 국가에서는 과도한 카페인 함량과 성분 논란으로 부침을 겪기도 했다. 이는 인플루언서 브랜드가 일시적인 굿즈를 넘어 '지속 가능한 브랜드'로 생존하기 위해 반드시 넘어야 할 숙제다. 시장은 이제 이들의 행보가 단순한 거품이었는지, 아니면 기존 거대 기업들을 대체할 실질적인 혁신인지를 냉정하게 지켜보고 있다.

스포츠와 엔터테인먼트의 완벽한 융합

스포츠 콘텐츠는 레거시 미디어뿐 아니라, 유튜브, 넷플릭스까지 욕심을 갖고 뛰어드는 매력적인 시장이다. 이 시장에서 단연 눈에 띄는 로건 폴은 스포츠를 '킬러 IP'로 활용해 콘텐츠와 비즈니스를 하나로 묶는 독보적인 구조를 설계했다.

그의 동생 제이크 폴이 보여준 행보는 이 전략의 핵심을 관통한다. 2024년 넷플릭스를 통해 전 세계에 생중계된 제이크 폴과 마이크 타이슨의 경기는 무려 1억 800만 명이 시청하며 복싱 역사상 전례 없는 기록을 세웠다.[16] 이어 2025년 12월, 통합 헤비급 챔피언 앤서니 조슈아Anthony Joshua와의 대결에서 제이크 폴이 챙긴 파이트 머니는 약 2,500억 원에 달했

▲ 넷플릭스가 생중계한
'제이크 폴 vs 마이크 타이슨' 경기 포스터

▲ '제이크 폴 vs 앤서니 조슈아' 경기 포스터와 경
기 화면

다.[17]

전통적인 스포츠 산업에서 대전료는 실력과 랭킹에 의해 결정되었으나, 폴 형제는 이를 '검증된 트래픽' 중심으로 재편했다. "누가 더 잘 싸우는가"보다 "누가 더 많은 사람을 화면 앞으로 끌어모으는가"가 더 중요한 가치가 되는 '관심 경제'의 진수를 보여준 것이다.

유튜브라는 울타리를 넘어선 '매버릭' 정신

—

2019년, 로건 폴은 한 언론과의 인터뷰에서 "죽기 전에 할 수 있는 건 다 해보고 싶다"는 포부를 밝히면서도, 뜻밖에 '유튜브'라는 단어를 단 한 번도 언급하지 않았다. 이는 그가 유튜브를 자신의 종착역이 아닌, 더 큰 무대로 나아가기 위한 베이스캠프로 여기고 있음을 시사한다.

어떤 이들은 여전히 그를 '어그로'를 끄는 악동이라 비난하지만, 그는 유튜버라는 카테고리의 한계를 끊임없이 부수고 있다. 스포츠라는 거대한 오프라인 시장과 디지털 플랫폼의 영향력을 결합해 온·오프라인을 아우르는 비즈니스 제국을 건설 중인 것이다.

그의 꿈은 플랫폼을 불문하고 전 세계에 가장 큰 영향력을 미치는 '지구상 최고의 엔터테이너이자 사업가'가 되는 것이다. 한 분야에 안주하지 않고 끊임없이 도전하며 금기를 깨는 것, 그것이 바로 그가 스스로에게 붙인 이름이자 별명인 '매버릭(개척자)'의 본질이다.

우리는 로건 폴이라는 인물을 통해 디지털 시대의 관심이 어떻게 거대한 자본으로 치환되고, 다시 한 개인의 성장을 이끄는 동력이 되는지 목격하고 있다.

05
스티븐 바틀릿

**‘고객 경험의 연결’에 집중한
사업가 출신 크리에이터**

현재 영미권 콘텐츠 시장에서 가장 강력한 영향력을 발휘하는 포맷은 ‘비디오 팟캐스트Video Podcast’다.[1] 과거 애플이 아이폰을 통해 ‘듣는’ 오디오 팟캐스트 시장을 개척했다면, 이제는 유튜브를 기반으로 한 ‘보는’ 팟캐스트가 대세다. 유튜브가 매년 별도의 비디오 팟캐스트 순위를 발표할 정도로 이 시장의 파급력은 매우 크다. 이 거대한 흐름의 최정점에 선 인물이 바로 스티븐 바틀릿Steven Bartlett이다. 그가 운영하는 채널 ‘The Diary Of A CEO(이하 DOAC)’는 2026년 1월 기준 구독자 1,420만 명을 보유한 대형 비디오 팟캐스트 채널로, 매달 4천 만 회 이상의 다운로드와 누적 스트리밍 10억 회 돌파의 압도적인 위상을 자랑한다.[2]

2023년 스포티파이가 선정한 ‘전 세계 10대 팟캐스트’에 이름을 올린 스티븐 바틀릿은 이제 단순한 진행자를 넘어, 콘텐츠 제작과 비즈니스를 결합한 새로운 시대의 ‘디지털 거물’로 평가받는다.[3] 성공한 연쇄 창업가 출신인 그가 하는 콘텐츠 비즈니스는 무엇이 다른지 그 인사이드 스토리를 추적해본다.

연쇄 창업가에서 글로벌 크리에이터로

스티븐 바틀릿은 1992년생 젊은 사업가다. 나이지리아인 어머니와 영국인 아버지 사이에서 태어난 그는 가난한 어린 시절을 보냈고, 성공에 대한 열망 하나로 대학교 입학 한 학기 만에 자퇴를 선택했다. 일찌감치 창업을 해서 부자가 되겠다는 꿈이 있었기 때문이다. 자퇴 후 생계를 위해 여러 곳의 콜센터를 전전하던 그는 2014년, 소셜미디어 마케팅 대행사 '소셜 체인Social Chain'을 창업하며 반전의 서사를 쓰기 시작한다.

소셜 체인은 아마존, 틱톡, KFC 등 글로벌 기업들의 캠페인을 성공시키며 폭발적으로 성장했다. 창업 5년 만인 2019년, 회사는 상장과 함께 약 2억 파운드약 3,891억 원의 기업 가치를 인정받았고, 20대였던 그의 순자산은 7,100만 파운드약 1,381억 원로 치솟았다. 18살의 중퇴생이 불과 9년 만에 천억 원대 자산가가 된 것이다.

성공한 사업가로 안주할 법도 했지만, 그는 2017년 9월 단돈 90파운드

**Robert Greene: How To Seduce Anyone,
Build Confidence & Become Powerful | E232**

조회수 1786만회 · 2년 전

▲ DOAC 섬네일. 세계적인 베스트셀러 작가 로버트 그린(Robert Green)이 출연한 영상은 1,800만회 가까운 조회수를 기록했다.

^{약 17만 원}짜리 마이크 하나로 자신의 사업 일지를 읽어주는 팟캐스트를 시작했다. 침실 한 켠에서 시작된 이 '독백'은 2018년 인터뷰 포맷으로, 2020년에는 유튜브 영상 콘텐츠로 진화하며 미디어 산업의 판도를 흔들 준비를 하고 있었다.

'듣는' 시대에서 '보는' 시대로, 비디오 팟캐스트 전략

스티븐은 2019년부터 팟캐스트의 소비 패턴이 '청취'에서 '시청'으로 급격히 이동하고 있음을 간파했다. 그는 약 1년여 동안 치밀한 데이터 분석과 테스트를 거쳐 2020년 9월 유튜브 채널을 개설하며 본격적인 '비디오 팟캐스트' 시대를 열었다.

비디오 팟캐스트는 시청자가 영상을 틀어놓고 다른 일을 병행하는 특성이 있어 플랫폼 체류 시간을 비약적으로 높인다. 이는 광고 수익을 극대화하려는 플랫폼들이 가장 선호하는 형태다. 실제로 넷플릭스조차 광고 모델 도입 이후 "유튜브와 비디오 팟캐스트 분야를 가장 강력한 경쟁자로 간주한다"고 밝힌 바 있다.[4]

채널명인 'The Diary Of A CEO'는 초창기 사업 일지 콘셉트에서 유래했다. 현재는 비즈니스를 넘어 AI, 뇌과학, 정신건강, 현대인의 라이프스타일 등 대중적이고 시의성 있는 주제를 총망라한다. 이는 유튜브 성장의 두 축인 '시의성'과 '대중성'을 정밀하게 타깃하는 전략이다. 최신 트렌드를 반영하면서도 최대한 많은 사람들이 공감할 수 있는 주제를 정교하게 선택한 것이다. 그 결과, 특정 산업 종사자만이 아니라 전 세계의 일반 대중이 이 채널로 유입되고 있다.

▲ 하버드 대학교 인간진화생물학과 교수 대니얼 리버먼(Daniel Lieberman)을 인터뷰하는 장면

전략적인 게스트 선정과 차별화된 인터뷰 방식

DOAC의 게스트 목록은 현대 지성사와 비즈니스 트렌드를 한눈에 보여주는 지도와 같다. 특히 2023년 공개된 전 구글 임원 모 가댓Mo Gawdat 편은 인공지능의 위험성을 경고하며 그해 가장 많이 공유된 에피소드로 기록됐다. 스티븐은 단순한 유명세보다 '정서적 울림과 콘텐츠의 실질적 가치'를 섭외 1순위로 둔다고 강조한 바 있다.

표 2-5-1 | DOAC 채널이 다루는 주요 콘텐츠 및 게스트

주요 주제	세부 내용	주요 게스트
비즈니스 & 투자	창업, 리더십, 성장 전략, 실패 극복	벤 프란시스(Ben Francis), 사라 블레이클리(Sara Blakely)
정신건강 & 심리	우울증, 불안, 트라우마, 회복탄력성	줄리 스미스(Julie Smith), 가보 마테(Gabor Maté)
과학 & 웰빙	뇌과학, 수면, 최적화, 도파민 등	앤드류 휴버먼(Andrew Huberman), 피터 아티아(Peter Attia)

기술 & 미래	AI, 미래 예측, 디지털 중독, 윤리	모 가댓(Mo Gawdat), 제프리 힌튼(Geoffrey Hinton)
성공의 정의	부의 심리학, 행복과 돈의 관계	모건 하우절(Morgan Housel), 나발 라비칸트(Naval Ravikant)
자기계발	생산성, 루틴, 동기부여, 시간관리	제임스 클리어(James Clear), 팀 페리스(Tim Ferriss)
사회 & 문화	젠더, 교육, 기후변화, 양극화	사이먼 시넥(Simon Sinek), 유발 하라리(Yuval Noah Harari)

공학적 접근: 데이터로 설계된 2시간의 몰입

스타트업 창업자 출신답게 그는 유튜브를 철저히 공학적으로 접근한다.

1. **그로스 해킹**^{Growth Hacking}: "작은 디테일까지 모두 중요하다"는 신념 아래,[5] 하나의 영상을 올리기 위해 섬네일과 제목을 최대 100가지 버전으로 제작하여 A/B 테스트를 거친다.

2. **시청 지속 시간의 극대화:** 대부분의 유튜버가 일문일답식 기계적 인터뷰에 그치는 반면, 스티븐은 방대한 자료 조사를 바탕으로 2시간 이상의 깊은 대화를 이끌어낸다. 시청자의 몰입을 높이는 심층 인터뷰 스킬 덕분에 시청자 이탈이 낮고, 시청 지속 시간은 점점 높아졌다.

3. **인센티브 구조의 이해:** 유튜브는 사용자의 시간을 많이 점유할수록 더 큰 노출 기회를 부여한다. 그는 이를 이용해 영상 길이를 2시간 이상으로 대폭 늘렸고, 이는 조회수와 광고 수익의 폭발적 증가로 이어졌다.

이밖에도 코로나 팬데믹 시기도 스티븐의 성장에 결정적인 계기가 됐다.[6] 당시 오디오 플랫폼과 팟캐스트 시장이 비약적으로 성장했고, 이후 비디오 팟캐스트 시장의 성장이 지금까지 이어지고 있다.

스티븐은 엔데믹 이후에도 '데이터 기반 최적화'를 통해 성장의 속도를 늦추지 않고 있다. 관심 경제의 본질을 정확히 꿰뚫은 사업가의 눈으로 콘텐츠를 '설계'하고 있는 것이다.

그림 2-5-1 | DOAC 유튜브 구독자 수의 증가

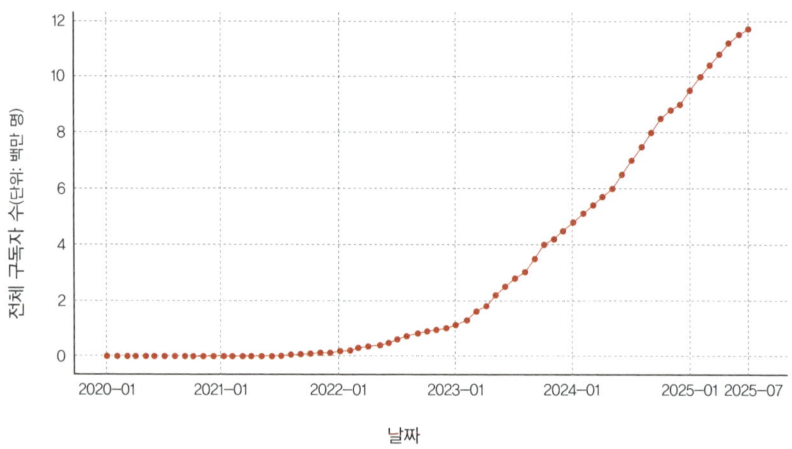

K-팝 시스템을 닮은 오프라인 공연

데이터 분석을 통해 비즈니스를 정교화해온 스티븐 바틀릿은 전 세계로 확장된 팬덤을 오프라인으로 집결시키기 시작했다. 그의 오프라인 투어는 흔한 '팬미팅'이나 '강연'의 범주를 훌쩍 넘어선다. 관객이 영상에서는 절대 느낄 수 없는 압도적인 감동과 몰입감을 경험할 수 있도록, 공연의 서사와 연출 모두를 치밀하게 설계했다.

▲ 영국 맨체스터에서 열린 'Diary of a CEO Live' 투어 장면

표 2-5-2 | 스티븐 바틀릿 글로벌 투어 히스토리

연도	투어명/브랜드	주요 지역	특징 및 성과
2021	A Night In With Steven Bartlett	영국	오프라인 투어의 시작, 영국 중심 활동
2022	Diary of a CEO Live	영국/아일랜드	웨스트엔드 대형 극장 진출, 매진 기록
2023	Diary of a CEO Live	유럽 전역	북유럽 지역까지 확장, 투어 브랜드 입지 강화
2024	The Business & Life Lectures	영국/중동/대양주	새로운 브랜딩 도입, 글로벌 스피킹 투어로 격상, VIP 옵션 도입
2025	The Business & Life Speaking Tour	아시아/중동	아시아 첫 진출, 현지화 마케팅 및 AI · 웰니스 접목

극장급 연출과 감성적 스토리텔링

스티븐의 공연은 한국에서 유행했던 단순 토크 콘서트와 궤를 달리한다. 자신의 10년 여정을 드라마틱하게 풀어내는 '몰입형 공연'에 가깝다. 노래, 시, 팟캐스트 발췌본을 교차시키며 실패와 성공, 가족과 사랑에 대한 고백을 예술적으로 엮어냈다.

특히 브로드웨이Broadway와 함께 세계 공연의 양대 축으로 꼽히는 웨스트엔드West End의 베테랑 연출가 스티브 휘트슨Steve Whitson이 지휘봉을 잡았다는 점에 주목해야 한다. 무대 조명, 영상 투사, 정교한 소품 활용은 물론, 흑인 가스펠 합창단인 '하우스 가스펠 콰이어House Gospel Choir'가 공연 내내 등장해 마치 장엄한 예배당에 와 있는 듯한 초현실적 분위기를 자아낸다.[7]

3시간에 달하는 공연은 총 2부로 구성되어 있다. 1부는 비즈니스와 자기계발을 통한 '성장'을, 2부는 사랑과 관계에 대한 '성찰'을 다루며 관객의 이성과 감성을 동시에 공략한다. "한 편의 뮤지컬을 본 것 같다"는 후기가 쏟아지는 이유다.

최근에는 그의 저서《The Diary of a CEO: 33 Laws for Business & Life》의 핵심 메시지를 강연 형태로 압축 전달하며, 더욱 전문적인 '비즈니스 쇼'로 진화하고 있다.[8]

팬덤 경제의 구현: 다양한 굿즈

영리한 사업가인 스티븐은 공연 티켓 수입에만 만족하지 않는다. 그는 K-팝 아이돌의 수익 모델처럼, 공연 현장에서만 구매할 수 있는 한정판 굿즈를 포함한 다양한 상품을 통해 팬덤의 구매력을 비즈니스 수익으로 연결한다.[9]

카테고리	대표 품목	가격대	비즈니스 전략
성장 도구	플래너 (The 1% Diary)	약 61,000원(£35)	90일 습관 형성 유도, 브랜드 충성도 강화
소통 도구	대화 카드 (Conversation Cards)	약 44,000원(£25)	팟캐스트의 질문 철학을 상품화, 관계 경험 제공
라이프스타일	티셔츠, 후드티, 모자, 토트백 등	약 18,000~88,000원 (£10~£50)	투어 로고 및 메시지 삽입, 한정판 디자인, 다양한 가격대 구성, 일상 속 브랜드 노출 극대화

The 1% Diary
£35.00

The Conversation Cards: 1st Edition
£25.00

The Conversation Cards: 2nd Edition
£25.00

◀ 다양한 굿즈 이미지 ⓒDOAC Shop

스티븐의 굿즈는 고객의 일상에 침투하는 '경험 강화형' 상품이라는 점에서 차별화된다.

- **대화 카드**Conversation Cards: 팟캐스트 게스트들이 다음 출연자에게 질문을 남기는 전통에서 착안했다. 철학적이고 깊이 있는 52개의 질문은 팬들이 일상에서 타인과 의미 있는 대화를 나누게 돕는 '관계형 브랜드 상품'이다.
- **1% 다이어리**The 1% Diary: 일, 돈, 건강, 관계라는 4개 키워드를 중심으로 자기 성찰을 돕는다. 특히 다이어리 곳곳에 삽입된 QR코드를 통해 관련 유튜브 영상으로 바로 연결되도록 만들었다.

이 같은 굿즈는 자신의 채널 구독자들의 근본적인 욕망이 '성장'에 있다는 점을 정확히 꿰뚫은 제품들이다. 팬들은 굿즈를 구매함으로써 스티븐이 제안하는 '상위 1%의 삶'에 동참한다는 심리적 만족감을 얻는다. 오프라인 공연을 정점으로 굿즈와 콘텐츠가 유기적으로 순환하는, 그야말로 완벽한 '팬덤 경제'의 모델이다.

수익 다각화와 독립 노선: 핵심은 '고객 경험의 연속성'

스티븐 바틀릿의 비즈니스 모델은 철저하게 '고객 경험의 연결'에 뿌리를 두고 있다. 유튜브 콘텐츠로 흥미를 느낀 시청자를 오프라인 쇼로 불러모으고, 쇼에 몰입한 팬들에게 일상의 변화를 돕는 한정판 굿즈를 제안한다. 관심 경제에서 시청자의 시간을 확보하는 것은 시작일 뿐, 이를 실질적인 '경험'으로 치환해야 지속 가능한 비즈니스가 된다는 것이 그의 지론이다. 그리고 고객 만족도를 위해서는 전문 연출가와의 협업도 마다하지 않는다.

이러한 전략은 실제로 놀라운 수익으로 증명되었다. 스티븐은 2024년 한 해 동안 팟캐스트 프랜차이즈를 통해 약 2천만 달러^{약 289억 원}의 매출을 올렸다. 이는 유튜브 조회수 수익, 기업 파트너십 및 굿즈 판매를 모두 합한 금액으로, 실제로 링크드인^{LinkedIn} · 오라클^{Oracle} · 쇼피파이^{Shopify} 같은 글로벌 기업들과 파트너십 형태의 광고 계약을 통해서도 상당한 수익을 거두고 있다. 참고로 〈소셜 블레이드^{Social Blade}〉에 따르면, DOAC의 연간 조회수 예상 수익은 약 150만 달러^{약 22억 원} 수준이라고 한다.

흥미로운 점은 그가 2024년 말, 글로벌 미디어 기업들로부터 제안받은 1억 달러^{약 1,446억 원} 규모의 인수 제안을 단칼에 거절했다는 사실이다. "그들의 방식은 과거에 머물러 있다"고 일축한 그는, 눈앞의 큰돈보다 '자율성과 혁신'이라는 미래 가치에 더 큰 베팅을 했다. 크리에이터들이 수십억 원에 채널을 파는 경우가 많은 현실에서 놀라운 사례가 아닐 수 없다.

개인 채널을 넘어선 '미디어 제국'의 탄생

스티븐은 자신의 채널을 운영하는 데 만족하지 않고, 비디오 팟캐스트 전문 제작 및 투자사 '플라이트 스토리^{Flight Story}'를 설립했다. 비디오 팟캐스트의 성장 가능성을 확신하고, 이를 하나의 사업으로 확장하기 위한 선택이었다.

플라이트 스토리는 'DOAC'를 포함한 다수의 팟캐스트 기획 및 제작을 맡고 있다. 그중에는 영국의 유명 방송인 폴 브런슨^{Paul Brunson}이 진행하는 토크쇼 'We Need To Talk', 다비나 맥콜^{Davina McCall}의 'Begin Again' 등의 대형 팟캐스트들도 있다. 이러한 활동을 통해 스티븐은 본인이 DOAC의 성공으로 증명한 '콘텐츠 – 커머스 – 커뮤니티'의 순환 모델을 다른 창작자들에게 이식하고 있다.

현재 영국과 미국에 100명 이상의 직원을 둔 이 회사는 2025년에만 약 4천만 달러약 578억 원의 매출을 올린 것으로 추정된다.[10] 이러한 성과를 바탕으로 〈포브스〉는 스티븐 바틀릿을 '2025 세계 톱 크리에이터'로 선정했다.

한편, 스티븐 바틀릿은 투자자로서도 자신의 영향력을 확대하고 있다. 그는 웹3 소프트웨어 기업 '서드웹Thirdweb'의 공동 설립자로, 이 회사는 최근 1억 6천만 달러약 2,314억 원에 달하는 기업 가치를 인정 받았다. 이 밖에도 대체식 브랜드 휴엘Huel, 건강 데이터 기업 '조이ZOE', 피트니스 디바이스 후프WHOOP' 등 50개 이상의 유망 기업에 투자하며 영향력을 확장하고 있다.

2024년 5월에는 패스트FAST 채널인 삼성 TV 플러스Samsung TV Plus에 'The Diary of a CEO' 채널을 론칭했고,[11] 2022년부터 현재까지 영국 교도소에도 교화와 교육 목적으로 콘텐츠를 배포하고 있다.[12]

AI 혁신과 멀티 플랫폼 전략

스티븐은 최근 AI를 활용한 실험도 공개했다. 자신의 실제 목소리가 아닌 AI로 생성된 음성으로 팟캐스트를 제작했는데, 놀라운 점은 청취자의 60%가 이를 끝까지 시청했다는 점이다.[13] 스티븐은 이를 두고 "기술 변화가 불도저처럼 다가오는데, 설사 치일지언정 나는 그 불도저를 직접 운전하는 쪽을 택하겠다"고 말하며, AI 등 신기술을 선도적으로 받아들여 미래 변화를 주도하겠다는 의지를 밝혔다.

또한 그는 인스타그램에서 "특정 키워드를 댓글로 남기면 풀영상 링크를 DM으로 전송"하는 식의 자동화 캠페인을 벌이거나, 링크드인을 통해 전문직 종사자들을 공략하는 등 플랫폼별 맞춤 전략을 통해 'The Diary Of A CEO'라는 브랜드를 어디서나 만날 수 있게 만들고 있다. 유튜브뿐 아니라 인스타그램, 엑스, 틱톡 등 청중이 있는 모든 곳에 콘텐츠를 배포하겠다는 전략이다.

아울러 할리우드와 실리콘밸리의 핵심 인물들을 좀 더 적극적으로 섭외하기 위해 LA와 뉴욕으로 거점을 옮겼다.

사업가 출신의 콘텐츠 비즈니스는 무엇이 다른가

많은 크리에이터가 관심(트래픽)을 비즈니스로 전환하는 과정에서 길을 잃지만, 사업가 출신의 스티븐은 처음부터 '고객 경험'을 중심에 놓고 사업의 구조를 설계했다. 흥미롭게도 그의 모델은 한국의 K-팝 비즈니스와 비슷한 점이 많다.

K-팝 엔터테인먼트 회사들은 단순히 음원(콘텐츠)을 파는 데 그치지 않고, 유튜브를 통해 글로벌 팬덤을 모은 뒤 월드 투어와 한정판 굿즈, 커뮤니티 플랫폼을 통해 온라인과 오프라인을 유기적으로 연결한다. 실제로 2023년 K-팝 해외 매출의 절반 가까이(47.5%, 약 5,885억 원)가 오프라인 공연에서 발생했다는 사실은 콘텐츠가 나아가야 할 종착역이 어디인지를 명확히 보여준다.[14]

스티븐 바틀릿은 크리에이터 시장이 어떻게 시스템화되고 기업화될 수 있는지를 몸소 증명하고 있다. 우리 주변의 K-팝 산업이 이미 성공한 모델을 보여주고 있듯, 스티븐은 그 길을 팟캐스트라는 무대 위에서 재현하고 있다. 크리에이터 비즈니스의 미래를 꿈꾸는 사람이라면, 이제 유튜

브 화면 너머 그가 구축한 거대한 비즈니스 생태계를 입체적으로 주시해
야 할 것이다.

06
게리 베이너척

**와인 장수에서
디지털 마케팅 선구자로**

게리 베이너척^{Gary Vaynerchuk}은 기술의 변화가 비즈니스의 지형을 바꿀 때마다 그 기회를 누구보다 빠르게 포착해 자기 것으로 만든 탁월한 전략가다. 인터넷의 여명기에는 이커머스를, 영상 미디어의 폭발기에는 유튜브를 활용해 시장의 판도를 바꿨다. 지방의 작은 와인 매장을 운영하던 그는 기술 트렌드가 단순한 도구를 넘어 새로운 비즈니스를 만드는 엄청난 기회임을 본능적으로 간파하고 실행에 옮긴 것이다.

그의 직관은 적중했다. 마침내 그가 설립한 디지털 마케팅 그룹 '베이너 엑스^{VaynerX}'는 2024년 기준 약 2억 8,770만 달러^{약 4,166억 원} 매출을 기록하며 업계의 거물로 성장했다. 지방의 와인 장수였던 그는 어떻게 유튜브에서 미래의 금맥을 발견했을까?

누구보다 빨리 '넥스트 빅 싱Next Big Thing'에 올라탄 사람

1975년 벨라루스에서 태어나 1978년 미국으로 이민 온 게리 베이너척은 어릴 때부터 '장사꾼 기질'을 타고났다. 5살 때 이웃집 꽃을 따서 팔고, 10대 때 야구 카드 거래로 수천 달러를 벌었다. 그리고 14살부터는 가족이 운영하던 와인 매장에서 시급 2달러를 받으며 실전 비즈니스를 익혔다.

1998년, 그에게 인생의 첫 번째 전환점이 찾아왔다. 닷컴 버블이 일 정도로 인터넷에 대한 관심이 커지던 시절, 그는 오프라인 판매에만 머물던 가업을 '와인 라이브러리Wine Library'라는 이커머스 플랫폼으로 빠르게 전환했다. 결과는 경이로웠다. 연 매출 400만 달러약 58억 원의 매장은 단숨에 6,000만 달러약 869억 원 규모로 뛰어올랐다. 무려 15배의 성장이었다.

'유튜브'라는 두 번째 기회

2006년, 베이너척은 인터넷 쇼핑몰을 넘어선 더 큰 기회를 포착했다. 바로 유튜브였다. 유튜브가 서비스를 시작한 지 1년 만에 그는 'Wine Library TV' 채널을 개설하고, 5년간 무려 981개의 와인 리뷰 영상을 올렸다.

그의 품평은 파격 그 자체였다. "버건디 와인은 버섯 냄새가 난다고 하죠. 게다가 땀에 젖은 양말 냄새 같은 게 나요. 그게 바로 버건디의 본질이죠. 와인을 제대로 느끼려면, 양말을 한 입 베어물고 마셔봐야 해요. 그러면 그 맛이 와인에서 딱 느껴질 거예요. 이 와인은 마치 젖은 양말 냄새가 나는데, 이상하게도 그게 매력적이란 말이죠" 이런 식의 직설적인 B급 감

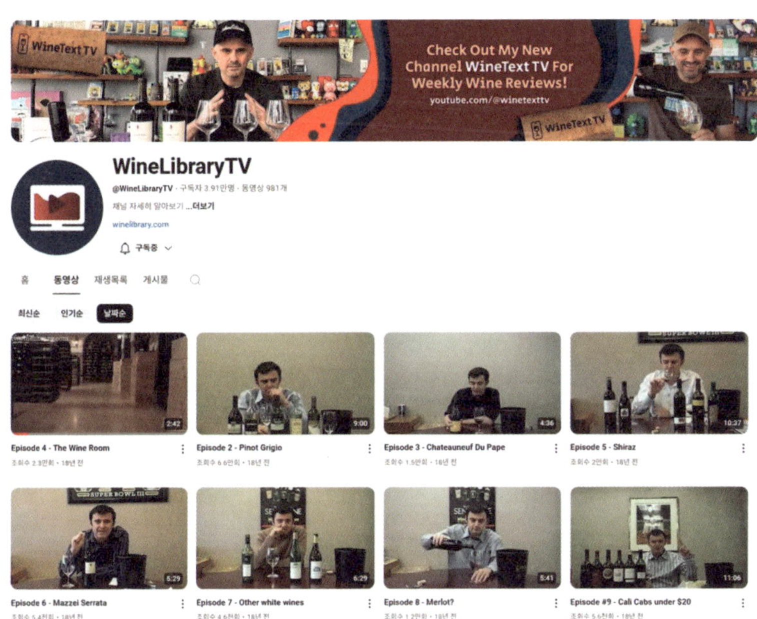

▲ 유튜브 채널 'Wine Library TV'를 개설하고, 꾸준함의 힘을 보여준 게리 베이너척

성은 권위적이었던 와인 업계를 뒤흔들었다.

초기 조회수는 하루 50회 남짓이었으나, 그는 18개월 동안 주 5회 업로드라는 강행군을 멈추지 않았다. 결국 2009년경 하루 9만 뷰를 기록하는 인기 채널로 성장했고, 이는 주류 미디어인 TED와 코난 오브라이언 쇼 Conan O'Brien Show 진출로 이어졌다. "아무도 보지 않았지만, 계속했다"는 그의 포기하지 않은 실행력이 기적을 만든 것이다.

개인이 곧 미디어가 되는 시대

여기서 또 한 번 중요한 전환이 일어났다. 그는 와인을 팔기 위해 인터넷을 활용하고 유튜브를 시작했을 뿐인데, 사람들은 그를 와인 장수가 아닌 '디지털 마케팅 전문가'로 바라보기 시작했다. 게리 베이너척 스스로도 깨달았다. 자신의 진짜 강점은 와인이 아니라, 디지털 환경에서 '관심'을 만들고, 이를 비즈니스로 전환하는 능력이라는 것을 말이다.

그리고 2009년, 그는 과감한 결정을 내린다. 성공적으로 운영하던 와인 사업에서 손을 떼고, 동생과 함께 디지털 마케팅 에이전시 '베이너 미디어VaynerMedia'를 설립한 것이다. 이때부터 'Gary Vee'라는 개인 브랜드 역시 본격적으로 성장하기 시작했다. 그는 '이제 모든 개인이 미디어가 될 수 있다'고 생각했다.

콘텐츠 피라미드 모델: 하나의 콘텐츠를 100개로 만들어라

그가 디지털 마케팅의 선구자가 된 이유는 단순했다. 그는 직접 콘텐츠로 와인 사업을 크게 키워낸 경험이 있고, 그리고 그 과정에서 배우고 깨달은 것들을 숨김 없이 사람들에게 공유했다. 그의 핵심 개념은 여러 책과 강연으로 알려져 있지만, 가장 중요한 모델은 단연 '콘텐츠 피라미드The Content Pyramid'이다. 이 전략은 한마디로 '원 소스 멀티 유즈One Source Multi-Use'의 극대화로, 다음과 같다.

1. **필러 콘텐츠**Pillar Content: 인터뷰, 강연 등 기둥이 되는 긴 영상을 하나 만든다.

2. **마이크로 콘텐츠**Micro Content: 이를 각 플랫폼(유튜브 쇼츠, 인스타그램 릴스, 틱톡, 링크드인 등)에 최적화된 짧은 영상이나 이미지로 잘게 쪼갠다.

3. 무한 확산: 플랫폼별 독자의 특성에 맞춰 수십 개의 메시지로 재가공하여 배포한다.

2025년 기준, 그의 전체 소셜미디어 팔로워는 3,800만 명을 넘어섰다. 그는 하루에도 7개 이상의 영상을 게시하며 "콘텐츠는 고객과 나누는 대화"라고 정의한다.

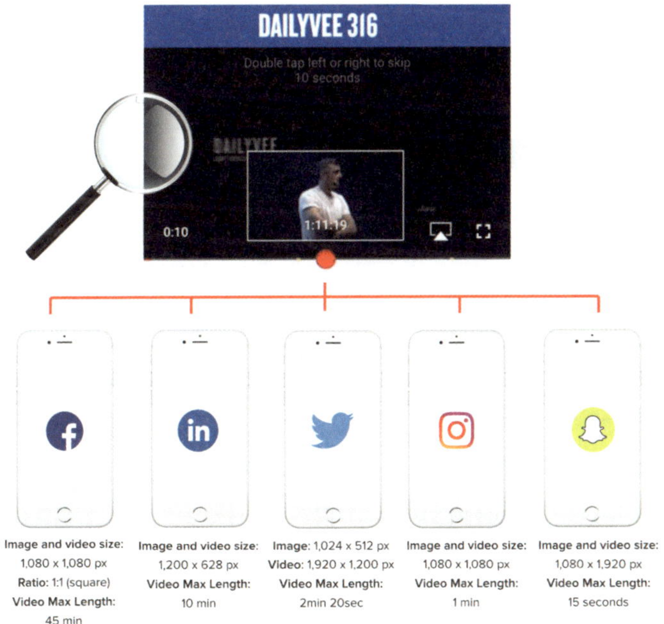

▲ 게리 베이너척은 영상 콘텐츠를 페이스북, 링크드인, 엑스, 인스타그램, 스냅챗 등 다양한 플랫폼에 쪼개어 함께 유포한다.

마이크로 콘텐츠의 힘: "콘텐츠는 대화다"

콘텐츠 업계에 있다 보면 콘텐츠를 하나의 예술 작품으로 바라보거나 마치 자식처럼 여기는 사람들을 쉽게 볼 수 있다. 하지만 뼛속까지 사업가인 게리 베이너척에게 콘텐츠는 고객과 대화하는 '창구'이다. 그래서 그는 잘게 쪼개진 마이크로 콘텐츠를 필러 콘텐츠만큼이나 중요하게 여긴다. 짧고 가볍고 보잘것없어 보이더라도, 고객에게 말을 걸 수 있다면 의미가 있다는 것이다.

그는 새로운 플랫폼이 등장하면 고민하지 않고 먼저 업로드하고 테스트해본다. 기사, 인용문, 밈, 이미지, 리믹스 등등, 다양한 형태의 마이크로 콘텐츠를 누구보다 열심히 게시한다. 이게 잘 될지 어떨지 따지기보다, 한 명의 고객이라도 더 만나는 게 중요하기 때문이다.

팬을 움직이는 5가지 콘텐츠

실제로 그의 콘텐츠는 단순히 정보를 전달하는 것이 아니라, 고객과의 '관계 구축'에 방점이 찍혀 있다. 대표적으로 다음과 같은 5가지 형태 콘텐츠가 있다.

- DailyVee: 그의 일상을 보여주는 브이로그로, CEO의 실제 삶을 날것 그대로 보여주는 다큐멘터리형 브이로그다. 회의, 강연, 출장, 고객 미팅 등 비즈니스 현장부터 가족과 보내는 시간까지 모든 일상을 카메라에 담는다.
- The #AskGaryVee Show: 독자의 질문에 답변하는 인터랙티브 콘텐츠로, 트위터, 인스타그램 등에서 받은 팬들의 질문에 답하는 Q&A 토크쇼다. 창업 고민, 마케팅 전략, 커리어 조언 등을 직설적이고 현실적으로 답변한다. 이 콘텐츠를 정리해 출간한 책은 뉴욕타임스 베스트셀러에 오르기도 했다.
- Trash Talk: 중고 물품을 사고 되팔며 수익을 창출하는 과정을 보여주는 시리즈다. 제로에서부터 시작해 돈을 벌어가는 과정을 리얼하게 보여주

면서 세일즈와 비즈니스를 가르친다.

• Overrated · Underrated: 사업가이자 투자자로서 저평가 혹은 고평가된 아이템을 분석하는 콘텐츠로, 다양한 주제와 아이템에 대한 게리 베이너 척의 평가를 담고 있다. 수다 떨듯 편안하게 비즈니스 인사이트를 전달한다.

• Original Film: 고품질 다큐멘터리 필름으로 키노트 연설, 심층 인터뷰 등을 담은 프리미엄 콘텐츠다. 단순한 수다를 넘어 깊이 있는 비즈니스 철학을 전달한다.

놀랍게도 게리 베이너척의 콘텐츠 피라미드 모델은 구글이 2021년 발표한 '멀티 포맷 전략, 즉 한 채널 안에 모든 콘텐츠 포맷(롱폼, 숏폼, 라이브, 팟캐스트, 게시물, 쇼핑 등)을 다 올리는 전략'과 일치한다. 그는 이론가가 아니라, 현장에서 직접 실행하며 체득한 감각으로 구글보다 앞서 미래를 설계했던 것이다.

콘텐츠에서 비즈니스로: 베이너 엑스 제국의 구축

앞서 언급한 베이너 미디어는 게리 베이너척이 자신이 정립한 콘텐츠 마케팅 철학을 다른 기업들의 성장에 적용하기 위한 선택이기도 했다.

베이너 미디어는 설립 이후 펩시코[PepsiCo], GM, JP모건[J.P. Morgan] 등 글로벌 대기업을 고객사로 확보하며 빠르게 성장했다.[2] 2015년에는 미국 광고 업계에서 권위를 인정받는 'Ad Age A-List'에 이름을 올렸고, 2024년에는 상위 10대 에이전시로 선정되며 입지를 굳혔다. 외부 투자 없이 순수 자기자본으로 시작한 이 회사는 불과 9년 만에 800명 이상의 직원을 거느린

공룡으로 성장했다.

이들은 콘텐츠 자체 제작사인 '베이너 프로덕션VaynerProductions'을 통해 버드와이저 등 글로벌 브랜드의 캠페인을 주도하며 칸 라이언즈Cannes Lions 등 권위 있는 시상식을 휩쓸었다.

현재 뉴욕 본사를 필두로 LA, 런던, 도쿄, 싱가포르, 방콕 등 전 세계 주요 도시에 지사를 둔 베이너 미디어는 연 매출 약 4,000억 원을 기록하며 광고 업계의 문법을 새로 쓰고 있다.

베이너 엑스 사업 포트폴리오

게리 베이너척은 자신의 마케팅 철학을 다양한 버티컬 영역으로 확장하며 '베이너 엑스'라는 거대 제국을 완성했다.

- **갤러리 미디어 그룹**Gallery Media Group: 타깃별 버티컬 브랜드를 운영한다. 여성층 타깃의 '퓨어와우PureWow'와 남성층 타깃의 'ONE37pm'을 통해 강력한 인플루언서 네트워크를 구축했다.
- **사샤 그룹**The Sasha Group: 아버지의 이름을 딴 이 회사는 중소기업의 디지털 전환DX을 돕는다. 와인 매장에서 시작한 자신의 뿌리를 잊지 않고, 소규모 사업자들에게 대기업 수준의 마케팅 솔루션을 제공한다.
- **베이너 커머스**VaynerCommerce: D2C 브랜드의 디지털 매출을 극대화하는 솔루션을 제공한다.
- **베이너 스피커**VaynerSpeakers: 강연 에이전시를 통해 지식 콘텐츠의 부가가치를 높인다.
- **트레이서**Tracer: 데이터 기반 마케팅 플랫폼으로, 2023년 시리즈 A에서 약 262억 원의 투자를 유치했다.

투자와 엑시트: 연쇄 창업가의 성공 방정식

그는 '촉'이 좋은 투자자이기도 하다. 페이스북, 엑스, 우버, 스냅챗 등 테크 거물들의 초기에 베팅한 엔젤 투자자로 유명하다. 동시에 자신이 직접 키운 사업을 적기에 매각하는 엑시트 능력도 탁월하다. 레스토랑 예약 플랫폼 '레시Resy'를 아메리칸 익스프레스American Express에 매각하고, 구독형 와인 모델인 '앰퍼시 와인Empathy Wines'을 글로벌 주류 기업에 넘기며 콘텐츠와 커뮤니티가 어떻게 실질적인 기업 가치로 변환되는지를 입증했다.

NFT와 웹3.0: 비프렌즈 프로젝트

NFT 붐이 한창이던 시기, 게리는 비프렌즈VeeFriends라는 NFT 프로젝트를 론칭했다. 그가 직접 그린 동물 캐릭터 NFT는 출시와 동시에 완판되었으며, 원화는 크리스티 경매에서 약 17억 원에 낙찰되어 화제를 모았다.

비프렌즈는 단순한 디지털 아트가 아니었다. 각 NFT에는 게리 베이너척이 주최하는 연례 컨퍼런스 비콘VeeCon의 입장권 기능이 포함되어 있었는데, 이는 NFT 즉 디지털 자산을 오프라인의 강력한 커뮤니티로 연결하는 선구적인 모델이라 할 수 있다.

물론 베이너 엑스는 이제 거대 그룹이기 때문에 모든 사업들을 게리 베이너척이 다 세세하게 컨트롤하고 이끈다고는 할 수 없다. 하지만 베이너 엑스의 모든 사업은 그가 정립한 콘텐츠 마케팅 모델에 기반하고 있고, 그것이 현실에서 실제로 여러 성과를 내고 있다는 점은 흥미롭다. 콘텐츠로 비즈니스를 하려는 사람들이 꼭 참고해야 할 모델이 아닐 수 없다.

망설이지 말고 가장 먼저 뛰어들어라

게리 베이너척의 성장 궤적은 '실행력'이라는 한 단어로 압축된다. 그는 비즈니스 기회가 포착되면 계산하기보다 먼저 몸을 던졌다.

표 2-6-1 | 베이너 엑스 매출 성장 추이

연도	매출액	한화 환산액	비고
2013	2,300만 달러[3]	약 332억 원	초기 성장 단계
2016	1억 달러[4]	약 1,445억 원	메이저 대행사 진입
2021	1억 8,800만 달러[5]	약 2,716억 원	디지털 전환 가속화
2024	3억 달러[6]	약 4,334억 원	글로벌 미디어 그룹 등극

실행력의 화신

게리 베이너척은 단순히 운이 좋았던 크리에이터가 아니다. 그는 부모님이 물려주신 로컬 와인 매장에 안주할 수도 있었고, 이후 수백억 원대의 이커머스로 성장시킨 후에 거기서 만족할 수도 있었다. 하지만 그는 이후에도 소셜미디어가 개인 누구에게나 미디어 권력을 선사하는 세상이 됐다는 것을 깨닫자마자, 모든 것을 걸고 그 파도에 올라탔다.

그는 2014년 〈포춘Fortune〉과의 인터뷰에서 자신의 성공 비결을 이렇게 고백했다. "사람들은 저를 그저 소셜미디어로 운 좋게 뜬 사람으로 보지만, 제 일정표를 보면 생각이 달라질 겁니다. 저는 이민자 근성에서 나오는 처절한 '노력' 덕분에 지금 이 자리에 있습니다." 그의 스케줄은 지금도 1시간 단위로 빽빽하다.

유튜브 시작을 망설이는가? 그렇다면 지금 당장 '와인 라이브러리 TV' 채널에 있는 그의 초기 영상들을 찾아보라. 세련된 장비도, 편집 기술도 없던 시절, 거친 화면 속에서 눈을 반짝이며 와인을 마시던 그 무모한 직진이 지금의 제국을 만들었다. 그는 자신이 배우고 실행한 것을 세상과 공유하며 성장의 어드밴티지를 누렸고, 그 초심은 오늘날에도 여전히 유효하다.

결국 비즈니스는 고객에게 말을 거는 것이다

게리 베이너척은 지금 이 순간에도 새로운 실험에 가장 먼저 뛰어들어 고객에게 말을 건다. 물론 누군가는 그의 거침없는 말투와 때때로 섞여 나오는 비속어, 투박한 태도에 거부감을 느끼기도 한다. 이런 비판은 그가 2006년 유튜브를 처음 시작했을 때부터 늘 꼬리표처럼 따라다녔다.

하지만 평론가와 구경꾼들이 그의 스타일을 분석하고 비판하며 제자리에 머물러 있는 동안, 그는 누구보다 치열하게 현장을 누볐다. 하루에도 수십 번씩 시청자의 댓글에 답하고, 질문을 모아 책을 냈으며, 때로는 팬을 직접 찾아가기도 했다. 그 지독한 실행의 결과, 와인 장수였던 그는 이제 연 매출 수천억 원 규모의 기업을 이끄는 의장이 되었다.

업계에서는 그의 순자산을 약 2억 달러[약 2,892억 원] 이상으로 추정한다. 여기서 우리가 주목해야 할 지점은 이 거대한 부의 동력이 유튜브와 소셜미디어를 통한 '개인 브랜딩'에서 나왔다는 사실이다. 그는 유튜버들이 흔히 선택하는 엔터테인먼트나 게임 방송이 아니라, 콘텐츠를 통해 자신의 전문성을 증명하고 이를 기반으로 실질적인 '기업'을 일으킨 독보적인 사례다.

콘텐츠로 비즈니스를 일구고 싶은 이들에게 그가 던지는 메시지는 명확하다. "콘텐츠를 예술 작품이라 생각하지 마라. 그것은 고객에게 건네는 대화다."

고객에게 말을 거는 것을 두려워하는 사람은 결코 사업을 키울 수 없다. 게리 베이너척이 올리는 모든 콘텐츠가 소위 '대박'이 터지는 것은 아니다. 반응이 없고 실패하는 영상도 부지기수다. 그러나 그는 결과에 일희일비하지 않는다. 실패해도 거침없이, 매일 수시로 다시 말을 걸 뿐이다. 성공할 확률보다 실패할 확률이 더 높은 콘텐츠 생태계에서 살아남는 유일한 방법은 꾸준함과 용기다.

07
후다 카탄

블로그에서부터 촉발된 거대한 뷰티 커뮤니티

자신의 이름을 건 글로벌 브랜드 '후다 뷰티Huda Beauty'를 운영하는 후다 카탄Huda Kattan은 아랍권에서 가장 영향력 있는 뷰티 크리에이터이자 사업가다. 그녀는 방황하던 시기에 시작한 뷰티 블로그를 통해 12억 달러약 1조 7,352억 원 이상의 가치를 지닌 기업을 일궈냈고,[1] 아랍권 뷰티 시장, 이른바 'A-뷰티'의 상징적인 브랜드로 자리 잡았다.

2017년 <타임Time>은 후다 카탄을 '인터넷에서 가장 영향력 있는 25인'에 선정했다. 2023년에는 BBC '100대 여성' 그리고 <포브스> '100대 여성 사업가'에도 각각 이름을 올렸다.[2]

그녀의 성공 스토리는 블로그에서 시작해 인스타그램을 거쳐, 유튜브로 완성된다. 유튜브는 그녀에게 출발점이 아니라, 이미 형성된 팬덤과 브랜드를 전 세계로 확장시킨 핵심 매개였던 것. 한 명의 뷰티 전문가가 어떻게 글로벌 뷰티 제국을 건설했는지, 그 구체적인 성장 과정을 들여다보자.

방황에서 시작된 뷰티 블로그

이라크계 미국인인 후다 카탄의 시작은 뷰티와 거리가 멀었다. 그녀는 미시간 대학교University of Michigan에서 금융을 전공한 뒤 글로벌 컨설팅 기업에서 커리어를 시작했다. 하지만 2008년 금융 위기는 그녀의 삶을 예상치 못한 방향으로 바꿔놓았다. 해고 이후 진로를 고민하며 방황하던 시기에 언니가 건넨 한마디가 전환점이 되었다. "네가 가장 잘하는 메이크업으로 커리어를 바꿔보는 건 어때?"

사실 후다 카탄은 어릴 때부터 화장품과 메이크업에 깊은 관심을 가진 '뷰티 덕후'였다. 14살 때 언니의 립스틱을 처음 써본 뒤 메이크업에 빠졌고, 대학 시절에도 주변 사람들의 메이크업을 도맡아 하며 실력을 인정받았다.[3]

그녀는 2009년 LA의 메이크업 트레이닝 센터에서 전문 교육을 받은 뒤,[4] 두바이로 이주해 메이크업 아티스트로 활동을 시작했다. 문제는, 아무도 그녀를 모른다는 것이었다. 고객도, 네트워크도 없는 상태에서 후다 카탄이 선택한 돌파구가 바로 '블로그'였다.

좋은 콘텐츠를 무료로 주면 사람들이 모인다

후다 카탄은 블로그를 통해 자신이 알고 있는 메이크업 팁, 제품 리뷰, 뷰티 트렌드를 아낌없이 공개하기 시작했다. 주변에서는 종종 이런 질문을 던졌다. "그렇게 중요한 노하우를 왜 무료로 공개하나요?" 그녀의 답은 단순했다. "저는 서비스업에 종사하고 있어요. 지금 무료로 준 것들이, 언젠가는 어떤 형태로든 돌아올 거라고 믿어요."[5]

이 철학은 당시로서는 파격적이었다. 대부분의 메이크업 아티스트가 기술을 영업 비밀처럼 숨기던 시기였기 때문이다. 하지만 콘텐츠의 시대, 그녀는 공유를 선택했다. 그 결과 공유는 신뢰로, 신뢰는 커뮤니티로 이어졌다.

2010년 개설한 후다 카탄의 블로그 도메인(hudabeauty.com)은 현재 후다 뷰티의 글로벌 공식 쇼핑몰 주소로 쓰이고 있다. 메이크업 팁과 제품 리뷰를 공유하던 정보성 블로그가 월 방문자 165만 명에 달하는 거대 이커머스 플랫폼으로 진화한 것이다. 그녀는 별도의 브랜드 사이트를 새로 구축하는 대신, 이미 트래픽이 몰리던 블로그 자체를 쇼핑몰로 확장하는 전략을 택했다.

이 전략의 핵심은 '콘텐츠로 강력한 팬덤을 먼저 확보한 뒤, 그들이 모여 있는 공간에서 자연스럽게 제품을 판매한다'는 데 있다. 블로그에서 쌓인 두터운 신뢰는 2012년 인스타그램, 2014년 유튜브로 이어지며 자연스럽게 비즈니스 생태계를 형성했다. 후다 카탄은 이 과정을 이렇게 설명한다. "저는 먼저 블로거가 되었고, 얼마 지나지 않아 인플루언서가 되었어요."

유튜브: 'A-뷰티'를 실시간으로 증명하는 무대

메이크업 튜토리얼은 사진이나 텍스트보다 영상이 훨씬 강력했다. 후다 카탄은 중동 여성들의 얼굴형과 취향에 최적화된 스타일을 영상으로 설명했다. 당시 대부분의 뷰티 정보는 서구권에 특화된 경우가 많았는데,

그녀는 처음부터 중동 지역을 정확히 겨냥했고, 이는 A-뷰티를 전 세계에 각인시키는 계기가 되었다.

중동 지역 미의 기준은 일반적으로 세 가지 특징을 갖고 있다. 높고 두꺼운 아치형 눈썹과 아몬드 형태의 눈매, 그리고 두툼한 입술, 마지막으로 또렷하고 선명한 턱선이다. 후다 카탄은 2014년부터 립Lip 메이크업, 아이Eye 메이크업, 콘투어링Contouring(선명한 턱선과 또렷한 광대뼈를 선호하는 중동 여성들이 얼굴의 윤곽을 보완하여 입체감을 주는 메이크업 기법) 튜토리얼 영상들을 제작해 올리기 시작했다.

그녀는 환경적 특수성도 중요한 콘셉트로 생각했다. 그래서 강렬한 태양과 건조한 기후, 높은 습도를 보이는 중동의 극한 기후에서도 무너지지 않는 메이크업 기술 영상을 다수 제작했다. 시청자들은 영상을 따라 하며 그녀를 단순한 인플루언서가 아닌, 자신들의 결점을 해결해줄 해결사로 신뢰하기 시작했다.

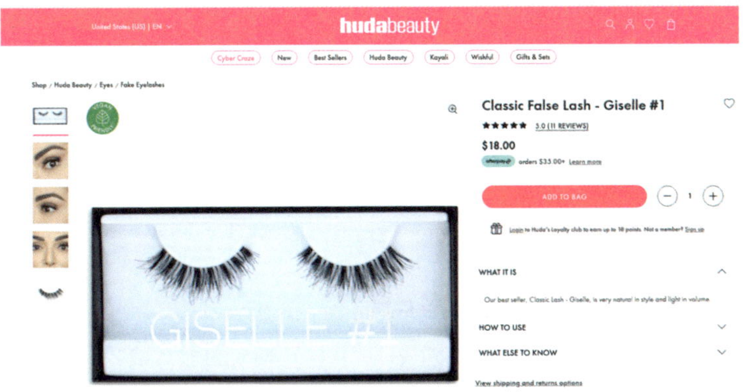

▲ 후다 뷰티 자사몰에서 판매 중인 속눈썹 제품

가족의 응원으로 탄생한 '인생 속눈썹'

2013년 당시 시중에서 판매하던 속눈썹의 스타일과 품질에 만족하지 못한 그녀는 종종 고객의 눈 모양에 딱 맞게 직접 속눈썹을 제작하기도 했다. 바로 이런 시도가 그녀를 메이크업 아티스트에서 사업가로 전환시키는 기폭제가 되었다.[6]

사실 처음부터 사업을 하려고 한 건 아니었다. 그녀의 여동생 모나 카탄[Mona Kattan]이 언니의 모습을 지켜보면서 "매번 그렇게 수작업을 할 거면, 차라리 직접 속눈썹 제품을 만들어서 팔아보는 게 어때?"라고 제안했다. 하지만 금융학 전공자로서 사업의 리스크를 누구보다 잘 알았던 후다는 처음엔 망설였다. 그럼에도 언니의 잠재력을 알아본 동생이 6,000달러[약 867만 원]를 빌려주며 등을 떠밀었고, 그렇게 해서 후다 뷰티의 전설적인 첫 제품 '속눈썹'이 탄생했다.[7]

사업 초기는 순탄치 않았다. 제품을 만들었는데 마땅히 유통할 곳이 없었고, 제안했던 곳들마다 거절당했다. 그녀의 제품에 관심을 가진 곳은 전 세계에서 두바이몰의 세포라[Sephora] 매장뿐이었다. 그렇게 2013년, 두바이

몰 세포라에서 첫선을 보인 속눈썹 제품은 1년 치 예상 물량이었던 7,000 개가 단 일주일 만에 완판되는 기적을 썼다.[8] 이후 킴 카다시안^{Kim Kardashian} 등 글로벌 셀럽들이 이 제품을 사용하며 입소문은 걷잡을 수 없이 퍼져나 갔다.[9]

유통망에 휘둘리지 않는 D2C 전략

성공적인 론칭이었지만, 회계 전문가였던 후다 카탄은 즉각 구조적 문 제점을 파악했다. 플랫폼에 의존하는 기존 방식으로는 높은 수수료 때문 에 아무리 팔아도 이익이 남지 않는다는 사실이었다.[10] 그녀는 즉시 D2C-Direct to Consumer(소비자 직접 판매) 모델로 눈을 돌렸다.

이미 유튜브와 소셜미디어를 통해 강력한 '직통 채널'을 확보하고 있었 기에 가능한 결정이었다. 그녀는 중간 유통 과정을 생략하고 직접 팬들과 소통하며 제품을 판매했고, 이는 더 나은 이익률과 고객 커뮤니티를 구축 하는 원동력이 되었다.[11]

히트작의 연속: 트렌드를 만드는 브랜드가 되다

후다 뷰티는 이후 다양한 제품 라인에서 히트작을 만들어내며 존재감 을 키워나갔다. 대표적으로, 2016년에 선보인 '립 콘투어 펜슬^{Lip Contour Pencil}'은 오버립 트렌드를 겨냥해 출시 직후 품절 대란을 일으켰다.

2017년에 선보인 파운데이션 제품 '#Faux Filter'는 30가지 이상의 셰이 드를 선보였고, 덕분에 모든 피부 톤을 포용하는 브랜드라는 이미지를 굳 혔다. 소비자들은 이를 '포토샵 파데'라 부르며 유튜브와 SNS에 자발적인

▲ 오버립 트렌드를 이끈 제품 '립 콘투어 펜슬'

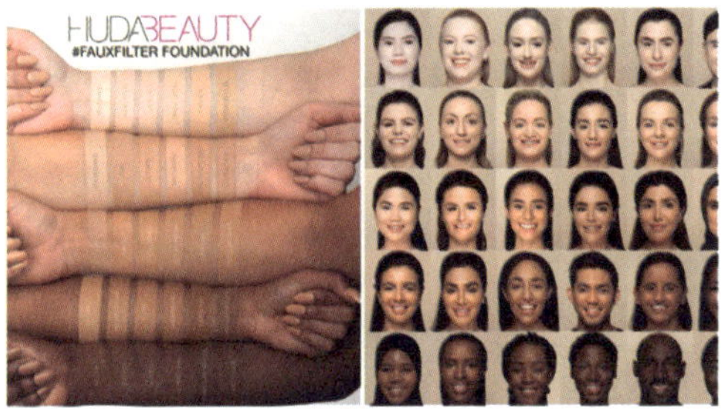

▲ 다양한 피부색을 표현한 파운데이션 제품 '#Faux Filter'

▲ 향수 브랜드 '카얄리'

리뷰 영상을 쏟아냈다.

이후에도 다양한 제품들이 사랑받으며 후다 뷰티는 대표적인 A-뷰티 브랜드가 되었고, 2018년에는 향수 브랜드 '카얄리Kayali'까지 출시하며 영역을 넓혀갔다.

커뮤니티적의 본진은 인스타그램이었다

후다 뷰티의 성공 궤적을 보면 플랫폼별로 명확한 역할 분담이 보인다. 2026년 1월 기준 후다 뷰티의 인스타그램 팔로워는 약 5,747만 명으로, 유튜브 구독자(428만 명)보다 10배 이상 압도적이다. 이는 뷰티 타깃들이 인스타그램을 많이 이용하고 있고, 또한 시각적 자극이 중요한 뷰티 산업의 특성상 인스타그램이 '발견과 확산'에 최적화되어 있기 때문이다.

쌍방향 소통의 극대화

또 하나 중요한 포인트는, 인스타그램이 커뮤니티 구축의 핵심 기지라는 점이다. 커뮤니티 관리 측면에서는 아직까지 유튜브보다 인스타그램의 기능이 더 유리하다.

후다 카탄은 단순히 콘텐츠를 일방적으로 송출하지 않는다. 팬들이 후다 뷰티 제품을 사용해 올린 인스타 게시물을 공식 계정에서 적극적으로 공유하며 팬을 브랜드의 주인공으로 격상시킨다. 6천만 명 가까운 팔로워에게 노출될 기회는 팬들에게 강력한 동기부여가 되며, 이는 자연스럽게 브랜드 충성도로 이어진다.

특히 인플루언서 그룹 '후다 뷰티 스쿼드#hudabeautysquad'의 운영이 주목할 만하다. 이들은 후다 뷰티의 신제품을 가장 먼저 체험하고 워크숍에도 초대받으며 브랜드의 '앰배서더ambassador' 역할을 수행한다. 그러니까 후다 카탄은 인플루언서를 마케팅에 활용한 것이 아니라 인플루언서를 직접 조직한 셈이다. 그리고 이들을 단순 소비자가 아니라 브랜드 성장의 주체로 만들었다.

이 같은 커뮤니티 그룹의 운영 성과는 데이터가 증명한다. 대표적인 글

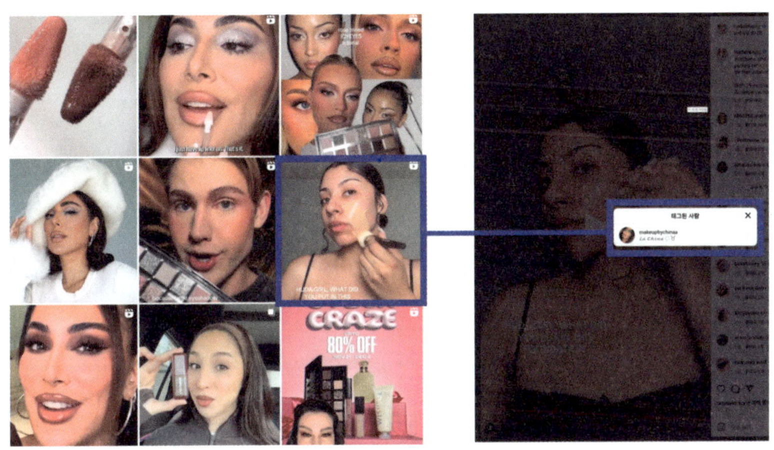

▲ 해시태그 전략과 태깅 효과로 '후다 걸'의 진정성 있는 후기가 퍼져나가고 있다.

로벌 화장품 브랜드 에스티 로더Estée Lauder와 비교했을 때, 후다 뷰티는 매출 규모가 훨씬 작은데도 불구하고 SNS 후기는 압도적으로 활발하다. 에스티 로더의 해시태그 게시물은 단순 제품 사진 위주인 반면, 후다 뷰티는 실제 사용자의 진정성 있는 후기가 대부분이다. 팬들이 스스로를 '후다 걸Huda Girl'이라 부르며 커뮤니티에도 적극적으로 참여하고 있다.

아직 유튜브 안에서는 이런 쌍방향 소통이 이뤄지기 쉽지 않다는 점은 아쉬운 부분이지만, 유튜브 역시 커뮤니티 기능을 활성화하기 위해 여러 테스트를 진행하고 있다는 점은 기대해볼 부분이다.

브랜드 가치관이 커뮤니티를 단단하게 만들다

후다 카탄은 뷰티 브랜드가 사회적 목소리를 가질 수 있다고 믿는다. 2025년, 팔레스타인 음악가 세인트 레반트Saint Levant와 협업해 립 제품 'Ka-lamantina'를 출시하고, 수익금은 팔레스타인 농업과 문화 보존을 지원하는 단체에 기부했다.[12] 그녀는 인스타그램을 통해서 꾸준히 사회에 공헌하는 모습을 보여주고 있고, 이러한 선한 영향력 역시 커뮤니티의 결속력을 더욱 강화시킨다.

CEO에서 물러났다 복귀한 이유: 전문성과 열정 사이

2020년, 후다 카탄은 스스로 CEO 자리에서 물러났다. 로레알L'Oréal 출신의 전문 경영인을 CEO로 영입한 것이다. 그녀는 유튜브 영상에서 이렇게 말했다.

"저는 회사를 운영하는 것보다 소비자 입장에서 제품을 만들고, 콘텐츠 만드는 일을 더 사랑했어요. 그런데 (회사를 경영하면서) 회의하고 채용하느라 시간을 다 뺏기고, 마케팅과 매출 등 모든 것을 신경 써야 했죠."[13]

이 선택은 많은 창업자가 겪는 딜레마를 보여준다. 브랜드가 커질수록 창업자는 관리자가 되고, 창작자 역할은 뒤로 밀린다. 이 시기 후다 뷰티의 콘텐츠 업로드 빈도가 급격히 줄어든 것도 우연이 아니다.

그러나 2021년, 그녀는 남편과 함께 공동 CEO로 복귀했고, 2023년에는 제품 개발의 최종 책임자로 다시 전면에 나섰다. "다른 사람의 조언도 중요하지만, 결국 브랜드의 감각은 창업자에게서 나온다는 걸 깨달았어요. 2010년대 초부터 저는 제 자신을 믿고 도전했고, 그리고 결국 성공했습니다. 이제는 제 안의 목소리에 더 집중하려 해요."[14]

대대적인 리브랜딩과 새로운 도약

복귀 후 그녀는 대대적인 리브랜딩을 단행했다. 로고와 패키징을 프리미엄 전략에 맞춰 개편하며 메이저 브랜드와 어깨를 나란히 했다. 중동 지역이 고급 뷰티 브랜드를 선호하는 경향을 반영한 것이다.

더욱 놀라운 점은 2025년, 외부 투자자에게 넘겼던 지분을 재매입하며 회사를 완전한 창업자 소유로 돌려놓았다는 사실이다. 이는 단기적인 엑시트Exit보다 브랜드의 진정성과 비전을 우선시하는 슈퍼 유튜버형 사업가의 전형적인 행보다. 성장을 위해 투자를 받고 전문 CEO도 영입했지만, 자신의 브랜드를 팬들이 더 사랑하게 만들려면 결국 자신이 중심이 되어 회사를 이끌어가야 한다는 것을 우여곡절 끝에 깨달은 것이다.

진정성 있는 커뮤니티 구축의 교과서

후다 카탄의 여정은 블로그에서 시작해 인스타그램을 거쳐 유튜브로 그 영향력을 계속 확장하며 뷰티 제국을 만들었다. 그녀의 성공은 단순한 인플루언서 성공담이 아니며, 다음과 같은 공식을 증명한 사례다.

1. 좋은 정보를(무료로) 제공하고,

2. 이를 통해 모은 사람들과 신뢰를 커뮤니티로 전환한 뒤,

3. 커뮤니티가 진짜로 필요로 하는 제품을 만든다.

이 밖에 플랫폼에 의존하지 않고, 초기부터 D2C 전략을 펼친 점도 인상적이다. 더불어 자신이 타깃으로 삼은 아랍 문화에 대한 분석을 바탕으로 제품을 만들고 소통하며 꾸준하게 신뢰를 축적해온 점도 결정적이다.

결국 슈퍼 유튜버가 사업가로 거듭나기 위해서는 기술적 우위보다 팬덤의 문화를 존중하는 태도가 우선되어야 하며, 진정성 있는 소통을 통해 콘텐츠와 비즈니스의 본질을 지켜야만 한다.

08
클로이 팅

**전문성 논란도 꺾지 못한
세계 1위 여성 피트니스 유튜버**

클로이 팅^{Chloe Ting}은 2,590만 명의 구독자를 보유한 세계 정상급 피트니스 크리에이터다. 팬데믹 기간 중 특별한 장비 없이 집에서 할 수 있는 '홈 트레이닝' 콘텐츠로 폭발적인 성장을 이룬 그녀는, 이제 유튜브를 넘어 거대한 피트니스 비즈니스를 구축했다.
비전공자라는 이유로 불거진 전문성 논란조차 꺾지 못한 그녀의 성공 뒤에는 통계학 전공자 특유의 '데이터 분석력'과 '시청자 심리 분석'이 자리 잡고 있다. 금융권 엘리트 코스를 밟던 그녀는 어떻게 전 세계인의 거실을 체육관으로 바꿨을까?

엘리트 코스를 벗어나 유튜브로 향하다

브루나이 출신으로 16세에 가족과 함께 호주로 이민간 클로이 팅의 이력은 화려하다. 호주 명문 모내시 대학교^{Monash University}에서 경제학과 경영 통계학을 전공하고 철학 석사 학위까지 취득한 그녀는 학사 수석 졸업과 석사 장학금 3개를 휩쓴 엘리트였다.

졸업 후에는 보험회사에서 데이터 분석가로 커리어를 시작했다. 그러나 그녀의 직장 생활은 오래가지 못했다. 직장 내 괴롭힘과 극심한 스트레스로 인해 불안 장애와 공황 증상을 겪었고, 결국 퇴사하게 되었다. 그녀에게는 인생에서 가장 힘든 국면이었지만, 돌아보면 그때가 결정적인 전환점이 되었다.

퇴사 이후 클로이 팅은 무너진 건강을 회복하기 위해 운동과 식단 관리에 집중했다.[1] 처음에는 단순히 개인적인 치유를 위한 노력이었지만, 운동이 삶의 균형을 되찾는 데 실질적인 도움을 준다는 사실을 몸소 깨달으면서부터 피트니스에 대한 관심이 깊어졌다. 이 개인적인 구원의 경험은 2016년, 그녀를 본격적인 유튜브의 세계로 인도했다.

데이터 분석을 통한 전략적 포지셔닝

처음에는 명확한 방향성 없이 그냥 평소 관심 있는 다양한 주제들을 영상으로 만들어봤다. 패션 팁, 룩북, 스킨케어, 식단, 운동, 여행 브이로그 등 6가지 카테고리를 실험하며 시청자들의 반응을 살폈다. 여기서 그녀의 통계학적 감각이 빛을 발했다.

◀ 클로이 팅은 유튜브 초창기 여러 주제의 영상을
올리며 반응을 살폈다.

다른 영상들이 10~20만 조회수에 머물 때, 운동 콘텐츠는 200만 이상의 조회수가 폭발하는 현상을 포착했다. 특히 초기에 올렸던 복근 운동 영상이 2,900만 뷰를 기록하자, 그녀는 시청자들이 자신에게 무엇을 원하는지 정확히 알게 되었다.

그렇다고 성급하게 방향을 전환하지는 않았다. 2017년까지 계속 다양한 콘텐츠를 병행하며 시청자들과 적극적으로 소통했다. 그렇게 데이터를 충분히 축적한 다음, 2018년부터 피트니스 콘텐츠에 집중하기 시작한 것이다. 그 결과 유튜브 개설 약 2년 만에 구독자 100만 명을 돌파했다.[2] 한 언론 인터뷰에서 그녀는 "유튜브를 통해 무언가 창조하는 일을 좋아하게 됐어요"라며 과거 학문적 성취와는 다른 차원의 만족감을 느꼈다고 설명했다.[3]

미디어 환경 변화 및 트렌드와 정확히 맞아떨어진 타이밍

클로이 팅이 피트니스 크리에이터로 방향을 명확히 정한 시점은 미디어 환경이 급변하던 시기와 겹친다. 특히 호주에서는 2017년을 전후로

18~24세 연령층의 모바일·컴퓨터 사용 시간이 TV 시청 시간을 처음으로 앞서기 시작했다.[4] 유튜브 이용자 수 역시 빠르게 증가하던 시기였다.

더불어, 그녀가 내린 결정적인 선택 중 하나는 바로 '홈 트레이닝'에 올인하기로 한 것이다. 초기에는 헬스장 운동 콘텐츠도 다뤘지만, '특별한 장비 없이 집에서 할 수 있는 운동'에 시청자가 압도적으로 반응한다는 데이터를 얻은 후 방향을 완전히 틀었다. 당시만 해도 홈 트레이닝은 지금처럼 대중적인 영역이 아니었다. 그러나 이 선택은 결과적으로 코로나 팬데믹 시기, 그녀의 콘텐츠가 전 세계로 확산되는 결정적인 도화선이 되었다.

헬스장이 문을 닫고 외출이 제한되면서 홈 트레이닝은 선택이 아닌 필수가 되었다. 그리고 그녀의 '2주 복근 챌린지'와 '2주 쉐드 챌린지#ChloeTingChallenge'는 유튜브뿐 아니라 틱톡, 인스타그램 전반으로 확산되며 글로벌 밈meme이 되었다. 이 시기 클로이 팅은 유튜브가 선정한 미국·영국·아시아 지역 인기 크리에이터 명단에 포함되었고, 2020년 스트리미 어워드Streamy Awards 운동·웰니스 부문을 수상했다.[5]

전 세계에서 시청자들이 몰리자, 그녀는 외국어 더빙을 추가하는 등 글로벌 수요를 충족시키기 위해 노력했다.

클로이 팅만의 3가지 콘텐츠 차별화 전략

팬데믹 시기에 피트니스 콘텐츠를 제작하던 크리에이터는 클로이 말고도 많이 있었다. 그런데 유독 그녀가 영향력을 키울 수 있었던 비결은 무엇일까? 그녀의 콘텐츠가 가진 차별점을 하나씩 분석해보자.

1. '라이프스타일'로 포장한 고품질 영상미

많은 유튜버들이 스마트폰으로 간단히 촬영해 시작하는 것과 달리, 클로이는 초기 영상부터 제작 퀄리티가 남달랐다. 고화질 영상은 기본이고, 패션 브이로거 시절의 감각을 살려 세련된 조명과 인테리어, 구도를 활용했다. 이는 운동을 '고통스러운 노동'이 아닌 '나를 가꾸는 힐링 시간'으로 인식하게 만들면서 여성 시청자들의 강력한 지지를 얻었다.

그리고 앞서 언급했듯, 높은 제작 퀄리티는 광고주들에게도 신뢰를 주는 요소다. 별도의 요청 없이도 브랜드 제품을 아름답게 노출할 수 있다는 확신을 주기 때문이다. 물론 영상 퀄리티를 높이기 위해 초기 투자가 필요했지만, 장기적 관점에서 채널의 프리미엄 이미지를 구축하는 데 큰 기여를 했다.

2. 신뢰 구축: 결과로 증명하는 솔루션 + 취약성 공유

정보성 콘텐츠 채널에서 가장 중요한 것은 신뢰도다. 아무리 영상이 예

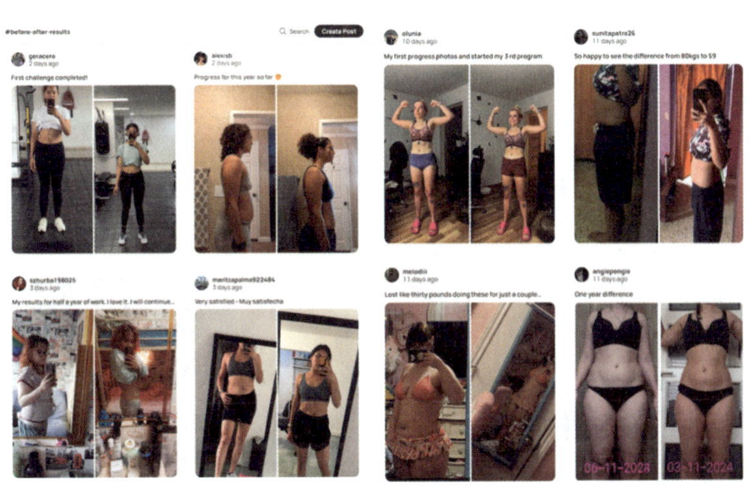

뻐도 실제 효과가 없다면 시청자는 떠나기 때문이다. 클로이 채널의 차별점은 그녀의 운동법을 따라 한 시청자들이 실제로 효과가 있다며 자발적으로 입소문을 낸다는 점이다. 그녀가 운동 영상을 올리면 "따라 했더니 2주 만에 복근이 생겼어요", "허벅지 라인이 완전히 달라졌어요" 같은 댓글들이 끊임없이 올라왔다. 실제로 검색해보면 그녀의 운동법을 실천하고 나서 올린 '비포Before · 애프터After' 사진과 함께 다이어트 성공 후기들이 쏟아지는 걸 확인할 수 있다.

또한, 그녀가 운동 전공자가 아니라는 점이 오히려 강점이 되었다. 클로이는 전문가의 권위를 내세우는 대신, 작은 체구로 놀림받았던 과거와 직장 트라우마를 솔직하게 공유했다. 그리고 이런 취약성vulnerability을 운동으로 극복해간 진정성 있는 스토리는 시청자들의 깊은 공감을 불러일으켰다. 그녀는 완벽한 자세를 가르치는 '강사'가 아니라, 함께 성장하는 '운동 메이트' 포지션을 선점했다.

3. 특정 부위 집중 공략

클로이의 또 다른 전략은 특정 신체 부위에 집중한 운동 콘텐츠였다. 전신 운동보다는 복근, 엉덩이, 허벅지 등 여성 시청자들이 관심 많은 신체 부위별 운동에 집중했다. 이는 명확한 목표 설정과 측정 가능한 결과를 원하는 시청자들의 니즈에 정확히 부합했다.

섬네일부터 전략적이었다. 탄탄한 복근이나 애플힙을 강조한 이미지, '날씬한 배를 만드는 10분 운동 루틴', '2주 만에 복근 만들기' 같은 구체적이고 도전적인 제목은 시청자들의 클릭 욕구를 자극했다. 실제로 그녀의 상위 조회수 영상 대부분이 특정 부위 운동 루틴이라는 점은 이 전략이 효과적이었음을 의미한다. 시청자들은 "건강해지기"라는 막연한 구호보다는 "2주 안에 복근 만들기" 같은 구체적인 목표에 더 끌렸던 것이다.

4. HIIT(고강도 인터벌 운동) 도입

2010년대 이후 피트니스 업계에서는 고강도 인터벌 트레이닝[HIIT]이 대세로 떠올랐다. 기구 없이 혼자 할 수 있고, 짧은 시간(10~20분) 내 높은 운동 효율을 낼 수 있다는 점에서 바쁜 현대인들에게 매력적으로 다가왔다. 미국 스포츠의학회[ACSM]도 HIIT를 주요 피트니스 트렌드로 선정했고,[6] 구글 트렌드 데이터도 HIIT에 대한 관심이 지속적으로 증가하고 있음을 보여주었다. 클로이는 이 HIIT 트렌드를 홈 트레이닝에 이식했다.

또한, 그녀는 단순히 동작만 알려주는 데 그치지 않았다. 정확한 운동 시간, 남은 구간, 진행률(%)을 화면에 명확히 표시하는 편집 기술로 '보면 바로 따라 할 수 있는 구조'를 만들고, 운동 완수에 대한 동기를 자극했다.

혼자가 아닌 함께하는 운동: #ChloeTingChallenge

클로이 팅의 성공을 콘텐츠 전략으로만 설명하기는 어렵다. 그녀의 가장 큰 성공 비결은 탁월한 커뮤니티 구축 능력에 있다. 그녀는 시청자가 영상을 수동적으로 소비하게 두지 않고, '참여자'로 끌어들였다. 댓글로

매일의 진행 상황을 인증하게 하고, 인스타그램에 자신의 변화를 공유하도록 격려하며 '#chloetingchallenge'라는 해시태그 유행을 주도했다.

이 전략은 팬데믹 시기 고립된 사람들에게 "나 혼자가 아니라 전 세계 수백만 명과 함께 운동하고 있다"는 강렬한 연대감을 선사했다. 그 결과 2020년 초 250만 명 수준이던 구독자는 단 1년 만에 2,000만 명으로 수직 상승했다. 특히 대표작인 '2주 만에 복근 만들기' 영상은 누적 조회수 5.8억 회를 돌파하며, 지금도 매일 새로운 시청자를 유입시키는 '에버그린 콘텐츠'로 자리 잡았다.

전문성 논란과 위기 관리

폭발적인 성장은 피트니스 업계 주류 세력의 견제로 이어졌다. 클로이팅이 운동 전공자나 트레이너 출신이 아니라는 점이 비판의 빌미가 됐다. 파워 리프팅 세계 기록 보유자인 그렉 두셋Greg Doucette은 "특정 부위 운동만으로 해당 부위 지방을 빼는 것은 불가능하다"며 그녀의 메시지를 문제 삼았다. 보디빌더 친 니안 캉Chin Nian Kang 역시 "자격 없는 유튜버가 피해자를 만들고 있다"고 주장했다.

일부 비판은 타당한 지점을 짚고 있었지만, 점차 인신공격과 조롱에 가까운 형태로 변질되기도 했다. 비판 영상 상당수가 그녀의 이름을 제목에 넣어 자극했는데, 팬들 사이에서는 "비판을 가장한 조회수 장사"라는 반발도 나왔다.[7]

이러한 사면초가의 위기에서 클로이는 감정적인 싸움 대신 데이터 분석가다운 차분하고 성숙한 대응을 선택했다. 우선 그녀는 미국 스포츠 의

학 아카데미[NASM]의 개인 트레이너 자격증을 보유하고 있음을 밝혀 최소한의 전문성을 증명했다. 하지만 더 빛났던 것은 그녀의 태도였다. "Time to Talk"라는 영상에서 심리학자, 영양학자 등 각 분야 전문가들과 대담하며 자신의 부족함을 인정하고 공부하는 모습을 보여준 것이다.[8]

"저도 완벽하지 않고 계속 배우는 중입니다. 피트니스 세계에는 거만함과 아집이 만연한데, 거만해지는 순간 배움은 멈춥니다"라는 그녀의 말은 많은 이들의 공감을 샀다.

동시에 그녀는 악의적인 비방에 대해서는 법적으로 단호히 대처하여 승소 사실을 공개하면서도, 팬들에게는 자신의 취약성을 솔직히 털어놓으며 깊은 유대감을 형성했다. 이는 결과적으로 비판자들의 논리를 무력화하고 팬덤을 더욱 견고하게 결집시키는 계기가 되었다.

여담이지만, 유튜브 피트니스 카테고리는 유독 논란과 저격이 많은 분야기도 하다. 클로이 팅을 공격했던 그렉 두셋은 방송인 김종국에게도 약물 의혹을 제기했다가 공개 사과한 바 있다. 피트니스 업계의 경쟁이 얼마나 치열한지를 보여주는 단면이기도 하다. 하지만 클로이 팅은 이러한 논란을 극복하고 오히려 더 단단한 비즈니스 모델을 구축해나가고 있다. 그렇다면 그녀의 비즈니스는 어떻게 성장하고 있을까?

유튜브를 넘어 70억 비즈니스로

클로이 팅은 구체적인 수익을 공개하지 않지만, 업계에서는 그녀가 연간 최소 200만~500만 달러[약 29억~72억 원] 이상의 수익을 올리는 것으로 추정한다.[9] 그리고 여러 매체의 데이터를 종합해보면, 실제 수익은 이보다 훨

씬 클 것으로 보인다.[10]

그녀의 수익 구조는 크게 4가지 축으로 나뉜다. 첫 번째는 유튜브 채널을 통한 직접적인 수익이고, 두 번째는 브랜드 협업 및 스폰서십으로 인한 수입이 있다. 세 번째는 자체 제작한 앱과 웹사이트를 통한 구독 서비스 수입이고, 네 번째는 외부 플랫폼을 활용한 커머스 수익이다. 각각의 수익원은 시너지를 내며 전체 비즈니스를 키우고 있다.

1. 유튜브 채널 수익

수십억 회에 달하는 누적 조회수는 강력한 광고 수익을 창출한다. 특히 운동 영상은 '반복 시청'이 많아 지속적으로 수익이 발생한다는 특징을 갖고 있다. 여기에 그녀는 월 4,990원의 유료 멤버십을 운영하는데, 2,500만 구독자의 단 1%만 가입해도 연간 백억 원이 넘는 추가 수익이 발생하는 구조다.

광고 및 브랜디드 수익도 무시할 수 없다. 그러나 그녀는 지금까지 1,000개 이상의 광고 제안을 거절하며 채널의 신뢰도를 지키는 데 더 집중하고 있다.

2. 전략적 파트너십

피트니스 웨어 분야에서 빠르게 성장하고 있는 브랜드 짐샤크^{Gymshark}는 클로이 팅을 공식 앰배서더로 발탁했다. 이는 단순 브랜디드 콘텐츠 광고를 넘어, 전략적 파트너십이었다. 클로이 팅이 영상에서 제품을 착용하는 것만으로 짐샤크의 글로벌 매출이 한 달 만에 약 30% 증가하는 등,[11] 그녀의 영향력은 실질적인 구매 전환으로 증명되었다.

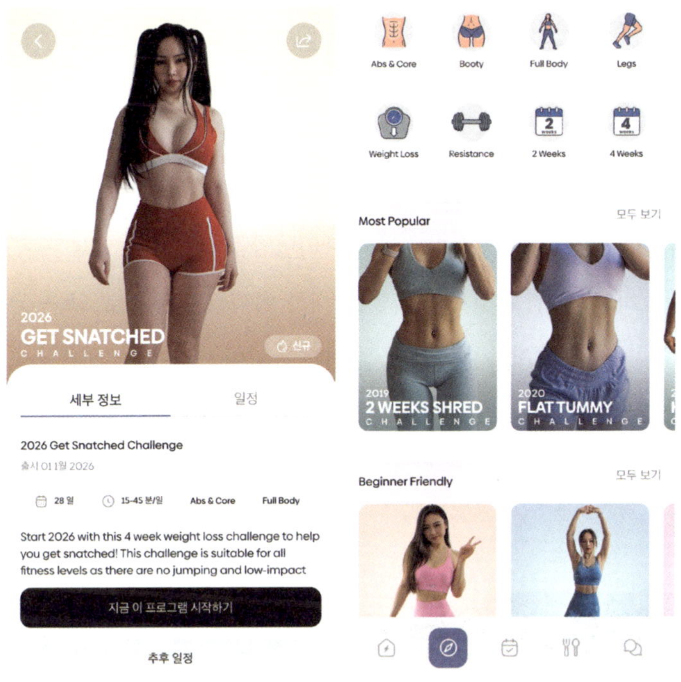

▲ 앱 'Core by Chloe Ting' 화면 일부

3. 웹·앱을 아우르는 자체 플랫폼 서비스

클로이 팅은 유튜브의 한계를 극복하기 위해 'Core by Chloe Ting'이라는 이름의 독자적인 앱과 웹사이트를 구축했다. 앱에서 제공하는 서비스는 체계적이다. 신체 부위별 운동 방법, 운동 목적 혹은 운동 숙련도에 따른 프로그램 제안, 시간 및 기간별 운동 프로그램 등 다양한 카테고리는 물론, 모래시계 챌린지, 체중 감량 챌린지 등 여러 이벤트를 제공하며 참여를 유도한다.

각 프로그램을 누르면 유튜브 영상과 연동되게 하여 시너지를 키웠고, 아바타 꾸미기나 배지 획득 기능 등으로 운동을 재밌는 게임처럼 만든 것도 흥미롭다. 아울러 운동뿐 아니라 식단 관리와 레시피, 커뮤니티 기능까지 모두 통합했다. 특히 사용자들끼리 팀을 꾸려 서로의 상황을 공유하고 대화하며 응원할 수 있게 한 커뮤니티 기능이 핵심이다.

4. 이커머스와 오프라인 유통 사업

클로이 팅은 자체 웹사이트에서 프리미엄급 운동복과 운동 보조용품도 판매하고 있다. 품질과 디자인에 대한 아낌없는 투자로 단순 굿즈가 아닌 실제 사용 가치가 있는 제품을 만들고 있다.

또, 2022년부터는 미국 내 3,000개 이상의 월마트 매장과 아마존에 입점하여 온·오프라인을 아우르는 유통 체인을 완성했다.

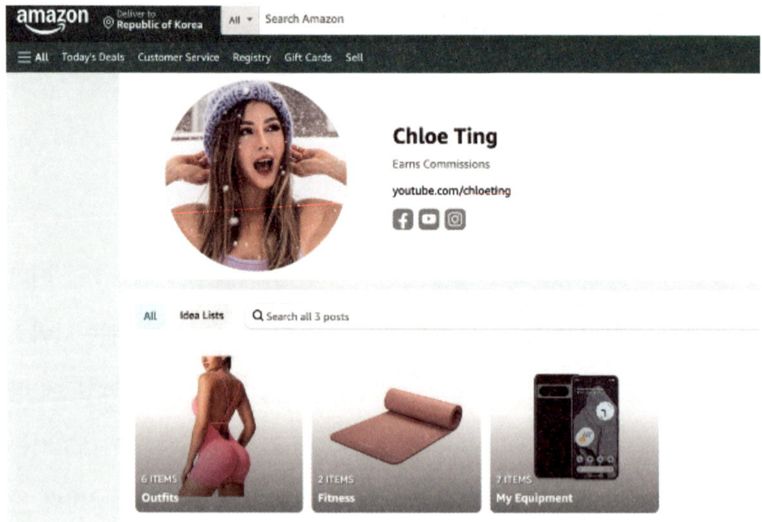

▲ 아마존 입점 화면

무료 제공과 커뮤니티 구축

클로이 팅은 어떻게 이런 엄청난 영향력을 구축할 수 있었을까? 앞서 짧게 언급했지만, 그녀는 다른 크리에이터에 비해 커뮤니티 구축 능력이 탁월하다. 그녀는 단순히 좋은 콘텐츠를 보여주는 데서 그치지 않고, 콘텐츠를 기반으로 커뮤니티를 구축하고, 단단하게 구축된 커뮤니티를 기반으로 커머스 사업을 확장해가고 있다.

많은 크리에이터들이 일정 규모에 도달하면 콘텐츠 유료화부터 고민하는 것과 달리, 클로이는 오히려 무료 제공에 집중했다. 한 인터뷰에서 그녀는 이렇게 말했다. "사람들이 왜 이런 정보를 무료로 공개하느냐고 물었지만, 저는 이것이 결국 다른 형태의 가치로 돌아올 것이라 믿었습니다."

이 선택은 단기 수익을 포기하는 것처럼 보였지만, 장기적으로는 강력한 신뢰 자산을 만들었다. 사람들은 무료 콘텐츠를 통해 실제 변화를 경험했고, 그 경험은 자연스럽게 팬덤으로 이어졌다. 그리고 일부는 기꺼이 유료 서비스와 제품을 선택했다. 강요가 아니라 자발적 전환이었기에 관계는 더 단단해졌다.

클로이 팅의 커뮤니티는 단순한 팬 모임이 아니다. 운동이라는 행위를 중심으로 정교하게 설계된 참여형 생태계에 가깝다. 구체적인 특징 몇 가지를 살펴보자.

첫째, 성과 공유 시스템이다. 운동을 하는 사람들은 결과를 기록하고, 인정받고 싶어 한다. 클로이 팅은 비포 · 애프터 공유, 진행 상황 기록 등 가시적인 성과를 드러낼 수 있는 장치를 마련했다. 이는 개인의 성취감을 높이는 동시에, 다른 사용자에게는 강력한 동기부여로 작용한다.

둘째, '함께하는 느낌'을 만드는 장치다. 온라인 운동의 가장 큰 한계는 나 혼자 한다는 감각이다. 이를 보완하기 위해 그녀는 팀을 만들어 멤버들끼리 적극적으로 소통할 수 있는 다양한 기능을 제공함으로써 물리적으로는 떨어져 있지만, 정서적으로는 함께 운동하고 있다는 감각을 주는 데 집중했다.

셋째, 게이미피케이션 요소다. 배지 획득, 아바타 커스터마이징 등 게임적 요소는 운동을 '해야 할 일'이 아니라 '계속하고 싶은 재미있는 경험'으로 바꿔준다. 주목할 점은, 이러한 커뮤니티 핵심 기능을 유료화하지 않았다는 사실이다. 클로이에게 커뮤니티 활성화는 수익보다 우선하는 성장 엔진이었다.

플랫폼에는 광고가 붙어 있지만, 광고를 원치 않는 사용자를 위한 유료 옵션은 '불편 제거'와 '추가 혜택'에 초점이 맞춰져 있다. 이는 무료 사용자와 유료 사용자의 관계를 대립이 아니라 연속선상에 놓는 설계다.

개인의 회복이 곧 브랜드가 되다

작은 체구로 괴롭힘을 당하고 직장에서 상처 받았던 한 개인의 회복기는 이제 전 세계 수백만 명의 건강을 책임지는 글로벌 피트니스 제국이 되었다. 물론 팬데믹이라는 시대적 변곡점의 도움도 있었지만, 중요한 것은 그 기회를 흡수하고 활용할 준비가 되어 있었다는 점이다.

데이터 분석가 출신의 체계적인 전략과 사람의 마음을 읽는 커뮤니티 철학, 그리고 위기를 성장의 발판으로 삼는 성숙함이 결합한 그녀의 성공 스토리는, 콘텐츠 비즈니스의 핵심이 단순한 영상 제작을 넘어 '신뢰 기반의 생태계 구축'에 있음을 보여준다. 그리고 이러한 요소들이 유지되는 한, 그녀의 브랜드는 일시적 유행을 넘어 장기적인 생명력을 가질 가능성이 크다.

09
크리스틴 로텐버그

크리에이터를 과감히
포기하고 사업가로

크리스틴 로텐버그Cristine Rotenberg는 캐나다 출신의 유튜버이자 사업가로, 네일 아트 콘텐츠로 세계적인 인지도를 얻은 후 사업가로 변신한 대표적인 사례다. 그녀가 운영한 대표 채널 '심플리 네일 로지컬Simply Nailogical'은 7백만 명 이상의 구독자를 확보하며 전 세계 네일 아트 트렌드를 주도했다.

2016년 '매니큐어 100겹 바르기' 챌린지로 글로벌 신드롬을 일으킨 그녀는, 결국 자신의 브랜드 '홀로 타코Holo Taco'를 연 매출 수백억 규모의 D2C 기업으로 성장시켰다.

그녀가 더욱 특별한 이유는 '박수칠 때 떠난' 파격적인 행보 때문이다. 유튜브에서 영향력을 키운 대부분의 크리에이터가 사업과 채널 운영 사이에서 갈팡질팡하다 동력을 잃는 것과 달리, 그녀는 데이터 분석가 출신답게 냉철하게 현실을 판단했다. 콘텐츠의 영향력이 정점에 달했을 때 과감히 정기 업로드를 중단하고 비즈니스에만 전념하기로 한 것이다.

이 장에서는 그녀가 어떻게 유튜브를 시작하고 성장시켰는지, 그리고 왜 사업가로 완전히 전향했는지 그 과정을 들여다본다.

데이터 분석가에서 네일 아트 크리에이터로

크리스틴 로텐버그의 유튜브 진출은 전형적인 경로와는 조금 달랐다. 그녀는 13살에 영화 〈Charms for the Easy Life〉에 출연하며 아역 배우로 활동했고, 이후 광고 모델로도 일했다. 그러다 학업에 집중하기 위해 연예계 활동을 중단한 뒤, 캐나다 칼턴 대학교^{Carleton University}에서 사회학 석사 학위를 취득했다. 졸업 후에는 캐나다 통계청에서 범죄 통계 분석가로 근무했다.

이처럼 안정적인 커리어를 쌓아가던 그녀에게 가장 큰 취미는 네일 아트였다. 15살 때 샐리 한센 프리즘^{Sally Hansen Prisms} 컬렉션을 통째로 구매할 만큼, 어린 시절부터 네일 아트에 푹 빠져 있었다. 스스로를 "네일 페인팅에 미친 사람"이라고 표현할 정도였다. 당시에는 네일 아트 커뮤니티가 활성화되어 있지 않았기에, 그녀는 정보를 찾아가며 독학으로 실력을 키웠다.

취미에서 시작된 콘텐츠 제작

2014년 3월, 통계청에 재직 중이던 그녀는 개인 블로그인 '심플리 네일로지컬^{Simply Nailogical}'을 개설했다.[1] 취미로 해오던 네일 아트를 기록하고 공유하기 시작한 것이다. 다만 네일 아트를 설명하기에 사진과 텍스트만으로는 한계가 있었고, 자연스럽게 영상 콘텐츠의 필요성을 느꼈다.

처음에는 15초 분량의 짧은 네일 영상을 인스타그램에 업로드하고, 이를 블로그에 공유하는 방식을 택했다. 그러다 영상을 메인으로 하는 게 좋겠다는 판단으로 같은 해 6월, 본격적으로 유튜브 채널을 개설했다. 채널명 'Nailogical'은 네일 아트에 대한 열정(Nail)에 데이터 분석가인 자신의

▲ 유튜브 초기의 음성 없는 단순한 짧은 영상들의 섬네일

정체성(Logical)을 동시에 담아낸 언어유희였다.

초기 유튜브 콘텐츠는 대부분 2분 내외의 짧은 튜토리얼 영상이었다. 화면에는 손톱만 등장했고, 음성 해설 없이 배경음악과 자막으로만 정보를 전달하는 단순하고 담백한 방식이었다.

정보에 재미가 결합하면 폭발력이 생긴다

전환점은 시청자들의 피드백이었다. "목소리를 추가해달라"는 요청이 반복되자, 그녀는 직접 해설을 넣기 시작했다. 아역 배우 출신다운 풍부한 표현력과 특유의 유머 감각이 더해지자, 딱딱한 기술 교육 채널은 순식간에 엔터테인먼트가 가미된 '꿀잼' 채널이 되었다.

이후 크리스틴 로텐버그는 'Simply Not Logical'이라는 서브 채널을 개설하여 남자친구와의 일상, 각종 챌린지, 게임 플레이 등 더욱 개인적인

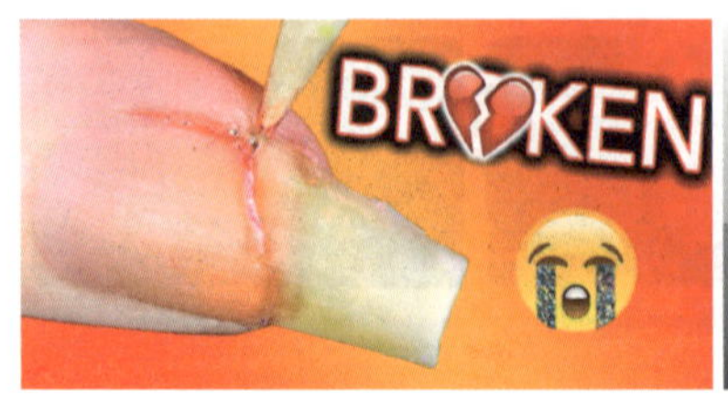

▲ 부러진 손톱을 위한 장례식 영상 'MY LIFE IS OVER I AM BROKEN'

모습도 공유했다.[2]

그녀의 감각이 빛난 대표적인 사례는 1,800만 회 가까운 조회수를 기록한 '부러진 손톱을 위한 장례식' 콘텐츠다. 네일 아트를 하는 사람이라면 누구나 겪는 비극적인(?) 순간을 유머러스한 콘셉트로 풀어내 재미와 공감, 정보를 동시에 잡았다. 정보성 콘텐츠에 스토리텔링과 유머 감각을 더하자, 네일 아트라는 다소 좁은 틈새 주제도 대중적인 콘텐츠로 확장될 수 있음을 증명했다.

알고리즘을 이해한 전략적 접근

크리스틴 로텐버그의 콘텐츠 전략에서 주목할 점은 각 영상마다 콘셉트에 맞는 다른 오프닝을 설계했다는 점이다. 'LIQUID MIRROR NAIL' 영상에서는 손톱을 거울처럼 표현한 인트로를 넣고, 'Raindrop Multi-Chrome Nails'에서는 비와 관련된 유명 곡을 직접 부르는 장면으로, 'Galaxy Nails'에서는 은하 콘셉트에 맞춰 밤하늘을 바라보는 장면으로 시작했다. 이는 동일한 인트로 반복이 시청 지속률을 떨어뜨린다는 유튜브 알고리즘의 특성을 정확히 이해한 선택이었다.

▲ 영상의 주제에 맞는 인트로 영상을 각기 다양한 콘셉트로 제작한다.

대박난 챌린지 콘텐츠

2016년 6월 업로드한 영상 '매니큐어 100겹 바르기(100+ Coats of Nail Polish #POLISHMOUNTAIN)'는 그녀의 채널을 완전히 다른 차원으로 끌어올렸다. 손톱에 매니큐어를 100겹 덧바르는 이 실험적인 콘텐츠는 26년 1월 기준 무려 2,954만 조회수를 기록했다.

단순한 도전 영상이 아니라, 네일 아트에 대한 악몽을 꿨다는 스토리 설정, 12시간 동안 한자리에서 움직이지 않고 도전하는 과정, 결과에 대한 솔직한 반응까지 더해지며 엔터테인먼트적 요소를 극대화했다. 그녀는 이후 자동차 전체를 매니큐어로 칠하는 영상(조회수 1,369만 회) 등으로 재

▲ 자동차 전체를 매니큐어로 칠하는 챌린지 영상 'Painting a Car With NAIL POLISH'

있는 콘텐츠 제작을 이어갔다.

이러한 챌린지 방식은 미스터비스트가 채널을 성장시킨 방식과 유사하다. 실제로 두 채널 모두 2016~2017년 즈음부터 성장하기 시작했고, 이때부터 미스터비스트를 기점으로 챌린지 붐이 일었다. 다만 대부분의 챌린지 영상이 재미 위주로 진행되는 데 반해, 크리스틴은 재미뿐 아니라 네일 아트에 대한 '정보'를 넣음으로써 또 한편 돋보였다. 그 결과 2016년 연말 구독자 100만 명을 돌파했고, 스트리미 어워드 '급성장 크리에이터 Breakout Creator' 부문 후보에 오르며 업계의 주목을 받았다.

독특한 팬덤 문화 구축

크리스틴 로텐버그는 시청자들과도 잘 소통했다. 특히 그녀가 구축한 '홀로섹슈얼Holosexual'이라는 독특한 팬덤 문화는 그녀의 성공에 핵심적인 역할을 했다. '홀로그램Hologram'과 '섹슈얼Sexual'을 결합한 홀로섹슈얼은 '홀로그램 네일'에 열광하는 자신의 팬들을 지칭하는 표현이다. 시청자를 그

저 '구독자'가 아닌, '열성적인 커뮤니티 구성원'으로 전환시키는 그녀만의 브랜딩 전략이었다. 그녀는 "Holo everyone!"이라는 인사말로 영상을 시작하는 등 반복된 밈과 자신들만 아는 유행어를 만들어내며 고유의 문화적 코드를 만들어갔다.

이러한 활동을 통해 2019년 4월 기준, 그녀의 채널은 구독자 680만 명, 누적 조회수 12억 뷰를 돌파하며 캐나다 내 19번째로 큰 채널로 빠르게 성장했다. 놀라운 점은 이 시기에도 크리스틴이 캐나다 통계청에서 계속 근무하고 있었다는 점이다. 심지어 그녀는 회사 상사를 출연시켜 네일 아트를 해주며 대화 나누는 등 유쾌하고 친근한 모습을 보여주었다.

네일 브랜드 론칭

2019년 7월, 크리스틴 로텐버그는 약 7백만 구독자를 보유한 채널의 영향력을 바탕으로 네일 폴리시 브랜드 '홀로 타코Holo Taco'를 론칭했다. 브랜드명조차 팬들과의 소통에서 탄생했다. 네일 보호제인 '톱코트Top Coat'를

▲ '홀로 타코' 컬렉션을 들고 있는 크리스틴 로텐버그

발음하는 그녀의 특이한 억양이 팬들 사이에 '타코Taco'처럼 들린다는 밈이 만들어졌는데, 이를 브랜딩에 활용한 것이다.

그녀는 론칭 전 약 2~3년간 철저한 준비 과정을 거쳤다. 2017년부터 브레인스토밍과 프로토타입 제작에 들어갔으며, 이 시기부터는 타 네일 브랜드의 광고 제안을 일절 거절하며 오직 자신의 브랜드에만 집중했다. 통계 분석가 출신답게 그녀는 네일 시장에서 네일 폴리시가 차지하는 압도적인 점유율을 확인했고, 시장에 흔치 않은 독보적인 홀로그램과 빛의 각도에 따라 자연스럽게 색상이 변하는 듀오크롬 효과를 구현하기 위해 실험실에서 포뮬러 개발에 매진했다. 그 결과, 온라인 스토어 오픈 2시간 만에 첫 컬렉션이 전량 완판되는 놀라운 기록을 세웠다.[3]

품질로 승부하는 프리미엄 전략

제품 가격은 개당 13~16달러약 1만 8,800원~2만 3,100원로 타사 제품들에 비해 높은 가격대였음에도 불구하고, 유해 성분을 배제한 '21-Free' 포뮬러와 비건 인증, 크루얼리 프리(동물 실험 반대) 원칙을 고수하며 품질에 대한 신뢰를 확보했다. 특히 제품이 인체에 무해하다는 점을 입증하기 위해 직접 자신의 몸과 얼굴에 바르는 장면을 보여주기도 했다.

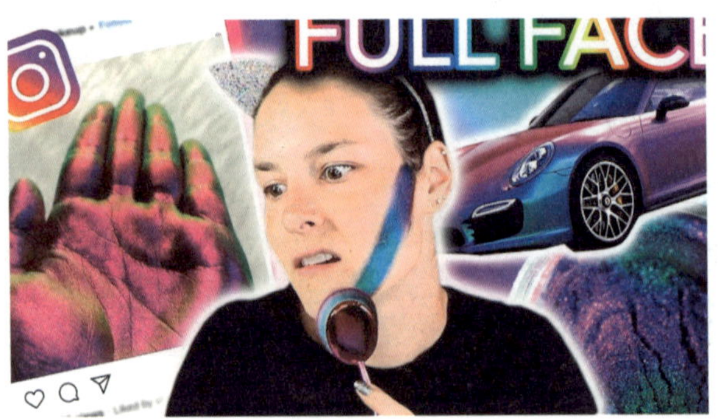

선택과 집중: "더 이상 유튜버가 아닙니다"

콘텐츠 제작과 사업 운영이라는 두 마리 토끼를 잡는 것은 물리적으로 불가능에 가까웠다. 2022년 7월, 그녀는 8백만 명 가까운 구독자를 보유한 메인 채널의 운영 중단을 선언했다. 이는 은퇴가 아닌, 사업가로서의 '전략적 피봇'이었다. "저는 더 이상 유튜버가 아닙니다(I'm Not A YouTuber Anymore)"라는 제목의 영상에서 그녀는 다음과 같이 밝혔다.

"홀로 타코 론칭은 제 인생에서 가장 흥미로운 경험 중 하나였지만, 준비 과정이 너무나 힘들었습니다. 유튜브 영상은 비용이 많이 들지 않고 리스크도 낮지만, 사업은 차원이 다른 복잡함과 해야 할 일들을 동반합니다. 제품을 믿고 구매해주시는 소비자들을 위해, 저는 더 이상 창작자가 아닌 사업가로서 책임을 다해야 한다고 판단했습니다."

사업적 성과와 글로벌 확장

그녀의 결단은 뜻밖에도 팬데믹이라는 특수한 상황과 맞물려 거대한 성과로 이어졌다. 집에서 스스로 관리하는 DIY 네일 케어 시장이 급성장했고,[4] 전 세계 네일 케어 시장 규모는 2025년 기준 약 153억 달러약 22조 1,200억 원까지 확대되었다. 이러한 성장은 북미뿐 아니라, 아시아 태평양 지역에서도 나타났다.

2021년, 홀로 타코는 제품력을 인정받으며 '유튜브 스트리미 어워드'에서 '최고의 크리에이터 제품Creator Product' 부문 후보에 이름을 올렸다.[5] 2022년에는 유튜브 서브 채널을 통해 "전 세계적으로 연간 100만 개 이상이 판매되고 있다"고 언급했는데, 제품 단가를 고려하면 당시 연매출은 1,400만 달러약 202억 원 이상으로 추정된다.

지속적인 성장과 협업

크리스틴은 현재까지도 지속적으로 신제품 출시와 전략적 협업을 통해 브랜드를 성장시키고 있다. 2023년, 구독자 1,020만 명의 뷰티 유튜버인 사피야 니가드Safiya Nygaard와 함께 고딕 테마 컬렉션을 론칭해 서로 다른 팬덤을 유입시키는 크로스 마케팅 전략도 선보였다.[6] 2024년 10월에는 미국 최대 뷰티 유통 체인인 울타 뷰티Ulta Beauty에도 입점하며, D2C를 넘어선 오프라인 리테일 사업을 확장했다.[7]

그런가 하면 2025년 1월에는 캐나다 티 브랜드인 데이비드 티DAVIDsTEA와 컬래버레이션을 진행하는 등 이종 산업 간의 경계를 허물며 브랜드를 확장하고 있다. 99달러약 14만 3,100원 이상 구매 시 한국 무료 배송 서비스를 제공하는 등 아시아 시장 진출에도 속도를 내고 있다.

▲ '데이비드 티'에서 영감받은 네일 폴리시 제품과 한정판 머그컵을 출시하기도 했다.

콘텐츠와 비즈니스, 두 마리 토끼를 잡을 수 있을까?
—

'유튜브 커머스'가 새로운 표준이 된 지금 크리스틴 로텐버그의 행보가 우리에게 시사하는 바는 매우 크다. 단순히 인기를 이용해 물건을 파는 것이 아니라, 지속 가능한 사업체를 일궈낸 그녀의 전략에서 우리는 네 가지 핵심 인사이트를 얻을 수 있다.

1. 냉철한 의사결정: 에고^{Ego}를 버린 경영자의 선택

첫 번째는 본인의 한계를 인정하는 냉철함이다. 많은 크리에이터가 "내 인기가 곧 판매량"이라는 자만심에 빠져 콘텐츠와 사업을 병행하려다 양쪽 모두 놓치곤 한다. 어설프게 시도했다가 역풍을 맞는 경우도 많다.

커머스는 콘텐츠 제작과는 전혀 다른 역량을 필요로 한다. 제품 개발, 유통, 판매, 고객서비스^{CS}, 운영 등이 유기적으로 결합되어야 하고, 각 부분에 대한 경쟁력과 전문성이 필요하다.

많은 크리에이터가 사업 중 터진 사태에 제대로 대응하지 못하고 악수를 두는 것과 달리, 크리스틴은 혼자서 두 가지를 병행하는 것이 불가능하다는 것을 조기에 깨달았다. 그녀는 크리에이터가 빠지기 쉬운 '에고의 늪'에 빠지지 않고 자신의 정체성을 경영자로 과감히 전환했다. 메인 채널 업로드는 중단하되, 서브 채널과 라이브 방송을 활용해 팬들과 소통의 끈은 유지하며, 커뮤니티 관리와 비즈니스의 균형을 맞춘 점이 놀라운 대목이다.

2. 데이터 기반 의사결정

두 번째 포인트는 데이터 분석가 출신다운 냉철한 분석력이다. 그녀는 단순히 '감'에 의존하지 않았다. 네일 케어 시장에서 네일 폴리시가 차지하는 압도적 점유율, 프리미엄 제품에 대한 잠재 수요, 비건 및 크루얼리 프리 트렌드를 데이터로 정확히 파악했다. 이러한 데이터 감각이 바탕이 되었기에 팬덤을 비즈니스로 치환하는 과정에서 오차를 최소화할 수 있었다.

3. 커머스의 본질인 '제품력'에 대한 집착

세 번째는 커머스의 핵심이 결국 '제품'이라는 사실을 잊지 않았다는 점이다. 그녀는 누군가가 제안한 기성품을 파는 대신, 2~3년의 긴 준비 기간을 거쳐 직접 포뮬러를 개발했다. 결과는 숫자로 증명되었다. 홀로 타코의 제품들은 소비자 평점 4.9점(5점 만점) 이상을 유지하고 있으며, 매우 높은 재구매율을 기록하고 있다. 좋은 제품은 팬덤 그 이상의 고객을 만든다는 단순한 원리를 실천한 것이다.

4. 불확실성을 이기는 장기적 관점

그녀가 박수칠 때 유튜브를 떠날 수 있었던 이유는 미래에 대한 정확한 간파 덕분이었다. 크리스틴은 과거 인터뷰에서 "유튜브 수익이 평생 지속될 것이라 믿지 않는다"고 단언했다. 콘텐츠는 트렌드에 따라 불확실성이 높지만, 잘 구축된 브랜드와 좋은 제품은 영속성을 가질 수 있다고 믿은 것이다. 그녀는 메인 채널이 캐나다에서 가장 인기 있는 채널 중 하나였음에도 불구하고, 그 단기적 인기에 매몰되지 않고 '비즈니스 자산'을 구축하는 장기적인 노선을 선택했다.

크리스틴 로텐버그의 사례는 크리에이터 이코노미에서 새로운 모델을 제시한다. 콘텐츠로 영향력을 구축한 뒤, 그 영향력을 자본 삼아 '사업가'로 완벽히 진화하는 모델이다. '둘 다 하려다 모두 놓치는' 수많은 크리에이터들의 선택보다 어쩌면 더 현실적이고 현명한 전략일 수 있다.

10
제니 도안

유튜브로 절망을 뒤집은
'퀼트 계의 오프라 윈프리'

미국 미주리 주의 작은 시골 마을 해밀턴. 이곳에는 전 세계 퀼트 제작자들이 성지순례하듯 찾아오는 기업 '미주리 스타 퀼트 컴퍼니Missouri Star Quilt Company'(이하 MSQC)가 있다. 2008년 금융 위기 당시 파산 직전의 절망에 빠졌던 제니 도안Jenny Doan 가족은 유튜브라는 낯선 도전에 뛰어들었고, 이는 기적을 일으켰다.

유튜브 채널 '미주리 스타Missouri Star'의 구독자 수는 약 98만 명으로 앞서 소개한 대형 크리에이터들에 비하면 상대적으로 작아보일 수 있다. 하지만 다른 크리에이터들이 유튜브를 발판으로 사업을 키운 것과 달리, 제니 도안은 소규모 가족 사업을 유튜브를 통해 홍보하고 성장시킨 케이스다.

MSQC는 현재 직원만 400명에 달하며,[1] 2023년 기준 매출은 1억 달러약 1,446억 원를 넘어섰다.[2] 2015년 백악관에서 '전미 올해의 소기업인상'을 수상했고,[3] <월스트리트저널> 1면에 소개되기도 했다. <포브스>는 이 마을 해밀턴을 '퀼트의 디즈니랜드'라고 불렀다. 50세의 평범한 주부였던 제니 도안이 어떻게 퀼트 하나로 이처럼 큰 사업을 성장시켰는지 그 비결을 들여다본다.

파산 위기에서 찾은 유튜브라는 돌파구

2008년 금융위기는 제니 도안 가족에게 사형 선고와 같았다. 남편 론 도안Ron Doan은 30년 넘게 다닌 직장에서 받은 퇴직금을 거의 잃었고, 노후는 불투명해졌다. 이 상황에서 아들 앨런Alan과 딸 사라Sarah가 뜻밖의 제안을 했다. 어머니의 오랜 취미인 퀼트로 가게를 열어보자는 것이었다.

제니 도안은 오랫동안 바느질과 퀼트를 취미로 해왔다. 결정적인 계기는 아들이 동네 퀼트 가게에 맡긴 제품이 1년 넘도록 완성되지 않았다는 이야기를 들은 것이었다. 그는 사업 기회가 있다고 판단했다.

자식들이 대출까지 받아 마련한 초기 자금으로 기계를 사고, 소규모로 퀼트 누빔 작업과 부자재 판매를 시작했다. 그러나 인구 1,500명의 시골 마을에서 지속적으로 고객을 늘리는 데는 한계가 있었다. 이에 아들 앨런은 친구와 함께 웹사이트를 만들어 이커머스에 도전했다.[4] 그러나 사이트를 알리거나 홍보할 여력이 없는 상황에서 이 가족이 선택한 돌파구는 바로 유튜브였다.

"젊은 사람들이나 하는 거 아니야?"

2009년 2월, 제니 도안은 처음으로 유튜브에 영상을 올렸다. 당시 50대 여성이 유튜브에 등장하는 것은 매우 드문 일이었고, 유튜브 자체도 이제 막 구글에 인수된 신생 플랫폼이었다.

처음 제안을 들었을 때, 제니 도안은 "젊은 사람들이나 쓰는 서비스 아니냐"며 거절했다. 하지만 자녀들의 설득 끝에 결국 카메라 앞에 섰다.

촬영은 시행착오의 연속이었다. 재봉틀 선에 걸려 넘어져 다리가 부러지는 사고까지 겪었고, 초기 영상에는 배경에 목발이 세워져 있는 장면도 등장한다. 그럼에도 그녀는 포기하지 않았다. 오히려 부드럽고 차분하게 퀼트를 설명하는 중년의 모습이 시청자들에게 신뢰를 주기 시작했다.

▲ 2009년 초기 유튜브 영상[5]

콘텐츠 전략: '완벽보다 완성' 'FAST & EASY'

제니 도안이 유튜브에서 선보인 콘텐츠 전략의 핵심은 '하루 만에 완성하는 퀼트'였다. 본래 퀼트는 정교하고 긴 시간이 소요되는 작업으로 인식되어 왔다. 예술적인 측면이 강한 만큼 선뜻 도전하기가 어렵고 진입 장벽이 높은 취미였던 셈이다.

하지만 제니 도안과 그녀의 가족은 '빠르고 쉽게[Fast & Easy]'를 전면에 내세웠다. 그녀의 첫 영상 제목인 "젤리롤로 빠르게 퀼트 완성하기"부터 이러한 방향성은 명확했다. 그녀는 기초 봉제 팁부터 시작해 점차 난이도를 높여가며 다양한 패턴을 시연했다. 무엇보다 시청자들을 매료시킨 것은 그녀의 친근하고 다정한 태도였다.

"완벽보다는 완성을 추구하세요", "너무 정확히 재려고 스트레스받지 마세요. 그냥 잘라 붙여도 멋진 작품이 됩니다"라며 완벽함에 대한 부담을 느끼는 초보자들에게 용기를 북돋웠다. 제니 도안의 재치 있고 편안한 진행은 어려운 기법들도 쉽게 느껴지게 했고, 시청자들은 그녀를 "퀼팅계의 스승이자 코미디언"이라 부르며 점점 더 크게 호응했다.

이러한 전략은 유튜브 알고리즘 측면에서도 매우 영리했다. 만약 그녀가 숙련자들을 대상으로 예술품 수준의 정교한 콘텐츠에만 집중했다면, 대중성을 확보하지 못해 조회수와 시청 시간 면에서 고전했을 것이다. 하지만 초보자를 타깃으로 진입 장벽을 낮춤으로써 보다 넓은 시청자층을 확보하는 데 성공했다.

튜토리얼 콘텐츠의 힘:
700개 영상이 만든 비즈니스 아카이브

제니 도안은 정기적인 업로드를 통해 팬들과 단단한 신뢰를 구축했다. 그녀는 매주 금요일마다 새로운 튜토리얼을 올리며 2020년까지 무려 700개 이상의 퀼트 강좌를 축적했다.[6] 이 꾸준함은 유튜브 채널 성장의 강력한 밑거름이 되었다.

이러한 콘텐츠 아카이브는 미주리 스타의 비즈니스 모델로도 자연스럽게 연결되었다. 기존 업계가 단순히 원단을 판매하는 방식에 그쳤다면, 제니 도안 가족은 시청자가 빠르게 성취감을 맛볼 수 있도록 전통적인 퀼트 블록을 자신들만의 방식으로 재구성하고, 이에 딱 맞는 '프리컷Precut 원단'을 판매했다. '빠르고 쉽게'라는 모토에 부합하는 프리컷 원단은 제니의 튜토리얼을 보고 바로 따라 하고 싶어 하는 입문자들에게 딱 맞는 최고의 제품이었다.

타깃의 눈높이에 맞춘 연출로 고속 성장

또 하나 주목할 점은 촬영 방식이다. 초기부터 항공샷[Overhead Shot] 중심의 촬영으로 시청자가 실제 작업하는 시점과 동일한 화면을 제공했다. 또한, 과

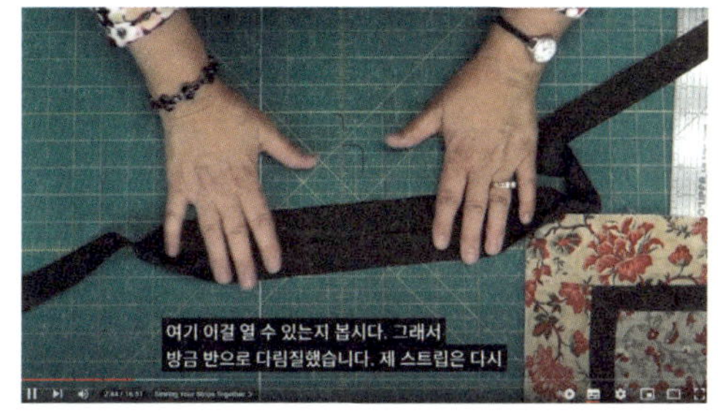

▲ 중장년층을 타깃한 촬영과 편집이 돋보인다.

한 편집 효과나 배경음악 없이, 제니 도안의 설명에 집중할 수 있게 한 연출 역시 50대 이상 여성 시청자층의 미디어 소비 패턴에 정확히 부합했다.

이러한 전략은 명확한 성과로 이어졌다. 그녀의 다정하면서도 친절한 설명에 매료된 시청자들은 "당신 덕분에 퀼트를 처음 시작했다"는 감사 인사를 전했고, 양질의 콘텐츠가 쌓이자 채널은 선순환 궤도에 진입했다.

2013년 구독자 10만 명을 돌파했고,[7] 이후 성장 속도는 빨라졌다. 2018년에는 구독자 50만 명을 넘어섰고, 회사 매출은 4,000만 달러[약 578억 원]에 달했다. 게다가 제품을 구매한 고객들의 만족도가 높아서 구독자당 평균 구매액이 80달러 수준[약 11만 6,000원]에 달했다. 〈포브스〉는 MSQC를 'Small Giants(위대한 중소기업)' 리스트에 포함시켰고, 제니 도안을 "퀼팅 계의 오프라 윈프리"라고 표현했다.[8]

2020년 팬데믹 직전, 구독자는 약 65만 명, 누적 조회수는 2억 회를 넘겼다. 팬데믹 기간에도 온라인 매출은 40%가량 증가했고, 400여 명 전 직원의 고용을 유지하며 탄탄하게 사업을 운영해나갔다.

커뮤니티를 통한 정서적 치유와 오프라인 활성화

미주리 스타의 성공 뒤에는 '퀼트'라는 아이템이 가진 고유의 정서적 가치가 있다. 퀼팅은 스트레스 해소와 우울증 완화에 효과가 있다는 연구 결과가 있을 만큼 심리적 안정감을 주는 활동이다.[9]

퀼트를 통한 심리적 극복은 크게 '메모리얼 퀼트'와 '자선 퀼트'로 나뉜다. 메모리얼 퀼트는 사랑하는 이를 떠나보낸 후 고인의 옷가지로 퀼트를 만들며 마음을 치유하는 것이고, 자선 퀼트는 환자나 부상 군인에게 퀼트를 만들어 선물하는 자선 활동의 일환이다. 한편 미국의 대표적인 커뮤니티 사이트 레딧^{Reddit}에서도 22만 명이 넘는 퀼트 멤버들이 활동하고 있을 정도로 많은 사람들이 함께하고 있다.

특히 팬데믹 시기에 집에 갇혀 있던 사람들에게도 퀼트는 심리적 위안을 제공했다.[10] 이 밖에도 전쟁터의 PTSD를 퀼트로 극복한 참전 군인, 약물 중독을 끊어낸 젊은 여성, 이란의 작은 마을에서 희망을 찾은 여성까지, 제니의 영상은 국경을 넘어 치유의 메시지를 전달했다.

50대 크리에이터가 주는 영감

50세에 유튜브를 시작한 제니 도안의 도전은 은퇴 후 삶의 방향을 잃

▲ '미주리 스타'를 찾아오는 시민들, 그리고 오프라인 강의 현장

은 시니어들에게 커다란 울림을 주었다. 한 68세 구독자는 이렇게 말했다. "당신은 말 그대로 제 영혼을 구해줬어요! 은퇴 후 우울증에 빠졌던 제 삶은 당신의 영상으로 완전히 바뀌었습니다. 이제는 매일 아침 다음 퀼트 프로젝트를 기대하며 일어나요."

이러한 피드백은 제니 도안의 비전과도 정확히 일치한다. 그녀는 저서 《How to Stitch an American Dream》에서 이렇게 말한다. "퀼트는 단순한 공예가 아니라 사랑과 공동체를 이어주는 매개체입니다. 우리는 이를 통해 누구나 할 수 있다는 자신감과 위로를 전하고자 합니다." 완벽함보다는 실용성과 사랑을 담는 과정에 집중했던 제니 도안. 그녀는 함께 배우고 나누는 퀼트 문화를 만들어나가는 데 가치를 두었다.

콘텐츠와 커머스의 완벽한 결합

—

제품 콘셉트와 콘텐츠 콘셉트가 처음부터 일치했다는 점은 제니 도안 사례에서 가장 중요한 지점이다. 많은 크리에이터들이 콘텐츠로 인기를 얻은 뒤에야 제품을 고민하는 것과 달리, 제니 도안 가족은 시작부터 유튜브를 마케팅 플랫폼이자 유통 채널로 인식했다. 업로드하는 모든 영상과 판매 제품이 일관되게 'FAST & EASY'라는 키워드 안에 있었다. 그리고 유튜브 튜토리얼 영상을 공식 자사몰에 임베디드 형태로 삽입해 제품 구매와 바로 연동시켰다. 이 덕분에 콘텐츠의 성공이 곧바로 제품 판매로 이어졌다. 2022년 12월에야 도입된 유튜브 쇼핑 기능의 핵심 원리를, 2010년대 중반부터 자체적으로 구현하며 구매 과정의 이탈률을 극단적으로 낮춘 셈이다.

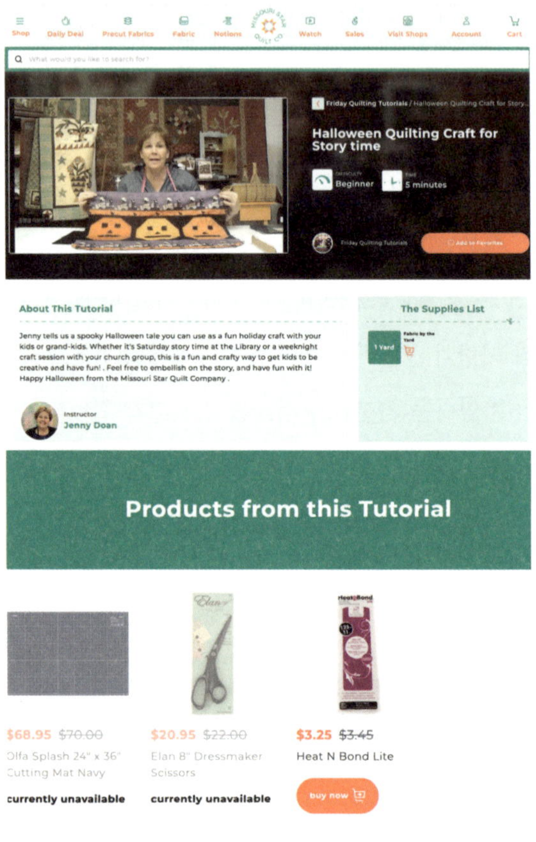

▲ 자사몰에 삽입돼 있는 튜토리얼 영상, 그리고 해당 제품 판매 모습

이 밖에 자사몰에서 진행하는 '데일리 딜Daily Deal' 이벤트도 돋보인다. 매일 약 50% 할인된 제품을 선보이며, 고객이 날마다 사이트를 방문할 수밖에 없는 명분을 제공한다. 이는 단기 매출뿐 아니라 반복 방문과 습관 형성에 결정적인 역할을 했다.

사실 제니 도안이 '프리컷' 제품 자체를 발명한 것은 아니다. 프리컷은 미국에서 산업혁명 이후 면 원단이 대량 생산되면서 자연스럽게 등장한 개념이다. 제니 도안 가족의 진짜 혁신은 'FAST & EASY' 튜토리얼 영상을 만들어 '프리컷을 활용한 퀼트'를 대중화한 데 있다.

현대의 퀼트 애호가들은 과거보다 시간이 부족하다. 빠른 완성과 즉각적인 성취감을 원한다. 제니 도안은 이 니즈를 정확히 읽고, 콘텐츠와 제품을 동시에 설계했다. 즉, 타깃에 맞는 콘텐츠를 만들고, 그 콘텐츠에 가장 적합한 제품을 제공한 것이다.

혁신적인 제품 개발과 품질 관리

제니 도안 가족은 여기서 멈추지 않았다. 제니 도안과 딸 나탈리[Natalie Earnheart]는 계절별 테마와 색상에 맞는 새로운 퀼트 디자인을 지속적으로 기획했다. 이후 사내 재단사들과 함께 샘플 퀼트를 제작하고, 패턴 작가들이 초보자도 따라 할 수 있도록 쉬운 도안과 설명서를 완성했다. 초창기부터 제품력은 업계에서 '혁신적'이라는 평가를 받았고, 이러한 기준은 지금까지 유지되고 있다.

또한, MSQC는 초창기부터 100% 면 소재의 고품질 원단만을 고집해왔다. 염색 로트의 일관성, 색감의 선명도, 프린트 내구성, 촉감까지 세심하

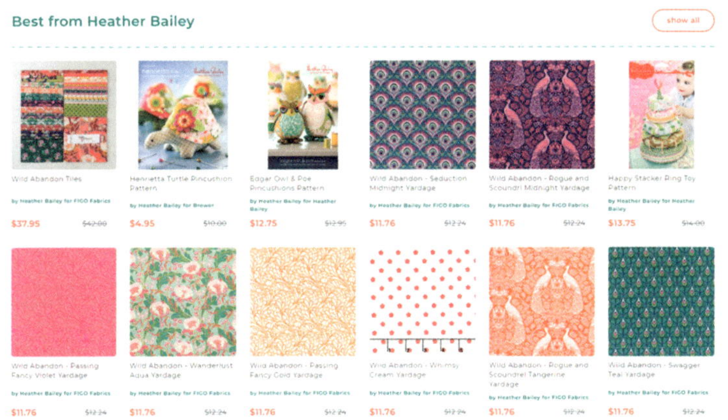

▲MSQC 홈페이지에 올라온 다양한 퀼트 디자인

게 관리했다. 제니 도안이 오랜 퀼트 애호가였기에, 소비자가 무엇에 민감한지 누구보다 잘 알고 있었기 때문이다.

공급망 안정화를 위한 노력도 이어졌다. 2024년에는 세계적으로 유명한 퀼팅 원단 제조사 로버트 코프먼 패브릭Robert Kaufman Fabrics을 인수하며 원단 공급망을 강화했고, 첨단 물류 창고 시스템도 구축했다. 이 모든 요소가 결합되어 고객 서비스 만족도는 97%에 달한다.[11]

제니 도안 가족은 유튜브를 통해 만난 고객들을 '퀼팅 가족'이라 부르며, 실제 가족처럼 적극적으로 소통한다. 그 결과 많은 고객들이 회사로 선물을 보내올 정도의 깊은 유대가 형성됐다.

멀티 채널 전략: 매거진에서 팟캐스트까지

MSQC는 유튜브를 넘어 타깃 고객층인 50대 여성이 선호하는 오프라인 매체까지 공략했다. 이는 퀼트 자체가 워낙 커뮤니티와 마니아 문화가 발달해 있다는 업계 특성을 고려한 전략이기도 하다.

- **매거진 〈블록BLOCK〉:** 이 잡지는 분기당 2만 부 이상 발행되며, 구독료 수익만 연간 200만 달러약 29억 원에 달하는 것으로 알려져 있다. 디지털 화면보다 종이 매체를 편하게 느끼는 중장년층에게 강력한 홍보 수단이 되고 있다.
- **팟캐스트 '홈스펀Homespun':** 제니 도안의 며느리 미스티 도안Misty Doan은 팟캐스트를 통해 퀼트 작가들을 인터뷰하며, MSQC를 퀼트 아티스트들의 성장을 돕는 플랫폼으로 진화시켰다.
- **소셜 커뮤니티:** 수십만 명이 활동하는 페이스북 비공개 그룹 'Missouri

▲ 팟캐스트 '홈스펀'에서 미스티 도안(좌)이 신인 작가를 인터뷰하고 있다.

Star All-Stars'와 인스타그램 해시태그(#msqcshowandtell) 등을 통해 전 세계 퀼터들이 서로의 작품을 격려하는 문화를 정착시키고 있다. 이뿐 아니라, 젊은 세대 공략을 위해 틱톡 채널에서도 활동을 게시했다.

지역 경제를 살린 '퀼트의 디즈니랜드'

이러한 다양한 활동으로 형성된 높은 소속감은 오프라인 방문으로 이어졌다. 인구 1,500명의 작은 마을 해밀턴은 이제 '퀼트 계의 디즈니랜드'로 불린다.

특히 사업이 성장하면 대도시로 이동하는 일반적인 기업들과 달리, MSQC는 자신들의 뿌리인 해밀턴 지역에 집중 투자했다. 단 1개의 매장으로 시작해 현재는 15개의 테마별 매장을 운영하며 마을 전체를 퀼트 테마파크로 변모시켰다.

방문객들이 '동화 속 퀼트 마을'을 여행하는 기분을 느낄 수 있도록 마

▲ '맨스 랜드' 라운지 모습

을 곳곳에 벽화와 박물관을 세우고, 체험 클래스와 전용 숙소까지 마련했다. 특히 동행한 남성들을 위해 편안한 소파와 리클라이너 의자, 무료 커피 등을 제공하는 '맨스 랜드Man's Land' 라운지를 설치한 배려는 방문객들의 체류 시간을 늘리는 세심한 전략이었다.[12]

현재 해밀턴에는 매달 최대 1만여 명의 관광객이 찾아오며, 이들의 평균 체류 기간은 2.5일, 1인당 평균 지출액은 약 150~250달러약 20~33만 원에 달한다. 이들이 인구 1,500명의 작은 마을에 일으킨 경제 효과가 엄청나다.

가족 경영의 힘: 위기를 기회로 바꾼 강력한 서포터즈

50대에 낯선 비즈니스 세계에 뛰어든 제니 도안이 수많은 위기에도 흔들리지 않았던 비결은 자녀들의 전폭적인 지원이었다. MSQC는 출발부터 여타 크리에이터들과 달랐다. 디지털 소통에 익숙하지 않은 어머니를 대신해 아들 앨런 도안이 초기 댓글 관리와 웹사이트 기획을 도맡았고, 딸들은 오프라인 확장을 전방위로 지원했다. 현재 회사에서 함께 일하는 가

족 구성원만 약 30명에 이르는 것으로 알려져 있다. 말 그대로 '패밀리 비즈니스'의 정석을 보여주고 있는 셈이다.

그중에서도 딸 사라 도안은 오프라인 비즈니스 확장을 주도하며, MSQC를 '퀼트의 성지'로 만든 일등공신이다. 아들의 기여 역시 빼놓을 수 없다. 그는 전문성을 최우선으로 고려하며 자신의 친구들을 회사에 연결했는데, 친구인 데이비드 미프수드David Mifsud는 초창기부터 웹사이트 기획을 함께했고, 회사가 성장하자 골드만삭스에서 근무하던 동생 마이클 미프수드Michael Mifsud를 영입해 CFO를 맡겼다. 마이클 미프수드는 이후 2017년 CEO로 승진해 회사를 이끌고 있다.

전문가들은 흔히 가족 경영의 위험성을 경고하지만, MSQC의 사례는 다르다. 창작자의 세계관을 가장 잘 이해하고 보호할 수 있는 최고의 파트너가 가족임을 증명했기 때문이다. 자신의 주변부터 챙기는 역량이 결국 수십만 명의 거대 커뮤니티를 관리하는 힘으로 이어진 것이다.

최근에는 자녀 세대가 경영과 콘텐츠 제작에 더욱 적극적으로 참여하면서 자연스러운 세대교체도 진행되고 있다. 현재 채널에는 며느리 미스티 도안이 진행하는 라이브 쇼, 딸 나탈리가 맡은 퀼트 마무리 팁 시리즈 '파이널 스티치The Final Stitch' 등이 정규 편성되어 있다. 이는 채널이 장기적으로 여러 진행자와 다양한 포맷으로 풍성해질 수 있다는 가능성을 보여준다.

▼ '퀼트 타운' 모습

콘텐츠 커머스의 모범 사례

MSQC의 성공 모델은 이제 실리콘밸리조차 주목하는 대상이 되었다. 실제로 구글과 유튜브 본사 팀들이 해밀턴을 직접 방문하여, 디지털 콘텐츠가 어떻게 전통적인 소매업과 결합해 지역 경제를 바꿀 수 있었는지 그 공식을 배워가기도 했다.

아들 앨런 도안은 "유튜브의 성공이 이 회사가 존재해야 할 이유를 만들어주었다"고 회고한다. 플랫폼의 변화에 민첩하게 대응하면서도, '빠르고 쉬운 퀼트'라는 본질을 놓치지 않았기에 가능한 일이었다.

제니 도안은 지금도 "창작에는 사람을 치유하는 힘이 있다"고 믿는다. 파산 직전의 절망에서 시작된 이들의 여정은, 단순한 제품 판매를 넘어 많은 사람들에게 즐거움과 위안을 주는 거대한 문화적 유산으로 남았다. 한 가족의 진심이 담긴 바늘땀이 유튜브라는 파도를 타고 전 세계를 연결한 이 드라마틱한 성공은, 콘텐츠 커머스가 도달할 수 있는 가장 따뜻하고 이상적인 지점을 보여준다.

11 아나스타샤 라진스카야

음악도 캐릭터도 없이
3억 명을 사로잡은 키즈 유튜버

유튜브 채널 '라이크 나스티아^{Like Nastya}'의 주인공은 러시아 출신 소녀 아나스타샤 라진스카야^{Anastasia Radzinskaya}로, 통상 '나스티아'로 불린다. 1.3억 명 이상의 구독자를 보유한 메인 채널을 필두로, 나스티아 가족은 전 세계 각국 언어에 최적화된 10개 이상의 다국어 채널을 운영하고 있다. 이 모든 채널의 구독자를 합치면 무려 3억 명에 달한다.

키즈 카테고리는 모바일 시대의 영유아들이 TV 대신 유튜브를 제1 매체로 선택하면서 전통적인 강자들이 즐비한 격전지가 되었다. '코코멜론^{Cocomelon}'(1.99억 명)이나 한국의 '핑크퐁^{Pinkfong}'(8,410만 명) 같은 채널들이 대표적이다. 하지만 이들이 캐릭터와 음악, 애니메이션을 기반으로 성장한 것과 달리, 나스티아는 오직 '인물 한 명'의 매력과 일상적인 서사만으로 3억 명의 시청자를 매료시켰다는 점에서 독보적이다.

특히 2006년부터 활동한 1세대 채널들에 비해 후발 주자였음에도 불구하고, 나스티아는 키즈 콘텐츠의 정점에 올라섰다. 과연 이 반전은 어디에서 시작됐을까?

치료 일지에서 시작된 유튜브 여정

2014년 러시아에서 태어난 나스티아는 출생 직후 '뇌성마비' 진단을 받았다. 당시 의사는 "아이가 평생 말을 하지 못할 수도 있다"는 절망적인 진단을 내놓았다. 이 말을 들은 즉시 부모는 삶의 우선순위를 바꿨다. 어머니 안나^Anna^는 운영하던 웨딩숍을, 아버지 세르게이^Sergey^는 소규모 건설 회사를 정리했다. 모든 것을 내려놓고 아이의 치료와 돌봄에 전념하기로 한 것이다.

천만다행으로 2년여의 헌신적인 치료 끝에 나스티아의 증상은 호전되었고, 최초 진단 역시 오진이었음이 밝혀졌다.[1] 하지만 부모는 그 2년 동안 지옥과 천국을 오가며 아이와의 매 순간이 얼마나 소중한지 깨달았다. 2016년, 가족이 유튜브 채널을 개설한 이유는 소박했다. 치료 과정을 기록하고 멀리 떨어진 친척과 친구들에게 나스티아가 건강하게 자라는 모습을 공유하기 위한 일종의 '성장 일기'였다.

러시아의 작은 공원에서 전 세계 거실로

당연히 유명 유튜버가 되겠다는 야망 같은 것도 없었다. 그래서 초기 영상은 대부분 아빠와 장난감을 가지고 놀거나 공원에서 뛰어노는 평범한 러시아 일상이 담겼다. 타깃 시청자도 가족과 지인이었기에 언어 역시 러시아어를 그대로 사용했다. 하지만 유튜브의 무한한 확장성은 이 소박한 일상을 전 세계로 실어 나르기 시작했다.

운명을 바꾼 변곡점은 2018년에 찾아왔다. 나스티아가 아빠와 동물 농장에 놀러 간 영상이 폭발적인 반응을 일으켰고, 이 영상은 현재 9억 회가 넘는 조회수를 기록하며 나스티아 채널 최고 인기 동영상 기록을 유지

▲ 9억 회가 넘는 조회수를 기록한 최대 인기 영상 'Nastya and papa sleeping at farm sheep'

하고 있다. 아이의 성장을 기록으로 남기고 싶었던 부모의 소박한 마음에서 시작한 유튜브는 그렇게 전 세계 수많은 사람들의 관심 속에서 초대형 채널로 성장하기 시작했다. 2018년 구독자 10만 명을 넘어섰고, 같은 해 100만 명을 돌파했다. 2020년에는 500만 명, 2022년에는 마침내 1억 명을 넘어서며 글로벌 메가 크리에이터로 우뚝 섰다.

팬데믹과 '돌봄 콘텐츠'의 부상

나스티아 채널의 가파른 성장세(2020~2022년)는 코로나 팬데믹과 궤를 같이한다. 집 안에 고립된 아이들에게 나스티아는 최고의 친구가 되어주었다. 여기서 주목할 점은 콘텐츠의 사회적 역할 변화이다. 전통적으로 문화 콘텐츠는 오락, 지식, 공동체 유지, 문화 전승이라는 네 가지 기능을 수행해왔다. 그런데 팬데믹을 거치며 여기에 하나가 더해졌다. 바로 '돌봄(정서적 케어)' 기능이다.[2] 한국에서 핑크퐁과 '미스터 트롯'이 전 세대를 아우르며 폭발적 인기를 끈 것도 바로 이 '정서적 케어'에 대한 갈증 때문이었다.

나스티아의 콘텐츠는 단순한 유희를 넘어, 전 세계 부모들에게는 잠시의 휴식을, 아이들에게는 따뜻한 정서적 교감을 제공하는 '돌봄 콘텐츠'로 기능했다. 자극적인 재미를 추구하는 동요나 반복적인 율동 없이도 나스티아가 독보적인 위치를 차지할 수 있었던 비결을 좀 더 구체적으로 살펴보자.

키즈 콘텐츠의 새로운 패러다임

1. 음악·캐릭터 중심 vs 일상과 성장의 기록

대형 키즈 채널들을 분석해보면 일정한 성공 공식이 발견된다. 코코멜론이나 핑크퐁처럼 성공한 채널들은 주로 중독성 있는 멜로디와 반복적인 율동을 결합한 '음악'을 활용한다. 또한 아이들의 시선을 끌기 위해 화려한 색감의 애니메이션 캐릭터를 전면에 내세우고 영상 효과를 극대화한다. 실제로 이 방식은 매우 효과적이다. 아이들은 좋아하는 콘텐츠를 반복 시청하고 시청 지속 시간도 길다. 게다가 언어 의존도가 낮아 글로벌 확장도 쉽다. 성공 공식을 잘만 따르면 천문학적인 조회수를 기록할 수 있다.

그러나 나스티아 가족은 완전히 다른 길을 선택했다. 그들은 처음부터 일상을 공유하는 '브이로그' 형태를 고집했다. 나스티아 채널의 주요 콘텐츠는 가족과의 일상 브이로그, 장난감 놀이, 역할극 등으로 구성된다. 언뜻 평범해보이는 소재들이지만, 그 이면에는 소소한 행복과 교훈이 세밀하게 담겨 있다는 점이 나스티아만의 차별점이다.

유튜브 초창기에는 부모가 직접 영상을 제작했다. 주말에 촬영한 영상을 주중에 3~4번 업로드하는 식이었는데, 당시 영상들은 특별한 연출 없이 공원에서 뛰어노는 나스티아의 모습을 있는 그대로 담은 '날것'의 기록이었다. 대형 유튜버가 되겠다는 상업적 야망 없이 시작했기에 오히려 더 깊은 진정성과 친숙함을 담아낼 수 있었고, 이 '진짜 이야기'에 시청자들은 점점 매료되었다.

2. 강력한 '인물 IP'가 만드는 팬덤의 힘

나스티아 채널의 절대적 주인공은 캐릭터가 아닌 '나스티아'라는 실제 인물이다. 보통 기업형 키즈 채널은 특정 개인에 대한 의존도가 높아지면 리스크가 커지기 때문에 인물 중심의 운영을 기피한다. 하지만 나스티아는 가족 경영의 특성을 살려 나스티아라는 인물의 매력을 극대화했다.

유튜브에서 인물이 중심이 될 때 팬덤 형성이 훨씬 유리하다는 사실은 이미 검증된 바 있다. 노래나 율동을 보기 위해 소비되는 콘텐츠는 조회 수는 높을지 몰라도 인물에 대한 충성도는 낮다. 이들도 캐릭터 IP 비즈니스를 시도하지만, 인지도에 비해 팬덤이 약하면 확장성과 파괴력이 떨어지기 마련이다.

반면 나스티아는 인물 자체가 핵심이기에 어떤 소재를 다루더라도 시청자는 나스티아라는 인물에게 집중하고, 새로운 영상들도 꾸준한 조회수를 보인다. 향후 나스티아가 성장함에 따라 시도할 수 있는 비즈니스의 폭도 자연스럽게 확장된다.

예를 들어 장난감 리뷰로 유명한 채널 '라이언스 월드Ryan's World'의 경우, 아이가 등장하지만 콘텐츠의 중심은 '장난감'에 쏠려 있다. 그러다 보니 장난감의 유행에 따라 성과가 좌우되고, 구독자 수에 비해 최근 영상의 평균 조회수가 낮게 나타나는 등 팬덤의 한계를 보이기도 한다. 이와 달리 나스티아는 장난감이 등장하더라도 그것을 가지고 노는 나스티아와 가족의 관계가 중심이기 때문에 훨씬 더 단단한 팬덤을 유지한다.

3. 교육적 가치의 자연스러운 융합

나스티아 채널의 또 다른 성공 요인은 교육적 메시지의 자연스러운 결합이다. 콘텐츠 안에는 알파벳과 숫자 공부는 물론, 예절 교육, 손 씻기와 양치하기 같은 생활 습관, 우정과 협동심 같은 사회적 가치가 풍부하게 담겨 있다. 이러한 교육적 요소는 교과서처럼 노골적으로 등장하지 않고, 일상 속 상황에 자연스럽게 녹아 있기 때문에 아이들도 거부감 없이 받아들인다. 기존의 많은 키즈 채널들이 아이의 시선을 붙잡기 위한 '엔터테인

▲ 아이들을 위한 착한 행동과 건강 관리에 유익한 콘텐츠

먼트'에 집중했다면, 나스티아 채널은 돌봄과 교육의 기능을 동시에 수행한다.[3]

키즈 콘텐츠의 실제 선택권자는 아이가 아니라 부모다. 부모들은 아이에게 유익한 콘텐츠를 보여주고 싶어 하고, 집안일이나 다른 일을 하는 동안 안심하고 틀어줄 수 있는 영상을 찾는다.[4] 나스티아 채널이 부모들에게 신뢰를 얻은 이유도 여기에 있다. 단순히 즐겁기만 한 콘텐츠가 아니라, 의미와 방향성을 함께 전달하는 것. 이것이 나스티아 채널이 장기적으로 선택받는 이유다.

4. 글로벌 확장을 위한 다언어 전략

나스티아 가족은 일찍부터 글로벌 시장의 잠재력을 간파했다. 유튜브 자체에 더빙 기능이 도입되기 전이었음에도, 이들은 동일한 영상을 각국 언어로 더빙해 별도 채널에 발행하는 전략을 택했다. 단순히 자막을 추가하는 수준을 넘어, 현지 문화적 맥락에 맞춰 공개 시기와 콘텐츠 발행 순서를 조정하는 섬세함까지 보였다.[5]

2019년 〈포브스〉는 나스티아를 "7개 언어로 제작된 비디오 덕분에 세계에서 가장 빠르게 성장하는 크리에이터 중 한 명"으로 소개했다.[6] 이러한 다채널 전략은 현재까지도 나스티아 제국이 꾸준한 성장세를 이어가는 핵심 동력이다.

유튜브 광고 수익의 한계와 대응

〈포브스〉는 2022년 '최고 수입 유튜브 스타 순위(2021년 수입 기준)'에서 나스티아가 2,800만 달러^{약 409억 원}로 4위를 차지했다고 보도했다. 아이의 성장 기록을 남기기 위해 시작한 채널이라는 점을 감안하면 놀라운 성과다.

현재 나스티아 가족은 '연예인 매니지먼트 회사'에 가깝게 나스티아를 체계적으로 관리하고 있다. 무리한 확장보다는 아이의 성장 속도에 맞춰 사업의 효율성과 안정성을 높이는 전략을 택했다. 이는 키즈 채널이 구조적으로 안고 있는 한계를 누구보다 정확히 인식하고 있기 때문이다.

COPPA 규제 이후, 키즈 채널이 마주한 현실

키즈 채널의 가장 큰 제약은 유튜브 광고 수익 구조에 있다. 2019년 미국 연방거래위원회^{FTC}는 아동 온라인 개인정보 보호법^{COPPA} 위반을 이유로 구글에 1억 7천만 달러^{약 2,481억 원}의 과징금을 부과했다.[7] 이후 유튜브는 아동용 콘텐츠에 맞춤형 광고를 중단했고, 댓글·알림·데이터 수집 기능도 제한했다.

이로 인해 키즈 콘텐츠의 조회수 수익은 평균적으로 60~90% 감소했다. 물론 조회수 수익이 완전히 사라진 것은 아니다. 코코멜론처럼 압도적인 시청량을 확보한 채널은 여전히 연간 수천만 달러의 광고 수익을 올리고 있다. 그러나 대부분의 키즈 채널 운영자에게 이 정책 변화는 치명적이었다.

많은 채널들이 운영을 중단하거나 방향을 전환했다. 반면 나스티아 채널은 업로드를 멈추지 않았다. 이들은 플랫폼 다각화와 스폰서십으로 대응했다. 규제가 강화되던 2020년 무렵 틱톡 채널을 개설해 리스크를 분산했고, 영상 내에 제품을 자연스럽게 노출하는 브랜드 협업을 강화했다.

'공주 세계관'을 기반으로 한 라이선스 사업

키즈 채널이 조회수 수익의 한계를 극복하는 가장 일반적인 방법은 브랜드 협업과 스폰서십이다. 나스티아 채널 역시 다양한 키즈 제품을 자연스럽게 콘텐츠에 녹여낸다. 특히 인형 브랜드의 노출 빈도가 높다.

여기서 주목할 점은 단순한 제품 노출이 아니라, '공주 세계관'이라는 일관된 설정이다. 나스티아는 동화 속 공주처럼 등장해 친구들과 모험을 떠나고 문제를 해결한다. 왕자, 마법사, 요정 같은 캐릭터들이 등장하고, 드레스와 가구, 실내 장식까지 하나의 세계관을 이룬다.

이 세계관 안에서 바비 인형, 레인보우 하이 등 주요 인형 브랜드가 반복적으로 등장한다. 일회성 광고가 아니라, 아이들의 상상력에 자연스럽게 스며드는 방식이다. 레고랜드, 다농 등 글로벌 브랜드들이 나스티아와 연간 수십만 달러 규모의 파트너십을 맺고 있으며, 레고랜드 방문 영상 역시 이러한 협업의 결과물이다.

라이선스를 중심으로 한 IP 비즈니스

나스티아 채널의 핵심 비즈니스 모델은 '라이선스 사업'이다. 나스티아 가족은 나스티아를 모델로 한 의류, 장난감, 모바일 게임 등을 지속적으로 출시하고 있다. 하지만 직접 제작과 유통은 하지 않고, 대신 전문 기업들과 라이선스 계약을 맺는 방식을 택했다.

장난감 비즈니스는 글로벌 완구 기업 재즈웨어Jazwares와 주로 진행한다.[8] 재즈웨어는 디즈니, 해리포터, 포켓몬, 스타워즈, 코코멜론 등 굵직한 IP를 다뤄온 회사다. 나스티아는 공주 세계관을 기반으로 다양한 인형 라인을 출시했고, 아마존과 월마트 등 주요 유통 채널에서 판매하고 있다.

글로벌 인형 시장 규모는 약 120억 달러약 17조 4,458억 원로 추정된다.[9] 바비 인형이 연간 16억 달러 이상의 매출을 올리는 것에 비하면 나스티아 인형의 규모는 아직 제한적이다. 하지만 지속적인 신제품 출시를 보면 나스티아의 팬덤이 얼마나 견고한지 충분히 짐작할 수 있다.

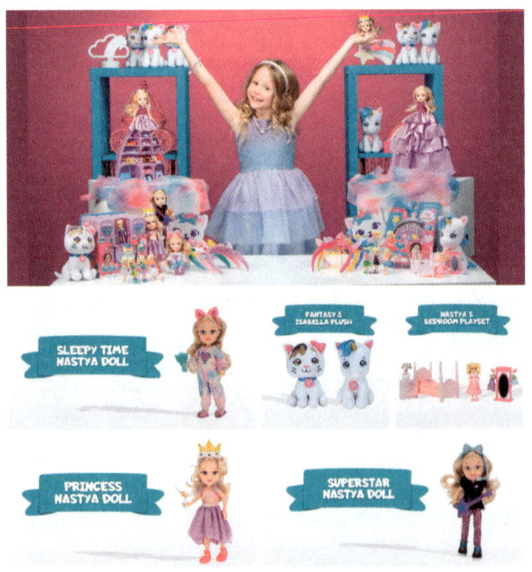

이 외에도 나스티아는 모바일 게임 출시, 그리고 최근에는 포드 모델 Ford Models과의 계약을 통해 패션·뷰티 분야로의 라이선스 확장 가능성도 열어두고 있다.

콘텐츠 유통과 멀티 플랫폼 전략

나스티아 콘텐츠는 유튜브에만 머물지 않는다. 교육적 성격 덕분에 나스티아의 콘텐츠를 수급하고자 하는 동영상 플랫폼들이 늘고 있다. 유료 채널인 OTT뿐 아니라, 광고 기반의 패스트FAST 채널, 케이블TV, 그리고 여러 국가의 어린이 채널과 콘텐츠 공급 계약을 맺고 있으며, 이 역시 전문 대행사를 통해 진행된다.

과거 영상의 일부 권리는 크리에이터 IP 투자사인 스포터Spotter가 보유하고 있다. 손정의 비전펀드의 투자를 받은 바 있는 스포터는 크리에이터의 과거 영상 권리를 매입하고 목돈을 제공하는 비즈니스 모델을 갖고 있다.

또한 젤리스맥Jellysmack을 통해서도 콘텐츠를 타 플랫폼에 최적화해 배급하고 있다. 젤리스맥은 미스터비스트가 투자해 주목받은, 콘텐츠 최적화 및 유통을 전문으로 하는 스타트업이다.

키즈 콘텐츠의 새로운 미래를 제시하다

나스티아 가족의 전략은 명확하다. 유튜브로 구축한 강력한 인물 팬덤을 기반으로, 검증된 전문 파트너 사들과 협업하며 리스크를 분산하고 수익을 극대화하는 것이다. 나스티아는 이제 단순한 키즈 유튜버를 넘어, 성장 과정 전체가 하나의 거대한 브랜드가 되는 '유튜브 네이티브' 크리에이터의 표본이 되었다.

나스티아가 성장함에 따라 콘텐츠의 성격 역시 키즈에서 틴에이저, 그리고 라이프스타일 전반으로 자연스럽게 진화할 것이다. 유튜브가 메인 미디어인 시대에 태어나 전 세계 알파 세대와 함께 자라온 그녀가 현재의 영향력을 유지한다면, 머지않아 이 세대 사이에서는 이런 말이 유행할지도 모른다.

"인생은 나스티아처럼Like Nastya"

12
카를로스 디아스

카를로스 디아스Carlos Díaz는 콜롬비아의 가족 농장에서 살아가는 만 18세 소년이다. 그는 현재 유튜브 구독자 2,780만 명, 틱톡 팔로워 3,600만 명, 인스타그램 590만 명을 보유한 글로벌 톱 크리에이터다.

그의 콘텐츠는 지극히 일상적이다. 동물을 돌보고, 작물을 심고, 농장을 가꾸는 모습이 대부분이다. 자칫 단조로울 수 있는 '농장 일기'에 전 세계 수천만 명의 시청자가 열광하는 이유는 무엇일까?

유튜브로 배우고, 유튜브로 가르치는 농사

—

카를로스의 어린 시절은 콜롬비아의 작은 도시에서 시작됐다. 아버지와 함께 할아버지의 농장을 종종 찾았지만, 할아버지가 세상을 떠난 뒤로는 농장과의 인연이 자연스럽게 멀어졌다.

그러던 2020년, 코로나 팬데믹이 모든 것을 바꿔놓았다. 콜롬비아는 팬데믹 초기부터 세계에서도 손꼽힐 정도로 강력한 봉쇄 조치를 시행한 국가였다. 작은 아파트에 갇혀 지내는 생활은 가족 모두에게 큰 스트레스였다. 결국 디아스 가족은 도시를 떠나 농장으로 이사하는 결정을 내린다.

넓은 자연 속에서 마스크를 쓰지 않아도 된다는 해방감만으로도 충분히 매력적인 선택이었다. 하지만 현실은 녹록지 않았다. 도시 생활에 익숙했던 가족에게 농사 지식과 경험은 턱없이 부족했다. 이때 그들이 찾은 해답은 뜻밖에도 유튜브였다. 디아스 가족은 유튜브에서 당근, 옥수수, 바나나, 상추 등의 재배법을 검색했고, 배운 내용을 그대로 실천에 옮겼다. 유튜브가 그들의 농업 교과서였던 셈이다.

50뷰도 못 넘길 줄 알았던 첫 영상

—

농장 생활을 시작한 지 한 달쯤 지났을 때, 카를로스는 가족의 일상을 영상으로 기록해보자는 제안을 받는다. 먼저 나선 이는 큰형 후안[Juan]이었다. 이후 후안은 촬영과 편집, 채널 관리까지 도맡으며 든든한 지원군 역할을 했다.

그렇게 2020년 7월 8일, 카를로스는 정식으로 유튜브 채널을 개설했

▲ 2020년 유튜브 채널 초창기 시절 섬네일. 당시 카를로스는 13세였다.

다. 팬데믹 발생부터 농장 이사, 콘텐츠 제작까지 모든 변화가 불과 몇 달 사이에 일어났다. 빠른 실행력이 돋보이는 대목이다. 채널 개설 다음 날에는 곧바로 첫 번째 영상을 업로드했다.

채널명 'La Granja del Borrego'는 스페인어로 '새끼 양 농장'이라는 뜻이다. 실제 양을 키우는 농장은 아니지만, 카를로스의 곱슬머리가 양털 같다는 말에서 착안해 지은 이름이다.

첫 영상은 집에서도 유기농 정원을 만드는 방법을 소개하는 콘텐츠였다. 흙을 고르고 씨앗을 심고 비닐을 덮는 단순한 과정이 전부였다. 하지만 영상에는 시골 생활에 대한 카를로스의 낭만과 진심이 자연스럽게 담겨 있었다. 그는 당시를 이렇게 회상한다. "50뷰도 못 넘길 줄 알았어요."[1]

그러나 결과는 예상 밖이었다. 첫 영상이 1만 회 이상의 조회수를 기록했다. 뜻밖의 좋은 반응은 수줍은 소년에게 큰 자신감을 안겨주었고, 본격적으로 콘텐츠를 제작하게 하는 강력한 동기로 작용했다.

'러스틱 라이프' 열풍과 진정성의 힘

콘텐츠를 꾸준히 제작하면서 카를로스는 자신의 미션을 분명히 정하게 되었다. 그는 단순히 농사 정보를 전달하는 것을 넘어, 더 많은 사람들에게 시골 생활의 가치를 알리고 싶었다. 그래서 지속 가능한 농업이 미래 사회에 어떤 의미를 가지는지도 적극적으로 이야기했다.

동시에 그는 농장 생활의 어려움도 숨기지 않았다. 시설이 망가지는 순간, 폭우로 작물이 피해를 입는 장면까지 그대로 담아냈다. 이 솔직함이야말로 많은 시청자들이 카를로스에게 빠져드는 이유다.

"저는 젊은 사람들이 시골로 돌아올 수 있도록 용기를 주고 싶어요. 지금 농부와 토지에서 일하는 분들 대부분은 고령이에요. 30년 뒤 그분들이 은퇴하거나 돌아가시면 우리는 무엇을 먹고 살게 될까요? 저는 농장 생활을 재미있게 보여주고 싶어요. 동시에 이 일이 얼마나 많은 노력을 요하고 또 얼마나 의미 있는지도 함께 보여줘야 한다고 생각합니다."[2]

채널의 결정적인 전환점은 2021년에 찾아왔다. '닭 사료 만드는 법' 영상이 첫 바이럴 히트를 기록한 것이다. 이 영상 이후 채널은 급격한 성장 궤도에 올라섰다. 개설 4개월 만에 구독자 4천여 명을 모았지만, 이후 약 1년간 정체기를 겪던 채널이 이 히트 콘텐츠를 기점으로 빠르게 성장하기 시작했다.[3]

2022년에는 구독자 100만 명을 돌파했고, 현재는 구독자 2,780만 명이 넘는 콜롬비아 최대 유튜브 채널로 성장했다. 카를로스는 이제 남미를 대표하는 크리에이터가 되었다. 이처럼 이례적인 성장의 배경에는 네 가지 전략적 요인이 숨어 있다.

1. 시대적 분위기와 채널 콘셉트의 완벽한 조화

카를로스가 유튜브를 시작한 건 2020년이었다. 그리고 그해 팬데믹은 전 세계적으로 자연과 시골 생활에 대한 로망을 키웠다. 한국에서 '5도 2촌'(주중 5일은 도시에서 일하고, 주말 2일은 시골에서 농사 짓는 라이프스타일) 트렌드가 등장한 것처럼, 콜롬비아에서도 도시를 떠나 시골로 향하는 '러스틱 라이프*Rustic Life*' 트렌드가 나타났다. 카를로스는 이 흐름의 한가운데에 있었다.

2. 거대한 스페인어권 시장

콜롬비아(인구의 약 58%)와 아르헨티나(인구의 약 60%)는 세계 유튜브 이용자 수에서 대표적인 상위 국가들이다. 두 나라를 합치면 약 6,000만 명에 달하는 거대 시장이 형성된다. 실제로 'La Granja del Borrego' 채널 댓글에는 "보레고*Borrego*는 콜롬비아와 아르헨티나의 자랑"이라는 말이 자주 등장한다. 한국식으로 비유하자면, 카를로스가 일종의 '국민 남동생'이 된 셈이다.

3. 숏폼 시대를 정확히 읽은 콘텐츠 전략

카를로스가 업로드한 콘텐츠 대부분은 쇼츠다. 숏폼이 대세가 되는 트렌드를 정확히 포착하고 이를 적극 활용하며 알고리즘 흐름을 탔다.

4. 재미와 정보의 절묘한 균형

이 채널의 영상은 기본적으로 귀엽고 재미있다. 농장에서 매일 일어나는 다양하고 예측 불가능한 일들이 시청자들의 호기심을 자극한다. 야간 탐험을 한다며 공포 영화 같은 분위기를 연출하기도 한다. 하지만 동시에

CONSTRUÍ UNA CASA EN EL ÁRBOL! (100% real)
조회수 171만회 · 3주 전

HUMILLE A GONZOK (CONSTRUIMOS UN HABITAT DE $...
조회수 235만회 · 1개월 전

CONSTRUÍ UN BÚNKER PARA MI NUEVA RATA MASCOTA!
조회수 116만회 · 1개월 전

SOBREVIVI A LA NOCHE 1 DE MINECRAFT EN LA VIDA REAL
조회수 206만회 · 1개월 전

CUIDANDO TIGRES POR 1 DIA!
조회수 303만회 · 1개월 전

SE ROBARON MI VACA!!!□□□□
조회수 173만회 · 3개월 전

▲ 재치와 열정이 느껴지는 최근 영상 섬네일 모음

농사와 동물 사육에 관한 정보는 성실하고 정확하다. 카를로스가 진정성을 갖고 친절하게 설명하는 게 느껴진다.

10대 농부가 만든 '살아 있는 교과서'

카를로스가 제작하는 콘텐츠는 교육 현장의 보조 자료로 활용될 만큼 가치를 인정받고 있다. 양봉법부터 송아지 출산 과정, 소 젖 짜기 등 도시 아이들이 접하기 어려운 농장 활동을 가감 없이 담아내기 때문이다. 시청자층의 상당수가 청소년과 어린이인 점도 고무적이다.

실제로 많은 부모로부터 "아이가 영상을 본 뒤 편식을 고치고 채소를 먹기 시작했다", "베란다에 작은 텃밭을 가꾸기 시작했다"는 피드백이 쏟아진다. 대부분의 농업 콘텐츠가 중년 농부의 노하우 전수에 집중하는 것과 달리, 10대 소년이 또래의 눈높이에서 농장 생활을 설명한다는 점이 알파 세대와 Z세대에게 강력한 친밀감으로 다가간 것이다.

카를로스는 2023년 틱톡 시상식에서 'Lo Aprendí en TikTok^{틱톡으로 배웠어요}' 부문을 수상하며 콘텐츠의 교육적 가치를 공식적으로 인정받았다. 그는 "교육 콘텐츠를 만드는 크리에이터들이 많은데, 대중이 그 가치를 간과하는 것 같아 아쉬웠습니다. 그래서 이 상이 정말 놀랍고 기쁩니다"는 소감을 밝히기도 했다.

동물을 '가축'이 아닌 '가족'으로 대하는 진정성

카를로스 영상의 핵심은 동물을 대하는 그의 남다른 태도다. 그는 농장의 동물을 단순한 소득원이 아닌 반려 동물이자 가족으로 여긴다. 돼지 '로로^{Lolo}', 소 '로살리아^{Rosalía}' 등 모든 동물에게 이름을 지어주고 다정하게 소통하는 모습은 시청자들의 마음을 따뜻하게 한다. 닭장 옆에서 텐트를 치고 캠핑을 즐기는 모습은 그가 얼마나 자연과 동물을 진심으로 사랑하는지 보여주는 상징적인 장면이다.[4]

그는 농촌 인구의 고령화 문제와 환경 이슈에 대해서도 목소리를 낸다. "20년 뒤, 60대 농부들이 은퇴하면 우리 먹거리는 누가 책임질 것인가?" 라는 진지한 질문은 많은 이들의 공감을 샀다.[5] 그는 어린 시청자들이 농업을 '고루한 일'이 아닌 '가치 있는 미래 산업'으로 인식하도록 돕는 것을 자신의 사명으로 삼고 있다.

가족의 전통을 잇는 비즈니스 : 커피 브랜드 론칭

10대 소년이 농장 콘텐츠로 글로벌 크리에이터가 되었다는 사실만으로도 충분히 인상적이다. 하지만 더 주목할 점은 카를로스의 사업적 감각이다. 그는 인터뷰에서 "하나의 수입원에 오래 의존하고 싶지 않다"고 말했다. 크리에이터로서 수익 다각화의 필요성을 명확히 인식하고 있는 것이다.

이런 인식의 배경에는 아버지의 조언이 있었다고 한다. "아버지는 늘 말씀하셨어요. 세상에는 돈을 벌 수 있는 방법이 아주 다양하다고, 소셜 네트워크를 활용해 생계를 유지하려면 한 가지 방식에만 의존해서는 안 된다고요."

현재 카를로스의 수익 구조는 크게 세 가지로 나뉜다. ①농장 운영 수익, ②콘텐츠 조회수 및 후원 수익, ③커피 사업 등이다. 각각을 자세히 살펴보자.

첫째, 가족이 실제로 운영하는 농장에서 발생하는 농업 수익이다. 작물과 농산물 판매를 통해 안정적인 현금 흐름을 유지하고 있는데, 이는 개인 수익이라기보다 가족 전체의 생계 기반에 가깝다.

둘째, 유튜브와 틱톡 등 플랫폼에서 발생하는 콘텐츠 수익이다. 〈소셜 블레이드〉 기준으로 2023년 한 해 동안 유튜브 조회수 기반 광고 수익은 약 141만 9천 유로약 24억 원로 추정된다. 이는 순수 광고 수익만을 기준으로 한 수치다. 슈퍼 땡스Super Thanks, 플랫폼 크리에이터 보너스 프로그램, 틱톡 및 페이스북 수익까지 포함하면 실제 수익 규모는 더 클 가능성이 높다.

카를로스는 이 활동을 취미가 아닌 '직업'으로 인식하고 있다. 촬영 계획을 세우고, 콘텐츠를 즐기면서도 철저히 일로 접근한다. 그는 "이제는 무리하게 기업 광고를 하지 않아도 농장을 유지할 수 있는 수준이 됐다"고 말한다. 플랫폼 수익만으로도 자립 가능한 구조를 만든 것이다.

흥미로운 점은 어머니 역시 요리 유튜브 채널을 운영하고 있다는 사실이다. 처음에는 부모가 유튜브 활동을 반대했지만, 카를로스의 성공 이후 생각이 바뀌었다. 현재 어머니의 채널 구독자 역시 150만 명을 넘는다. 가족 전체가 크리에이터 생태계 안으로 자연스럽게 편입된 셈이다.

셋째, 커피 사업 수익이다. 카를로스는 2023년 자신의 커피 브랜드 'Café La Floresta'를 론칭했다. 약 2년에 걸쳐 준비한 프로젝트로, 브랜드

▲ 카를로스가 론칭한 커피 브랜드 'Café La Floresta'

명은 할아버지가 운영하던 농장의 이름에서 따왔다. "할아버지가 커피 농사를 지으셨어요. 우리 가족의 뿌리가 커피에 있기 때문에, 그 전통을 잇고 싶었습니다"라는 그의 설명에서 가족에 대한 사랑이 느껴진다.

많은 크리에이터들이 팬덤 형성 후 단순 굿즈 형태의 제품을 판매하는 것과 달리, 카를로스는 자신의 정체성과 가장 맞닿은 제품을 선택했다. 그는 "많은 인플루언서들이 화장품이나 의류 등을 내놓는 것을 보면서, 저는 제가 영상에서 보여드리는 농촌의 삶과 가장 자연스럽게 연결되는 상품을 만들고 싶었고, 그게 바로 커피라고 생각했습니다"라고 밝혔다.

브랜드 론칭 전에는 원두 품질을 높이기 위해 수년간 테스트를 거쳤고, 콜롬비아를 넘어 멕시코 등 해외 시장 진출도 염두에 두고 있다. 출시 직후 온라인 주문이 몰리며 팬들의 반응도 뜨거웠다. 정확한 매출 수치는 공개되지 않았지만, 프로젝트는 현재까지 순조롭게 성장 중인 것으로 알려져 있다.

샤크탱크부터 책 출간까지, 비즈니스의 확장

17세 CEO, 투자자들 앞에 서다

카를로스는 커피 사업을 한 단계 더 키우기 위해 2024년 콜롬비아판 '샤크탱크Shark Tank'에 출연했다. 샤크탱크는 창업자가 투자자들 앞에서 직접 사업을 설명하고 투자 여부를 평가받는 프로그램이다. 당시 그는 만 17세였다.[6]

카를로스는 자신의 브랜드 'Café La Floresta'의 비전을 또렷하게 설명하며, 지분 12%를 조건으로 5억 콜롬비아 페소약 1억 7천만 원의 투자를 요청했다. 목표 시장은 콜롬비아를 넘어 멕시코, 아르헨티나, 칠레, 페루 등 중남미 전역이라고 당당히 밝혔다.[7] 어린 농부 인플루언서가 직접 개발한 제품으로 투자 유치에 나섰다는 점에서 방송 전부터 큰 화제를 모았다.

그는 자신의 커피를 "우리 땅의 가치를 지키는 제품"이라고 정의하며, 콜롬비아 커피의 품질과 지속 가능한 농업의 중요성을 강조했다. 샤크탱크 공식 유튜브 채널에 공개된 그의 피칭 영상은 업로드 당일 수만 회의 조회수를 기록했다.

물론 도전은 쉽지 않았다. 카를로스는 이후 인터뷰에서 "제가 믿는 만큼, 다른 사람들을 설득하는 일은 생각보다 훨씬 어렵더라"고 솔직하게 털어놓았다. 그러나 이 경험을 통해 그는 단순한 크리에이터를 넘어, 사업가로서 한 단계 성장했다는 평가를 받았다.

책으로 기록한 농장의 지혜

카를로스는 2024년 초, 콜롬비아 국제 도서 박람회[FILBO]에서 자신의 유튜브 채널명과 동명의 책《La Granja del Borrego》를 출간했다. 이 책은 한 소년이 농부가 되고, 크리에이터가 되기까지의 성장 서사와 실제 농장 생활 노하우를 함께 담은 에세이다.

카를로스는 책 집필 과정에 대해 "처음 올린 영상부터 하나하나 다시 돌아보며, 잊고 지냈던 소중한 순간들을 되새길 수 있어 정말 즐거웠다"고 말했다. 영상에서 미처 다 전하지 못했던 고민과 선택의 순간들을 글로 풀어내며, 독자들과 더 깊이 연결되기를 원했다.

책에는 커피 비즈니스에 대한 이야기도 상세히 담겼다. 화학 비료와 살충제를 사용하지 않는 재배 방식, 토양과 생태계를 보호하는 농법, 물 사용을 최소화하고 빗물을 활용하는 자연 순환 시스템, 친환경 인증까지, 그가 콘텐츠에서 반복해 강조해온 철학이 정리되어 있다.

이 책은 출간 직후 초판이 완판되며 청소년 독자들 사이에서 빠르게 입소문을 탔다. 카를로스는 오디오북 내레이션도 직접 맡아, 특유의 생동감 있는 목소리로 농장 이야기를 들려주었다.

수익의 선순환: 농장에 재투자하는 청년 사업가

카를로스는 크리에이터로서 상당한 수익을 거두고 있다는 사실을 숨기지 않는다. 대신 그는 그 수익을 어떻게 사용하는지를 투명하게 공개한다. 잔디 절단기, 비료 살포기 등 농기계를 구입해 농장에 재투자했고, 그 결과 농장 운영의 효율이 눈에 띄게 개선되었다고 말한다. 이는 가족의 노동 부담을 줄이고 삶의 질을 높이는 데도 직접적인 도움이 되었다.

이러한 행보는 사회적 평가로도 이어졌다. 유튜브 채널의 성공 이후 카를로스는 여러 시상식에서 수상하며 영향력을 인정받았고, 다양한 기관과 기업의 협업 제안을 받았다. 콜롬비아에서는 청소년 멘토로서 통신사 모비스타Movistar의 캠페인 모델로 활동했으며, 농업 관련 단체들의 홍보대사로도 활약하고 있다. 세계자연기금WWF 홍보대사로 위촉되어 환경 보호 메시지를 전하고 있으며, 콜롬비아 정부와 EU의 재생에너지 캠페인에도 참여했다.

멀티 플랫폼 전략과 원대한 미래 비전

카를로스는 전형적인 '디지털 네이티브'답게 새로운 플랫폼에 대한 두려움이 없다. 특히 틱톡에서의 존재감이 압도적인데, 팔로워는 3,600만 명에 달한다. 틱톡의 숏폼 영상으로 폭발적인 인기를 얻은 뒤 이를 유튜브 쇼츠와 인스타그램 릴스로 확장하여 누적 수억 뷰의 조회수를 기록하기도 했다. "플랫폼이 바뀌어도 콘텐츠를 만드는 즐거움은 변하지 않는다"는 그의 태도는 급변하는 미디어 환경에서 그의 입지를 더욱 견고하게 만든다.

카를로스의 꿈은 여기서 멈추지 않는다. 그는 장기적으로 자신의 농업 철학을 반영한 '농민을 존중하는 슈퍼마켓' 창업을 목표로 하고 있다. 생산자가 정당한 대가를 받고 소비자가 생산 과정을 투명하게 이해할 수 있는 윤리적 유통 시스템을 만들겠다는 포부다. 이를 위해 그는 대학에서 농학을 전공하며 전문 지식을 쌓겠다는 계획도 실천하고 있다. "라틴아메리카 최고의 농부이자 농업 기술자가 되는 것"이 그의 진정한 꿈이다.

이 책에서 소개한 크리에이터 중 카를로스의 비즈니스 규모는 수치상 가장 작다. 하지만 매출이라는 숫자로만 환산할 수 없는 '진정성'과 '미래 가치'만큼은 그 누구보다 거대하며, 이것이 그를 이 책의 마지막 주인공으로 선정한 이유다.

그는 디지털 시대에 개인이 가진 영향력이 어떻게 사회 변화를 이끌어 낼 수 있는지, 그리고 콘텐츠가 어떻게 전통 산업인 농업에 새로운 생명력을 불어넣을 수 있는지를 몸소 증명하고 있다. 10대 농부라는 독특한 정체성에서 출발해 세상을 바꾸는 '슈퍼 유튜버'로 성장 중인 그의 발걸음은 우리 시대 크리에이터가 도달할 수 있는 가장 가치 있는 미래를 보여 준다. 유튜브 시대에 태어난 아이들이 플랫폼을 기반으로 실질적인 사회 변화를 만들어내는 시대, 바로 진정한 슈퍼 유튜버의 시대가 열리고 있다.

2부에서는 전 세계의 내로라하는 크리에이터들이 어떻게 유튜브를 넘어 비즈니스 제국을 건설했는지 살펴보았다. 그들의 화려한 성공 사례를 보며 가슴이 뛰었다면, 이제는 그 엔진을 돌리는 현실적인 메커니즘을 공부할 차례다. 유튜브는 단순히 영상을 올리는 공간이 아니라, 철저하게 설계된 데이터와 심리학이 작동하는 전장이다.

3부에서는 유튜브 비즈니스의 기초 체력을 다룬다. 조회수가 발생하는 과학적인 원리부터 데이터 분석을 통한 의사결정 방식, 그리고 크리에이터가 직면하게 될 위기 대응 전략과 관계 비즈니스의 본질까지 상세히 담았다. 감이 아닌 전략으로, 운이 아닌 시스템으로 유튜브를 배우고 활용하고 싶은 이들을 위한 실전 지침이 될 것이다.

SUPER

PART 3

성공을 만드는 유튜브 메커니즘

01

조회수는
어떻게 발생하는가?

유튜브에 대한 가장 흔한 오해 중 하나는 '좋은 콘텐츠만 올리면 자연스럽게 시청자가 볼 것'이라는 막연한 기대다. 그래서 많은 사람들이 추천 알고리즘에 집착하지만, 유튜브의 메커니즘을 제대로 이해하려면 알고리즘보다 '노출'이라는 개념을 먼저 파악해야 한다.

1. 탐색 기능의 전략적 활용: 섬네일을 지배하는 자가 관심을 지배한다

유튜브 스튜디오의 트래픽 소스 분석에서 가장 중요하게 봐야 할 지표가 바로 '탐색 비율'이다. '탐색'은 시청자가 직접 검색하지 않아도 유튜브 메인 화면에 영상이 나타나는 것을 의미한다. 시청자는 수십 개의 채널을 구독하지만, 메인 화면에 노출되는 영상은 극히 제한적이다. 모바일에서는 첫 화면에 보이는 영상이 사실상 하나라고 봐야 하고, PC 환경도 많아야 8~12개에 불과하다. 이 좁은 문을 뚫고 시청자의 선택을 받는 척도가 바로 '노출 클릭률(CTR)'이다. 영상 업로드 직후 CTR은 일반적으로 14% 이상 높은 클릭률을 보이다가 노출도가 증가함에 따라 5~8% 수준으로

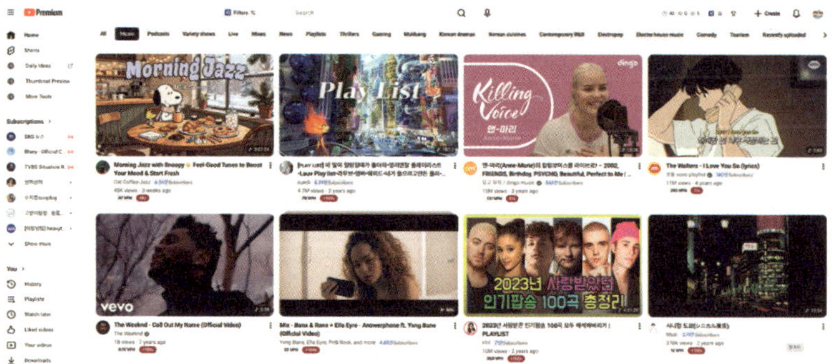

▲ 유튜브 탐색 화면 예시. 시청자가 유튜브에 접속하자마자 마주치는 메인 화면으로, 전체 트래픽 중 가장 큰 비중을 차지하는 핵심 유입 지점

수렴한다. 이 말은 곧, 섬네일과 제목이 약하면 조회수가 나오기 힘든 구조라는 뜻이다.

또 다른 관점을 살펴보자. 일반적으로 조회수는 구독자 수 대비 평균 20~40% 수준만 나와도 매우 잘 나온 편에 속한다. 미스터비스트도 0.9~1.8억 정도의 조회수가 나온다. 결국 조회수는 구독자가 아닌 '탐색'을 통한 신규 유입에서 만들어지며, 이때 승패를 결정짓는 것이 바로 '섬네일과 제목'이다.

효과적인 섬네일의 핵심 원칙은 '모바일 환경에서의 인지성'과 '콘텐츠 내용의 직관적인 전달'이다.

- **시선은 왼쪽에서 오른쪽으로**: 글로벌 톱 크리에이터들은 시청자의 시선이 왼쪽에서 오른쪽으로 이동하는 패턴, 혹은 'Z'자 형태로 흐르는 패턴을 철저히 계산한다. 대표적으로 미스터비스트, 마르케스 브라운리, 로건 폴의 섬네일 제작을 참고하자.
- **한 화면에 한 메시지**: 작은 글씨, 중복 인물, 과도한 텍스트는 모두 불리하다.

▲ 좋은 섬네일 예시 화면

- **모바일 기준으로 설계**: 모바일에서 유튜브를 보는 사람이 압도적으로 많아졌다는 사실을 잊지 말자. PC 화면에서 예쁜 섬네일은 모바일에서 실패하는 경우가 많다.

많은 크리에이터들이 더 많은 조회수를 기대하며 알고리즘을 분석하거나 관련 강의를 듣고 있지만, 유튜브조차 완벽하게 설명할 수 없는 알고리즘을 해킹하기 위해 노력하기보다는, 섬네일을 기가 막히게 만들기 위해 더 노력하고 투자하는 게 훨씬 더 현명하다. 영상 제작에 일주일 이상을 쓰면서 섬네일 기획에 고작 10~30분만 투자하는 경우가 많은데, 이는 매우 비효율적인 선택이다. 앞서 2부에 언급했듯, 마르케스 브라운리 같은 크리에이터도 섬네일 하나에 수 시간, 수일을 투자한다.

2. 검색 최적화: 시청자의 질문과 연결하라

유튜브에서 조회수가 발생하는 또 다른 경로가 바로 '검색'이다. 이 검

색 트래픽은 특히 정보성 콘텐츠에서 강하게 작동한다. 예를 들어, '청경
채 레시피', '운전면허 합격 방법', '해외여행 필수 회화 1,000문장', '갤럭시
S25 리뷰' 등, 특정 정보와 관련한 콘텐츠가 그렇다.

검색 유입을 전략적으로 늘리기 위해서는 다음과 같은 '키워드 역설계'
가 필요하다.

- **연관 검색어의 활용**: 영상 제목을 정하기 전, 유튜브 검색창에 핵심 단어
를 입력했을 때 자동으로 완성되는 키워드들을 살펴봐야 한다. 예를 들
어, '갤럭시 S26'을 검색했을 때 함께 뜨는 '디자인', '출시일' 같은 단어
들이 시청자의 실제 관심사다. 따라서 제목을 지을 때는 관련 키워드들
을 미리 검색해보거나 리서치해보는 것이 좋다.
- **데이터 기반 기획**: 유튜브 스튜디오에서 '분석 → 트래픽 소스 →

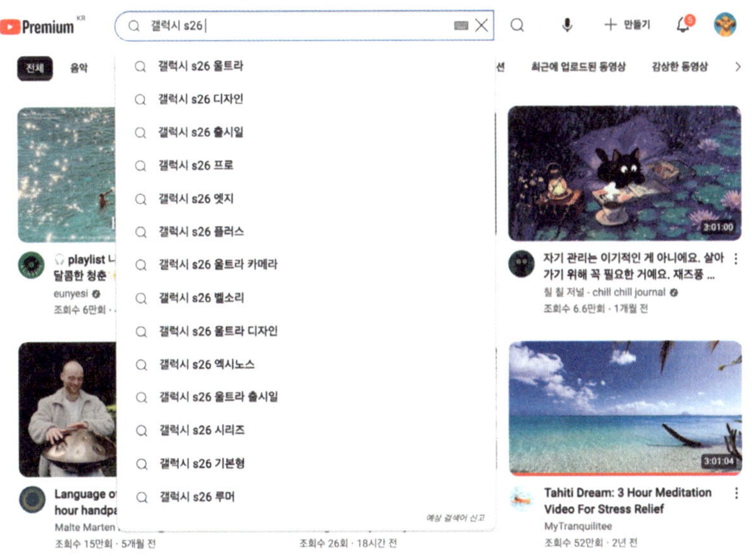

▲연관 검색어를 활용해 제목 최적화와 기획 인사이트를 높일 수 있다.

YouTube 검색'를 확인하면 시청자가 어떤 검색어로 내 채널에 왔는지 알 수 있다. 이 데이터는 제목 최적화뿐 아니라, 콘텐츠 기획의 중요한 인사이트를 제공한다. 실제로 '테슬라 전기차'만 다루던 채널에서 'SpaceX'가 검색어로 보이는 걸 확인한 뒤, 이를 바탕으로 제작한 콘텐츠가 큰 성공을 거둔 사례가 있다.

3. 쇼츠의 등장과 영상 소비의 양극화

유튜브에서 트래픽이 발생하는 세 번째 핵심 요소는 '쇼츠'다. 쇼츠의 등장은 유튜브 트래픽 생태계를 완전히 바꿔놓았다. 그 이전에 유튜브는 '탐색'과 '검색'이라는 두 개의 주요 트래픽 소스로 구성되어 있었다. 그러나 쇼츠의 등장으로 새로운 트래픽 생태계가 형성되었고, 쇼츠 피드를 통한 대규모 조회수 유입이 가능해졌다. 트래픽 소스 분석에서 이는 '쇼츠 피드'로 표시되며, 숏폼 중심 채널들의 경우 이 비율이 60% 이상을 차지하는 경우도 흔하다.

쇼츠 피드 비율을 면밀히 분석해야 하는 이유는 명확하다. 쇼츠로 성장한 채널이 롱폼 콘텐츠를 업로드할 경우 조회수가 급격히 떨어지는 현상이 국내외를 막론하고 일관되게 관찰되기 때문이다. 이는 롱폼과 숏폼의 시청자층이 명확히 분리되어 있음을 시사한다.

유튜브가 숏폼을 롱폼으로 연동하는 기능을 출시했음에도 불구하고 실제 유입 효과는 미미했으며, 오히려 쇼츠에서 다른 쇼츠로 연결시킨 채널들의 조회수가 동반 상승하는 결과를 보였다. 국내에서는 '고기남자', '만화선배' 등의 채널이 이러한 전략으로 성공한 케이스다.

한편, 쇼츠에서도 섬네일은 중요한데, '자극'보다는 시선을 끄는 직관적인 클로즈업이나 역동적인 구도를 활용하는 것이 유리하다.

4. 재생목록 전략: 연속 시청 환경을 설계하라

최근 유튜브 소비의 가장 큰 변화는 영상 길이의 양극화다. 숏폼은 더욱 짧아지고 있고, 롱폼은 더욱 길어지고 있다. 그리고 각각 다른 전략을 요한다.

- **30초 내외 쇼츠로 반복 재생 유도**: 쇼츠의 최대 길이가 1분에서 3분으로 확대되었지만, 실제로는 30초 내외의 쇼츠가 가장 효과적이다. 짧은 쇼츠일수록 반복 재생하는 빈도가 높아, 평균 조회율이 130% 이상을 기록하는 경우도 흔하다. 반면 1분 길이의 쇼츠는 평균 조회율이 60~80%로 하락하는 패턴을 보인다. (물론 채널 '제로비'처럼 숏폼임에도 2분 30초~3분 동안 시청자를 붙잡아둘 수 있다면 조회수가 1,000만씩 터지기도 한다.)
- **시청 지속 시간을 늘리는 재생목록 구성**: TV를 통한 유튜브 시청이 증가하면서 롱폼 콘텐츠에 새로운 전략이 필요해졌다. 핵심은 시청자가 리모컨 조작 없이 연속적으로 콘텐츠를 소비할 수 있는 환경을 조성하는 것이다. 15~20분 길이의 영상은 빈번한 선택을 요구하지만, 5시간 길이의 콘텐츠는 배경음악처럼 틀어놓을 수 있다는 장점이 있다. 따라서 짧은 영상이 많은 채널들은 재생목록 구성이 필수다. 시청자가 개입하지 않아도 영상이 연속 재생되도록 환경을 조성하는 것이 채널 전체의 시청 시간을 극대화하고 노출도를 향상하는 선순환을 가져온다.

5. 유튜브 광고의 전략적 활용과 한계

최근 조회수 부진을 타개하기 위해 개인 크리에이터들도 구글 애즈[Google Ads]를 통한 유료 프로모션을 시도하는 사례가 늘고 있다. 이렇게 확보한 조회수는 트래픽 소스에서 'YouTube 광고'로 분류된다.

여기서 주의할 점은 광고 의존도다. 만약 영상 조회수의 95%가 광고를 통해 발생했다면, 이는 조회수가 유료로 만들어졌다는 걸 의미한다. 이 경우 조회수에 비해 인게이지먼트 지표(좋아요, 댓글)도 압도적으로 떨어진다. 광고 집행을 중단하는 순간 조회수가 급락하는 현상은 많은 브랜드 채널이 겪는 공통적인 실패 원인이다. 자본으로 산 조회수는 유기적인 상호작용과 시간을 통해 형성된 진정한 팬덤의 가치를 대체할 수 없기 때문이다.

다만, 전략적인 활용법은 존재한다. K-팝 기획사들은 앨범의 전 곡을 광고로 테스트한 뒤, 가장 반응이 좋은 곡에 예산을 집중 투여해 노출을 극대화한다. 스티븐 바틀릿 같은 크리에이터 역시 100여 개의 섬네일·제목 조합을 광고로 테스트하여 가장 반응이 좋은 것을 선택한다.

6. '외부 트래픽'과 '채널 페이지 트래픽' 이해하기

유튜브 외부 플랫폼(온라인 커뮤니티, 포털, SNS 등)에서 유입되는 트래픽은 콘텐츠가 특정 집단 내에서 강력한 화제가 되었음을 뜻한다. 과거 페이스북이 활발하던 시기에는 외부 유입 비중이 전체의 50%를 넘는 사례도 흔했다.

반면 '채널 페이지' 유입 비중은 상대적으로 낮아지는 추세다. 이는 시청자의 소비 패턴이 '채널 단위'에서 개별 '영상 단위'로 바뀌었음을 시사한다. 크리에이터는 세계관과 내러티브를 만들고 싶어 하지만, 시청자들은 더 이상 특정 채널에 들어가 전체 리스트를 훑어보지 않는다. 따라서 크리에이터는 시청자가 채널의 이전 맥락을 기억하지 못할 것이라는 가정하에 개별 영상의 완성도에 집중해야 한다.

다만 예외는 있다. 강력한 팬덤을 보유한 채널, 혹은 신뢰도가 매우 높은 채널의 경우에는 채널 페이지 비율이 높게 나타난다. '이 채널이라면 믿고 본다'는 상태에 도달한 것이다. 자신의 채널이 어떤 특징을 갖고 있고, 어떤 화제성을 활용해야 하는지 예리하게 따져볼 필요가 있다.

7. 유튜브 수익의 진실: 조회수 1회당 1원이라는 착각

유튜브 수익에 대한 가장 큰 오해는 '조회수 1회당 1원'이라는 단순 계산법이다. 유튜브의 실제 수익 모델은 주식 시장의 경매 시스템과 유사한 '실시간 광고 입찰Real-Time Bidding'을 기반으로 작동한다.

- **동영상 조회수 vs 광고 조회수**: 유튜브는 영상 재생 횟수가 아니라, 광고가 실제로 시청된 횟수인 '수익 창출 재생Monetized Playback'에 대해서만 수익을 지급한다. 100만 명이 영상을 봤어도 광고가 1만 회만 재생됐다면, 수익은 1만 회분에 대해서만 발생한다.
- **광고 유형별 기준**: '건너뛰기' 가능한 인스트림 광고는 시청자가 30초 이상 보거나 광고를 클릭해야만 수익이 인정된다. 반면 스킵할 수 없는 광고는 노출만으로 과금되지만, 이는 시청자의 자발적 선택이 아니기에 유튜브 공식 조회수 집계에는 포함되지 않는 경우가 많다.

8. 수익 단가를 결정짓는 3가지 변수

왜 누군가는 조회수당 수십 원을 벌고, 누군가는 소수점 단위의 수익을 얻는가? 여기에는 시장 경제의 원리가 숨어 있다.

- **시장의 수요와 공급**: 미스터비스트처럼 4억 명의 구독자를 가진 채널은 광고주들에게 최고의 광고 명당이다. 광고주들이 이 자리를 차지하기 위해 경쟁적으로 높은 입찰가를 제시하므로 CPMCost Per Mille(1,000회 노출당 비용)이 자연스럽게 상승한다.

- **지리적 요인(Tier)**: 국가별 구매력과 시장 성숙도에 따라 단가는 극명하게 갈린다. 미국과 일본 같은 '티어 1' 시장은 CPM이 30달러를 상회하지만, 한국과 영국, 독일 등 '티어 2'는 20달러 내외, 동남이나 인도 등의 '티어 3' 시장은 1달러 이하로 떨어진다.

  흥미롭게도 인도는 낮은 CPM에도 불구하고, 14억 인구와 급속한 디지털 전환으로 인해 유튜브가 신기능을 우선 테스트하는 전략적 시장으로 자리매김했다.

- **콘텐츠 카테고리**: 시청자의 경제적 가치가 광고 단가를 결정한다. 금융, 투자, 부동산 콘텐츠는 시청자 한 명의 잠재적 구매력이 크기 때문에 광고주들이 기꺼이 높은 비용을 지불한다(CPM 12~13달러). 반면 가벼운 게임이나 코미디 영상은 시청 범위는 넓지만 타기팅 가치가 낮아 단가가 1~2달러 수준에 머문다.

구글의 수익 분배 시스템에서 크리에이터가 받는 수익은 광고주 지불 금액의 55%다. 나머지 45%는 유튜브가 플랫폼 운영과 기술 인프라 비용으로 가져간다. '쇼츠'의 경우 이 비율이 역전되어 크리에이터가 45%, 유튜브가 55%를 가져가는데, 이는 짧은 형식 콘텐츠의 수익성과 음원 사용료 등의 추가 비용을 반영한 것이다.[1]

결국 유튜브에서 수익을 극대화하려면 광고주 관점에서 사고해야 한다. '내가 만들고 싶은 콘텐츠'와 '시청자가 원하는 것', 그리고 '광고주가 돈을 지불할 가치를 느끼는 지점'의 교집합을 찾는 것이 핵심이다. 유튜브는 글로벌 광고 자본이 실시간으로 흐르는 정교한 경제 시스템이기 때문이다.

데이터를 읽는 크리에이터가 살아남는다

1부에서 언급했듯, 유튜브에서는 영상 하나를 업로드한 순간 50개 이상의 데이터가 생성된다. 그중 특히 주목할 만한 기능은 '분 단위 조회수 추적'이다. 많은 크리에이터가 영상을 올린 뒤 그저 잘 되기만을 기도하는 '스프레드 앤 프레이Spread & Pray'에 머물러 있지만, 프로 설계자들은 실시간 데이터를 보며 즉각적인 대응 전략을 펼친다.

유튜브 콘텐츠의 성패는 대부분 초반 퍼포먼스에서 결정된다. 실시간 데이터를 모니터링하다가 클릭률이 예상보다 낮다면 즉시 섬네일과 제목을 교체하는 등 적극적으로 대처해야 한다. 영상을 올리고 노트북을 덮는 것이 아니라, 데이터라는 나침반을 보며 목적지(조회수)에 도달할 때까지 끊임없이 항로를 수정하는 과정이 비즈니스의 핵심이다.

전 세계 1위의 무기 '뷰스탯'

데이터 분석의 최전선에 있는 인물이 바로 미스터비스트다. 그는 초기부터 자신의 크루들과 함께 팀을 구성해 좋은 영상이란 어떤 조건을 충족

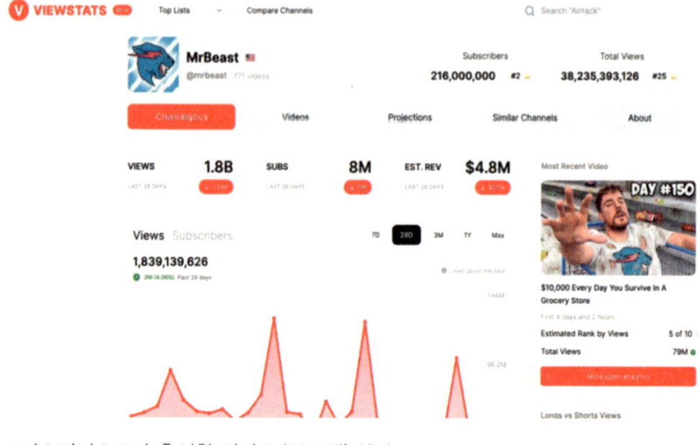

▲미스터비스트가 출시한 서비스 '뷰스탯' 화면

해야 하는지, 효과적인 섬네일을 만드는 방법은 무엇이며, 최적의 편집 기법은 무엇인지, 유튜브의 바이럴 메커니즘은 어떻게 작동하는지 등을 집착적으로 연구했다.

그는 "유튜브 데이터를 이해하는 것이 바이럴 성공과 기회를 가르는 결정적 차이"라고 간파하고,[2] 이를 서비스화하여 '뷰스탯'[3]이라는 도구를

표 3-1 | 뷰스탯 프리미엄 기능

기능명	기능 설명	기대 효과
Outliers	특출나게 성공한 영상의 원인 분석	우연한 성공을 '재현 가능한 전략'으로 치환
Thumbnail Search	마음에 드는 섬네일과 유사한 이미지를 AI로 찾아주는 기능	검증된 시각 자료 레퍼런스 확보
A/B 테스트 열람	다른 유튜버들이 실시한 섬네일 A/B 테스트 결과를 모아 보고 학습할 수 있는 기능	타인의 시행착오를 통해 비용 없이 학습
콘텐츠 아이디어 알림	입력한 아이디어와 유사한 주제의 영상이 일정 조회수를 넘기면 알림	트렌드 편입을 위한 최적의 타이밍 포착
컬렉션	벤치마킹할 영상들과 아이디어의 수집 보관 기능	체계적인 전략 관리 및 아이디어 보관소 역할

출시했다. 뷰스탯은 최근 28일간의 조회수, 구독자 증감, 예상 수익, 성장 속도, 채널 간 성과 비교, 인기 영상 분석 등을 제공한다.[4] 기본적으로는 무료지만, 프리미엄 구독(월 약 7만 원)[5]을 통해 다음과 같은 추가 기능을 활용할 수 있다.

유튜브 데이터의 정수: 시청 지속 시간 그래프

뷰스탯 같은 외부 도구를 활용하는 것도 좋지만, 현실은 유튜브에서 기본적으로 제공하는 데이터도 제대로 활용하지 않는 크리에이터가 많다. 유튜브는 말 그대로 '혜자'에 가까울 정도로 많은 데이터를 제공한다. 처

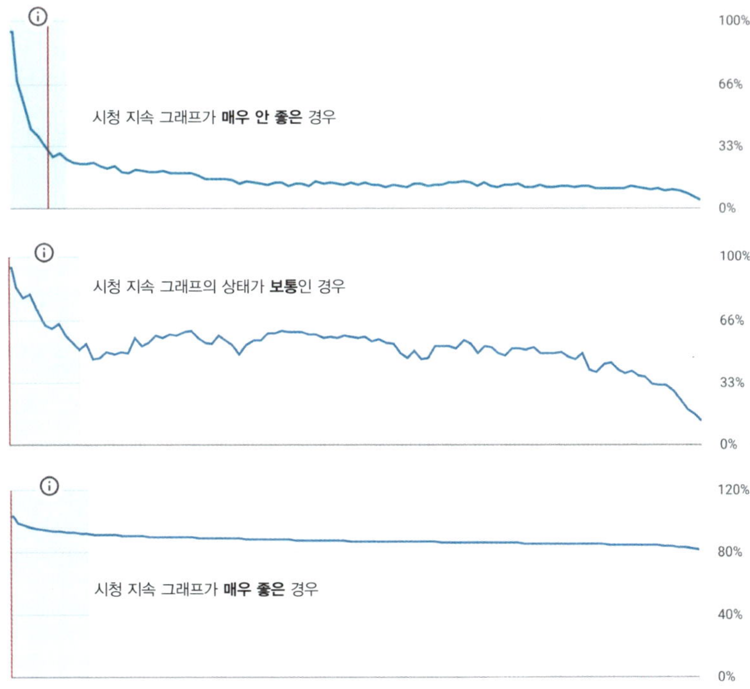

▲ 시청 지속 그래프를 보면 시청자가 초반에 이탈해서 끝나버리는 매우 안 좋은 경우도 있고, 시청자를 영상이라는 열차에 태워 끝까지 끌고 간 좋은 경우도 있다.

음에는 다소 복잡하게 느껴질 수 있지만, 최소한 실시간 트래픽을 확인할 수 있는 '분 단위 조회수 추적'과 '시청 지속 시간 그래프'는 반드시 알아두는 게 좋다.

특히 '시청 지속 시간 그래프'는 사실상 유튜브의 모든 것이라고 할 수 있을 정도로 중요하다. 그래프가 하락하는 구간은 시청자가 흥미를 잃고 이탈한 지점이다. 지루한 설명이나 뻔한 전개가 원인일 확률이 높다. 유지 구간은 시청자가 콘텐츠에 몰입해 끝까지 보고 있는 안정적인 상태다. 또한, 상승 구간은 시청자가 해당 부분을 되돌려보거나, 배속을 늦춰 집중 시청한 구간이다. 시청자의 니즈가 가장 강력하게 반영된 핵심 장면임을 뜻한다.

과거 방송국 PD들이 시청률 데이터를 통해 대중의 기호를 파악했듯, 크리에이터는 이 그래프를 연구해 언제 시청자가 이탈하고 언제 열광하는지를 기획에 반영해야 한다.

미스터비스트는 자신의 수많은 영상을 데이터로 해체하여 평균 13분 길이를 기준으로 연출 가이드를 수립했다. 78쪽에서 자세히 설명했지만, 핵심만 간략히 복기해보자.

표 3-2 | 13분 콘텐츠 기획 가이드

콘텐츠 시간	핵심 전략	데이터적 근거
0~1분	본론 즉시 진입, 인사말과 인트로 생략	초반 1분 이탈률이 가장 높음
1~3분	스토리의 급진적 전개 (생존기 며칠분을 압축)	시청자가 지루할 틈을 주지 않고 몰입 유도

| 3~6분 | 압도적인 시각적 장관 연출(비용 투여) | 전반부를 넘긴 시청자의 잔류를 확정 짓는 단계 |
| 6~13분 | 재미없는 부분 과감히 삭제, 엔딩 암시 생략 | 후반부 이탈을 막고 마지막까지 텐션 유지 |

특히 주목할 점은 '영상 초반 전략'이다. 미스터비스트의 영상에는 "안녕하세요, 미스터비스트입니다. 오늘은…" 같은 인사말이 없다. 한국의 많은 브랜드 채널과 크리에이터들이 영상 시작과 함께 정성 들여 만든 인트로를 보여주거나 구독 요청 멘트를 하지만, 데이터 측면에서 이는 시청 지속 시간 그래프를 수직 낙하시키는 치명적인 실수다.

이는 비즈니스 관점의 PPL 전략에도 적용된다. 광고주들은 흔히 사람이 가장 많이 몰리는 영상 초반에 제품을 노출하고 싶어 하지만, 이는 역효과를 낸다. 초반 광고로 인해 시청자가 대거 이탈하면 영상 전체의 노출도가 떨어지고, 결과적으로 더 적은 사람에게 광고가 도달하는 손실을 낳기 때문이다.

결국 데이터와 친해진다는 것은 '직관의 오류'를 극복하는 과정이다. 유튜브에서 비즈니스를 성공시키고 싶다면, 재미있는 영상을 만드는 감각 못지않게 데이터를 통해 시청자의 목소리를 읽어내는 분석에 심혈을 기울여야 한다.

03

콘텐츠 제작의 기준: 대중성과 시의성

"내가 좋아하는 것을 꾸준히 하면 유튜브에서 성공할 수 있다"는 말은 반은 맞고 반은 틀리다. 창작자가 즐거워야 지속할 수 있는 것은 사실이지만, 시청자가 외면하는 콘텐츠는 결국 동력을 잃고 멈출 수밖에 없기 때문이다. 따라서 유튜브 비즈니스의 핵심은 나의 선호와 시청자의 니즈가 만나는 접점을 찾는 데 있다. 성공하는 채널은 자신의 취향을 고집하는 데서 나아가, 변화하는 시청자의 관심에 유연하게 대응하며 대중성을 확보해나간다.

1. 니치 카테고리에서 대중적 성공을 거두는 법

특정 마니아층만을 타깃으로 하는 좁은 시장[Niche]에서도 1,000만 명 이상의 구독자를 모으는 채널들이 존재한다. 이들의 공통점은 전문적인 지식을 전달하는 데서 그치지 않고, 해당 분야를 모르는 사람도 즐길 수 있도록 '엔터테인먼트' 요소를 결합했다는 점이다.

- **사례 1. 총기 콘텐츠의 대중화, 데몰리션 랜치**: 미국의 총기 유튜버 매트 캐리커^{Matt Carriker}는 '총기'라는 폐쇄적이고 전문적인 소재를 활용해 1,180만 명의 구독자를 확보했다. 채널명은 데몰리션 랜치^{DemolitionRanch}. 일반적인 총기 채널들이 사양 설명이나 사격 기술 교육에 집중할 때, 그는 총기를 일종의 '실험 도구'로 재해석했다. "레고 블록이 총알을 막을 수 있을까?" 혹은 "하드디스크의 방탄 성능은 어느 정도일까?" 같은 엉뚱하고 호기심 넘치는 실험을 선보인 것이다.

그는 전직 군인이나 총기 전문가들이 보이는 권위적인 모습 대신 친근한 '수의사(본업)'이자 이웃 같은 캐릭터를 구축했다. 총기 덕후가 아니더라도 누구나 결과가 궁금해지는 실험적 엔터테인먼트를 도입함으로써 시청층을 대폭 확장한 것이다. 동시에 실험 과정에서 총기의 특징과 탄도학 정보를 자연스럽게 노출하여 '재미'와 '정보'의 균형을 맞췄다.

그의 친근한 이미지와 니치한 분야의 조합은 강력한 팬덤을 형성했다. 데몰리션 랜치 팬들은 스스로를 '데몰리타^{Demolitia}('DemolitionRanch'와 'Militia'의 합성어)'라고 부르며, 매트 캐리커는 이들을 위한 전용 굿즈를 제작하고, 소셜미디어와 영상에서 적극적으로 팬들과 소통한다.[6]

◀ 매트는 '밀덕' 느낌보다는 대체로 편안한 복장으로 등장하여 극단적인 총기 사용이 아니라, 안전한 사격 놀이를 즐기는 분위기를 추구한다.

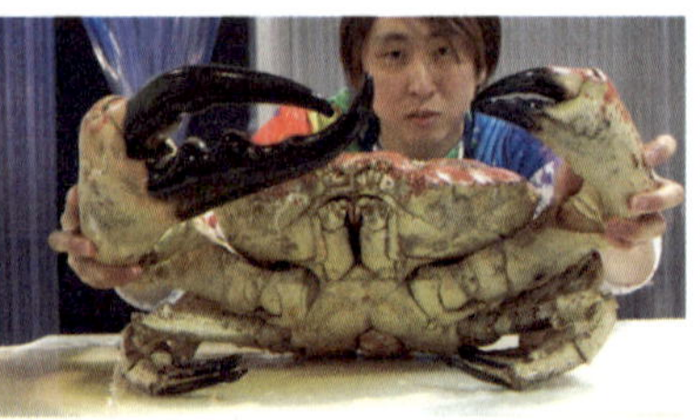

- **사례 2. 식재료의 희소성을 활용한 기마구레쿡**: 일본 요리 채널의 정점인 기마구레쿡^{きまぐれクック} 역시 유사한 전략을 구사한다. 그는 흔한 고등어나 갈치가 아닌 상어, 곰치, 대왕오징어 등 일상에서 보기 힘든 '희귀 수산물'을 주재료로 삼는다. 시각적 압도감을 주는 거대 갑각류나 독특한 외형의 생선을 손질하는 과정은 요리에 관심 없는 시청자의 시선까지 붙잡으며 1,480만 명 구독자를 확보했다.

또한 "생선 뱃속에 무엇이 들어 있을까?"처럼 원초적인 호기심을 자극하는 섬네일 전략은 탐색 트래픽의 클릭률을 극대화한다. 전문적인 손질법을 알려주면서도, 그 과정을 하나의 쇼처럼 연출하여 대중성을 확보한 것이다.

2. 대중성 확보를 위한 전략적 장치

위 사례들을 통해 우리가 배워야 할 지점은 콘텐츠 기획 단계에서부터 '비관심층'까지 어떻게 끌어들일지 고민해야 한다는 점이다. 니치한 분야일수록 다음과 같은 장치가 필수적이다.

- **재미와 호기심 유발**: 정보 전달보다는 "만약 ~한다면 어떤 결과가 나올까?" 식의 질문에서 출발한다. 이는 시청자를 결과보다 과정에 집중시켜 시청 지속 시간 그래프를 유지시키는 강력한 동기가 된다.
- **캐릭터의 친근함**: 해당 분야의 문턱을 낮춰주는 캐릭터 설정이 필요하

다. 전문가적인 권위보다는 시청자와 함께 즐기는 조력자나 관찰자의
입장을 취하는 것이 유리하다.
- **시각적 임팩트(스케일)**: 일반적인 상상을 뛰어넘는 크기, 희귀함, 파격적
인 시도는 언어의 장벽을 넘어 글로벌 시청자까지 유입시키는 힘을 발
휘한다.

유튜브 콘텐츠는 창작자의 독백이 아니라 시청자와의 대화다. 내가 아
무리 가치 있는 정보를 갖고 있다 하더라도 시청자가 들을 준비가 되어
있지 않다면 그 가치는 전달되지 않는다. 더 많은 시청 시간을 점유하고
비즈니스 기회를 창출하고 싶다면, 나의 전문성을 대중의 언어로 번역하
는 '엔터테인먼트적 설계'에 공을 들여야 한다. 유튜브 알고리즘은 시청자
를 채널에 오래 머물게 만드는 크리에이터에게 더 큰 도달 범위와 수익으
로 보답하기 때문이다.

3. 모든 기회는 시의성을 타고 온다

유튜브 비즈니스에서 크리에이터보다 우선순위에 있는 존재는 시청자
다. 시청자가 중시하는 가치나 라이프스타일이 변화하면, 10년 동안 무명이
었던 채널이 하루아침에 글로벌 스타가 되기도 한다. 이는 콘텐츠의 퀄리티
뿐만 아니라 '시대의 요구'와 '타이밍'이 맞아떨어질 때 발생하는 현상이다.

- **사례 3. 팬데믹과 듀오링고 효과, 스티브 코프먼**: 79세의 언어 학습 전문가
스티브 코프먼Steve Kaufmann은 2007년에 유튜브를 시작했다. 그는 20년
가까이 "언어에 지름길은 없으며, 매일 반복적인 노출을 통해 익숙해지
는 것이 유일한 방법"이라는 본인만의 철학을 꾸준히 설파해왔다. 하지
만 2020년 초까지 그의 구독자는 30만 명 수준에 머물러 있었다.

그의 채널이 급성장한 결정적 계기는 코로나 팬데믹이었다. 전 세계적인 락다운으로 자기계발 수요가 폭발했고, 특히 언어 학습 앱 '듀오링고Duolingo'가 시장을 장악하며 언어 학습 열풍을 일으켰다. 역설적이게도 스티브 코프먼에게 기회는 듀오링고의 대척점에서 찾아왔다. 게임처럼 가볍게 학습하는 듀오링고 방식과 맞지 않다고 느낀 학습자들이 "진짜 유창해지려면 어떻게 해야 하는가?"라는 근본적인 질문을 던지기 시작했고, 그 해답을 10년 넘게 묵묵히 자리를 지켜온 코프먼의 채널에서 찾은 것이다.

코프먼 역시 이 흐름을 놓치지 않았다. 그는 당시 가장 핫했던 키워드인 "듀오링고가 정말 효과가 있는가?How good is Duolingo?"라는 영상을 제작해 대중의 관심사를 자신의 채널로 끌어들였다. 시대를 읽는 감각과 오랫동안 쌓아온 콘텐츠의 자산이 만나 145만 구독자라는 대반전을 만들어낸 사례다.

국내 사례에서도 시의성의 위력은 명확히 드러난다. 3,000만 회 이상의 조회수를 기록한 에버랜드의 '소울리스좌' 영상이 대표적이다. 단순히 캐릭터의 매력 때문이라고 생각하기 쉽지만, 업로드 시점인 2022년 4월은 팬데믹이 끝나고 야외 활동 수요가 폭발하던 엔데믹 초기였다. 당시 놀이동산 결제율이 급증하던 시기적 배경이 콘텐츠의 폭발력을 뒷받침한 것이다.

시의성이 성과로 연결된 또 다른 사례는 바로 '중국' 관련 콘텐츠다. 과거 중국 관련 영상은 부정적인 댓글 세례를 각오해야 할 만큼 반감이 컸다. 하지만 2022~2023년 기점으로 브이로그와 먹방을 중심으로 마라탕과 탕후루가 선풍적인 인기를 끌면서 대중의 시선이 변하기 시작했다. 음식에 대한 익숙함이 문화 자체를 수용하는 심리적 문턱을 낮춘 것이다.

음식에서 시작된 흐름은 여행으로 이어졌다. 2023년 중반부터 유튜브 인기 급상승 동영상 목록에 중국 여행 영상이 자주 등장했고, '캡틴따거' 채널은 관광 브이로그가 아닌 탐사 · 분석 관점으로 중국의 구조를 현장에서 전달하며 강력한 팬덤을 형성했다. 그 뒤, 2024년 중국 무비자 입국 정책 도입과 맞물려 실제로 중국 여행 수요가 증가했다.

커머스로의 확장도 자연스러웠다. 중국의 초저가 플랫폼 '테무Temu'의 언박싱 콘텐츠인 일명 '테무깡'이 패션을 넘어 전 카테고리로 확산되었고, 그 결과 2024년 12월 기준 알리익스프레스AliExpress와 테무의 MAU는 각각 899만 명과 813만 명을 기록하며 국내 쇼핑 앱 2, 3위를 차지했다.

이러한 콘텐츠 열풍은 산업계 전반으로 빠르게 전이되었다. F&B 업계가 마라 맛 제품을 주기적으로 출시하고 편의점에서 수건 케이크 같은 중국식 디저트를 앞다퉈 선보이는 사이, 하이디라오는 피크 시간대 대기 시간이 1~2시간 이상일 만큼 성황을 이뤘다. IT 분야 역시 예외는 아니다. 채널 '서재로36'의 영상이 조명한 중국 전기차 BYD의 '돌핀'은 약 2,450만 원이라는 파격적인 가격으로 출시되어 국내 전기차 시장에 강력한 가격 경쟁 압박을 가하고 있다.

이러한 흐름은 음식에서 시작해 여행, 커머스, IT 산업으로 이어졌으며, 콘텐츠를 통해 쌓인 익숙함이 실제 비즈니스의 확장으로 연결된 대표적 사례로 해석된다.

시청자라는 거대한 파도 위에 올라타라

콘텐츠 비즈니스에서 기회와 운은 대개 '시의성'이라는 옷을 입고 나타난다. 콘텐츠의 성패를 결정하는 최종 권한은 창작자가 아닌 시청자에게 있기 때문이다. 〈무한도전〉의 김태호 PD가 "제작사와 OTT 중 누가 더 힘이 센가는 중요하지 않다. 결국 둘을 무너뜨릴 수 있는 것은 시청자다"라고 말한 이유도 여기에 있다.

성공적인 유튜브 비즈니스를 꿈꾼다면 두 가지를 동시에 갖춰야 한다. 스티브 코프먼처럼 본인만의 본질적인 가치를 지키는 '꾸준함', 그리고 세상이 무엇에 열광하고 시청자가 무엇을 필요로 하는지 살피는 '시장 감각'이다. 나만의 길을 가되, 시청자가 만들어내는 거대한 트렌드의 파도를 탈 줄 알아야 비로소 롱런하는 채널이 될 수 있다.

04

혼자하면 지속할 수 없다

유튜브는 대부분 '1인 미디어'로 시작한다. 기획부터 촬영, 편집, 업로드, 데이터 분석, 그리고 시청자 관리와 비즈니스 확장까지, 이 모든 과정을 혼자서 수행해야 한다는 것은 구조적 한계에 부딪히기 마련이다. 롱폼영상 하나를 만드는 데 평균 일주일이 꼬박 소요되는데, 여기에 전문적인 비즈니스 영역까지 더해지면 개인이 감당할 수 있는 수준을 훌쩍 넘어서게 된다.

글로벌 톱 크리에이터들의 성공 궤적을 추적하다 보면 크루 시스템이나 가족의 헌신적인 도움을 받는 경우를 많이 볼 수 있다. 게리 베이너척, 로건 폴, 제니 도안, 후다 카탄의 성공 뒤에는 가족의 서포팅이 있었고, 듀드 퍼펙트는 처음부터 마음 맞는 친구들이 모인 팀이었다. 미스터비스트역시 초반에는 혼자였으나, 지금은 크루를 조직해서 콘텐츠를 생산한다.

스타트업 신에서는 초기 투자자를 흔히 '3F'라 부른다. 친구Friends, 가족Family, 바보Fools를 뜻한다. 망할 위험이 큰 초기 단계에 돈을 내어주는 사람은 결국 가까운 지인이거나 무모한 바보뿐이라는 얘기다. 하지만 이 3F조차 없는 것보다는 있는 게 훨씬 낫다. 불확실성이 높은 콘텐츠 비즈니스에서도 마찬가지다.

멘탈 관리는 곧 비즈니스의 존폐와 직결된다

한국에서는 크리에이터가 3F도 없이 혼자 시작하는 경우가 대부분이다. 아직까지 한국 사회는 가족과 친구 간 경계가 명확하며, 사적 영역의 공개를 꺼리는 문화적 특성도 있기 때문이다.

하지만 고된 일을 혼자서 오래 하다 보면 반드시 멘탈 관리에 문제가 생긴다. 게다가 비즈니스 모델까지 갖추려면 팀이나 조직이 필수적이고, '콘텐츠 제작 조직'과 '비즈니스 운영 조직'은 분리해서 운영하는 것이 훨씬 유리하다.

이런 점에서 K-팝 기획사들의 운영 모델을 참고할 만하다. 대형 기획사들은 아티스트의 멘탈 관리가 곧 회사의 수익과 직결된다는 사실을 일찍이 깨달았다. JYP엔터테인먼트는 전담 정신건강 프로그램을 운영하고, 하이브HYBE는 외부 전문 센터와 파트너십을 맺어 구성원들에게 정기적인 심리 상담을 제공한다. 이상 징후가 발견되면 활동을 중단하고 치료를 지원하며, 전략적으로 휴식 주간을 배치한다. 아티스트의 지속 가능성을 기업 차원에서 관리하는 것이다.

반면, 훨씬 더 거친 야생이라 할 수 있는 크리에이터 생태계에는 이러한 보호 체계가 전무하다. 실시간 조회수는 매일의 성적표가 되어 목을 조르고, 악성 댓글과 커뮤니티의 반응도 고스란히 혼자 감당해야 한다. 외로움과 공허함이 만연해지면 결국 번아웃이 오고, 이는 콘텐츠 품질 저하와 시청자 이탈로 이어진다. 혼자서 이 악순환의 고리를 끊어내는 것은 너무 어렵다.

콘텐츠의 핵심은 '관계'와 '리액션'에 있다

콘텐츠에서 시작해 사업화까지 염두에 두고 있다면, 처음부터 크루 또는 가족 기반 운영을 생각해보는 게 좋다. 협업 구조가 개인 운영보다 성공률이 높은 이유는 단순히 업무 분담 때문만은 아니다. 구성원 간의 '관계성' 자체가 강력한 콘텐츠가 되기 때문이다. 멤버들 사이에 서사가 생기고 케미스트리가 발생하면 시청 지속 시간은 자연스럽게 늘어난다.

미스터비스트가 크리에이터 크루와 함께 영상을 만드는 이유도 이런 이유 때문이다. 특히 그의 크루 멤버인 챈들러 핼로Chandler Hallow의 사례는 드라마틱하다. 원래 청소부였던 챈들러는 우연히 영상에 등장했다가 시청자들의 폭발적인 호응을 얻어 정식 멤버가 되었다.

현재 미스터비스트의 크루들은 각자 고유의 캐릭터와 역할을 수행하며 브랜드 가치를 높이고 시너지를 낸다.

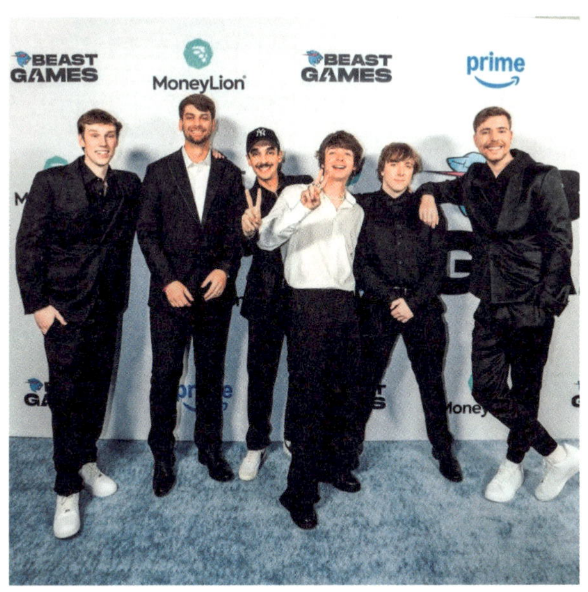

▲ 왼쪽부터 놀란, 챈들러, 타릭, 칼, 맥, 그리고 미스터비스트

- **놀란 핸슨**^{Nolan Hansen}: 활발한 승부사 캐릭터로 챌린지 참가 및 진행 보조. 브랜드 행사 참여.
- **챈들러 핼로**^{Chandler Hallow}: 엉뚱한 매력으로 고정 출연하며 상금 관리나 진행 보조 역할 수행. 본인의 이름을 딴 버거 메뉴 출시 등 커머스 활성화 기여. SNS 소통.
- **타릭 살라메**^{Tareq Salameh}: 카메라맨에서 메인 촬영감독이자 출연자로 성장, 제작과 출연의 가교 역할. 브랜드 행사 촬영과 출연 병행.
- **칼 제이컵스**^{Karl Jacobs}: 창의적인 막내 캐릭터. 트위치 스트리머 경력을 활용한 게임 채널 진행 및 개인 의류 브랜드 운영으로 젊은 층 유입.
- **맥 홉킨스**^{Mac Hopkins}: '비스트 게임'의 공동 제작자, 공동 진행자, 수석 편집자로 활동하며 콘텐츠의 핵심 제작진 역할 수행. 미스터비스트의 미디어 사업 전반에 중추적 역할.

크루 시스템은 콘텐츠 안에서 이야기를 풍성하게 만들 뿐만 아니라, 비즈니스 영역에서도 각자의 역할을 분담하며 리스크를 분산시킨다. 특정 멤버에게 논란이 생기더라도 시스템이 갖춰져 있다면 새로운 인력 충원을 통해 대응할 수 있다.

결국, 유튜브에서 콘텐츠를 시작해 비즈니스까지 확장하고 싶다면 처음부터 '누구와 함께할 것인가'를 고민해야 한다. 1인 미디어라는 환상에 빠져 모든 짐을 혼자 짊어지기보다는, 가족이든 친구든 '팀'이라는 울타리를 만드는 것이 롱런을 위한 투자다. 과거 〈무한도전〉이 10년 넘게 사랑받았던 비결이 멤버들 간의 관계성에 있었음을 기억하자.

05

위기가 왔을 때
정면 돌파가 답이다

크리에이터가 창작자에서 사업가로 성장하는 과정은 필연적으로 다양한 도전에 직면할 수밖에 없다. 채널 규모가 커질수록 운영의 복잡성과 대중의 도덕적 기대치는 기하급수적으로 높아지기 때문이다. 전 세계 1위 크리에이터 미스터비스트의 사례는 거대 비즈니스로 성장하는 과정에서 발생하는 구조적 문제를 극명하게 보여준다.

미스터비스트는 꽃길만 걸어온 것이 아니다. 그는 수많은 갈등과 논란 속에서 성숙해왔으며, 2024년에는 전직 직원의 폭로로 사상 초유의 위기를 겪기도 했다. 그의 논란은 크게 9가지 범주로 나뉜다.

표 3-3 | 미스터비스트의 위기 대응

논란 범주	핵심 내용	결과 및 시사점
과거 부적절 발언	10대 시절 동성애 혐오 및 인종 차별적 발언 재조명	"성장하고 성숙해졌다"며 공식 사과 및 영향력에 대한 책임 인정
유독한 조직 문화	전직 직원들의 괴롭힘 및 정신적 비하 주장	"일에 대한 높은 기준은 있으나 유독한 환경 아니다"라고 해명하며 복지 시스템 정비

자선 콘텐츠의 본질	시각 · 청각 장애인 치료 영상에 대한 '자선 포르노' 비판	"도움의 본질"을 강조하며 기부의 선순환 구조 정착 노력
사업 운영 미숙	미스터비스트 버거 품질 논란 및 파트너 사와의 법적 분쟁	"나쁜 계약이었다"고 인정하며 파트너십 종료. 품질 통제권의 중요성 체감
콘텐츠 조작 의혹	챌린지 조작 및 불법 복권 운영 주장 (전 직원의 저격)	미스터비스트는 직접 대응 안 함. 팀 차원에서 "허위 주장" 반박하며 투명성 강화 조치 착수
안전 및 인권 문제	아마존 '비스트 게임' 촬영 중 음식 · 의료 지원 부족 논란	"예상치 못한 물류 문제" 인정 및 공식 검토 약속, 현재 소송 대응 중
크루 리스크	핵심 멤버(에바 크리스)의 미성년자 부적절한 대화 의혹	즉시 조사 착수 및 팀 제외 결정. 개인 리스크가 브랜드로 전이되는 것을 차단
문화적 무지	멕시코 마야 유적지 제한구역 침입 및 상업적 촬영	허가 여부에 대한 입장 차이 발생. 현지 문화 존중의 중요성 부각
AI 저작권 문제	뷰스탯 AI 섬네일 생성기 출시로 타 유튜버 작품 무단 복제 가능성 제기	"완전히 잘못 판단했다" 인정 후 즉시 사과. 도구 철회. 인간 디자이너 고용 링크 추가

관심을 먹고 사는 크리에이터에게 논란은 숙명과도 같다. 그러나 중요한 것은 이에 대응하는 태도다. 위기를 회피하지 않고 정면으로 돌파할 때 새로운 서사와 캐릭터가 만들어지기도 한다.

로건 폴: 사과 이상의 변화로 정면 돌파

2부에 소개했듯, 로건 폴은 절체절명의 위기를 정면 돌파해 기회로 바꾼 대표적 인물이다. 2017년 일본 아오키가하라 자살 희생자 영상 사건은 그의 커리어를 끝장낼 뻔했다. 72만 명이 채널 삭제 청원에 서명했고, 유튜브 수익은 정지되었다.

하지만 그는 '이미지 세탁' 대신 '정면 승부'를 택했다. 단순히 잘못했다는 말에 그치지 않고, 자살 예방 전문가들을 만나 공부하고, 100만 달러약

▲ 자살 예방 전문가(좌)와 상담하는 로건 폴

14억 4,600만 원를 기부하며 직접 자살 예방 캠페인을 시작했다. 그는 "도쿄 이전과 이후"라는 표현을 자주 사용했을 만큼 이 사건을 인생의 전환점으로 여겼다. "구독자의 성장이 아닌 인간적 성장에 집중하겠다"며 복싱을 시작했고,[7] 이는 훗날 '프라임' 음료와 WWE 진출이라는 거대한 비즈니스 성공의 발판이 되었다. 최악의 실수를 인정하고 근본적인 변화를 보여줌으로써 새로운 정체성을 구축한 것이다.

크리에이터를 위한 위기 관리 3가지 원칙

비즈니스 플랫폼으로서 유튜브에서 성공하려면 위기를 전환할 수 있는 '회복 탄력성'이 필수적이다. 이제 막 성장하기 시작한 크리에이터라면 다음 세 가지 메시지를 꼭 기억하자.

첫째, 변명이 아닌 '설명'을 하고, 감정이 아닌 '팩트'로 대응하라. 위기가 닥치면 인간은 본능적으로 방어 기제가 작동해 변명을 늘어놓기 쉽다. 하지만 대중이 원하는 것은 논리적인 설명과 사실관계다. 특히 금전적 이

슈나 조작 의혹이 제기되었을 때는 감정적인 호소보다 데이터와 증거를 기반으로 한 투명한 공개가 훨씬 강력한 힘을 발휘한다.

둘째, 사과의 주체를 명확히 하고 팬덤 뒤에 숨지 마라. "제 팬들은 저를 옹호하지 마세요"라는 로건 폴의 발언은 위기 관리의 정석이다. 잘못은 내가 했는데 팬들이 대신 싸우게 만드는 것은 피해자에게 2차 가해를 입히고 논란을 키울 뿐이다. 책임의 주체는 오직 크리에이터 본인이어야 하며, 팬덤이 아닌 대중 전체의 상식에 비추어 사과해야 한다.

셋째, 위기를 '콘텐츠의 전환점'으로 삼아라. 위기는 역설적으로 당신이 어떤 사람인지 보여줄 가장 큰 기회다. 단순히 자숙하고 돌아오는 것이 아니라, 문제가 되었던 지점을 학습하고 개선하는 과정을 콘텐츠로 녹여내라. 시청자는 완벽한 사람보다 '잘못을 바로잡고 성장하는 사람'에게 더 강한 유대감을 느낀다.

유튜브가 거대 비즈니스 생태계로 진화하면서, 이제 크리에이터는 개인이 아닌 공인이자 기업가로서의 책임을 진다. 위기는 피할 수 없지만, 그 위기를 어떻게 돌파하느냐에 따라 당신이 '반짝 스타'로 남을지, '지속 가능한 사업가가 될지가 결정될 것이다.

06

유튜브는 관계 비즈니스다: 인지도^{Fame}를 넘어 팬덤^{Fan}으로

수많은 연예인들이 방송사나 대형 제작사와 손잡고 유튜브에 뛰어들고 있다. 하지만 그들 대부분이 얼마 못 가 중단하는 결정적인 이유는 '인지도'와 '팬'을 구분하지 못했기 때문이다. 단순히 인지도에 기댄 채널은 실패하기 십상인 반면, '찐팬'을 보유한 채널은 대부분 성공한다. 결국 유튜브 채널의 성패는 이 팬덤을 어떻게 구축하느냐에 달려 있다.

국내 콘텐츠 업계의 거장 나영석 PD의 사례가 이를 잘 보여준다. 그의 유튜브 채널 '십오야'는 출연자의 팬덤 크기에 따라 조회수가 극단적으로 갈리는 문제를 안고 있었다. 이영지 같은 스타가 출연하면 600만 뷰를 넘

▲ 침착맨 채널에 출연해 자문을 구하는 나영석 PD

기지만, 팬덤이 약한 인물이 나오면 10만 뷰로 급락하는 식이었다. 이에 나영석은 2023년 5월, 침착맨을 찾아가 "우리 제작진이 직접 주인공이 되고 싶다"며 자문을 구했다. 외부 스타에 의존하는 '인지도 비즈니스'에서 제작진 자체가 팬덤을 갖는 '관계 비즈니스'로의 전환을 고민했던 것으로 보인다.

침착맨의 권유에 따라 나영석은 주 1~2회 꾸준히 라이브를 진행하며 시청자와 직접 소통했고, 점차 두터운 팬덤을 형성했다. 그 결과, 이제는 출연자가 누구든 나영석과 제작진을 보러 오는 고정 팬들 덕분에 조회수의 최솟값이 보장되었다. 2024년 10월 열린 나영석 팬미팅은 순식간에 매진되었고, '인생네컷' 광고와 굿즈 판매 등 오프라인 커머스까지 비즈니스

가 확장하고 있다.

유튜브 운영에서 팬덤이 중요한 이유는 데이터 측면에서도 명확하다. 영상 업로드 직후 1시간 동안의 조회수는 알고리즘이 해당 영상을 얼마나 널리 퍼뜨릴지 결정하는 핵심 지표다. 찐팬들은 업로드 즉시 영상을 찾아보며 이 초반 기동력을 만들어낸다. 게다가 찐팬들은 영상을 아껴서 보는 경향이 있다. 2배속이 아닌 정속으로 시청하고, 좋아하는 구간을 반복해서 본다. 이들이 쌓아주는 높은 '시청 시간'과 '체류 시간'은 채널의 활성도를 유지하는 가장 강력한 엔진이 된다.

관계의 본질은 '시간의 축적'에 있다

관계 비즈니스의 핵심은 시청자로 하여금 콘텐츠가 아닌 '인물' 자체를 좋아하게 만드는 것이다. 이 단계에 도달하면 소재 고갈이나 이미지 소진의 압박에서 자유로워진다. 시청자들은 침착맨이 10시간 동안 게임을 하든, 단순히 밥을 먹든, 심지어 라이브 방송을 하다가 자리를 비우든, 침착맨이라는 사람과 시간을 공유하기 위해 모여들기 때문이다.

이러한 관계는 짧은 숏폼만으로는 형성되기 어렵다. 숏폼은 인지도를 높이는 데 유리하지만, 팬덤을 만드는 것은 긴 호흡의 라이브나 꾸준한 오프라인 접점이다. 미스터비스트가 독보적인 팬덤을 유지하는 비결도 지속적인 이벤트 콘텐츠를 통해 팬들과 직접 호흡하기 때문이며, 듀드 퍼펙트는 오프라인 콘서트를 통해, 후다 카탄과 게리 베이너척은 다양한 소셜미디어와 현장 만남을 통해 끊임없이 실체적인 관계를 구축해왔다.

따라서 유튜브를 기반으로 비즈니스를 확장하고자 한다면 스스로에게 한 가지 질문을 던져야 한다. "나는 내 채널의 찐팬이자 고객을 실제로 만난 적이 있는가?"

글로벌 스타가 된 BTS가 팬덤의 전폭적인 지지를 받는 이유는 그들이 가장 화려한 순간에도 팬들과의 소통(라이브, 커뮤니티 활동 등)을 멈추지 않았기 때문이다. K-팝 아이돌의 강력한 팬덤 역시 단순히 음악만 좋다고 만들어지는 게 아니다. 그들은 데뷔 전 연습생 시절부터 오디션 프로그램이나 공개 콘텐츠를 통해 성장 서사를 공유하며 팬덤을 확보한다. 데뷔 이후에는 온·오프라인을 넘나드는 지속적인 만남을 통해 관계를 공고히 하고, 공백기조차 팬 감사 이벤트나 개인 활동으로 팬덤을 재활성화하는 전문적인 관리 시스템을 가동한다.

유튜브와 위버스 등 다양한 플랫폼을 활용해 팬들의 참여를 이끌어내고 관계 구축에 집중하는 이 시스템은 결국 음반과 굿즈, 대규모 투어로 이어지는 수백억 원의 매출을 창출하는 근간이 된다. 팬덤이 없는 K-팝이 존재할 수 없듯, 팬들의 충성도와 참여도는 비즈니스의 매출과 확산, 그리고 지속 가능성을 결정하는 절대적인 요소다.

유튜브 역시 기본이 되는 팬이자 고객 없이는 비즈니스를 키울 수 없으며, 플랫폼이 아무리 진화해도 그 본질은 결국 '관계'라는 사실을 잊지 말아야 한다. 그리고 이 관계는 단시간에 형성되지 않는다. '시간의 축적'이 핵심임을 명심하자.

유튜브라는 거인의 어깨 위에서

이제 우리는 유튜브라는 거대한 생태계를 가로질러, 콘텐츠가 어떻게 수조 원 가치의 비즈니스 제국으로 변모하는지 그 경이로운 여정을 함께 살펴보았다. 책을 마무리하며 다시 한번 강조하고 싶은 것은, 유튜브는 단순히 영상을 올리고 시청하는 공간을 넘어, 지구상 가장 강력한 플랫폼이 되고 있다는 사실이다.

우리는 매일 유튜브를 소비하며 살아가지만, 여전히 많은 이들이 유튜브가 가진 산업적 임팩트를 과소평가하거나 단순한 '조회수 놀이'로 치부하곤 한다. 그러나 그 이면에는 전통적인 미디어와 기업의 문법을 파괴하며 새로운 부의 지도를 그려가는 거대한 흐름이 존재한다.

안타깝게도 이 같은 트렌드를 국내 케이스 스터디만으로 따라가기엔 한참 역부족이다. 한 명의 콘텐츠 크리에이터가 거대 미디어가 되고, 나아가 기업 수준의 경제 가치를 창출하는 글로벌 톱 티어 수준의 사례는 해외로 눈을 돌려야만 발견할 수 있다. 이것이 우리가 이 책을 집필하게 된 가장 큰 동기였다.

이 책에서 다룬 슈퍼 유튜버들은 단순히 영상을 올려 광고 수익을 얻거나 협찬 비용을 받는 수준에 머물지 않았다. 그들은 유튜브라는 강력한 신뢰 자산을 지렛대 삼아 직접 브랜드를 론칭하고, 유통 구조를 혁신하며, 기존 산업의 거물들이 상상하지 못한 방식으로 비즈니스를 확장했다. 우리는 그들이 맨 처음 스마트폰의 카메라 앞에 섰던 날부터, 수백 수조 원의 기업가로 성장하기까지의 과정에서 마주한 독창적인 생각, 뼈아픈 실수, 그리고 원대한 비전을 담아내고자 노력했다.

그들의 거대한 성공을 관통하는 첫 번째 핵심은 결국 '독보적인 콘텐츠 경쟁력'이다. 매력적인 콘텐츠 없이 시청자의 시간과 관심을 사로잡는 것은 불가능하기 때문이다. 미스터비스트의 '보랏빛 소^{Purple Cow}'처럼 오직 나만이 줄 수 있는 독창적인 콘텐츠를 구현하고, 정보와 재미를 절묘하게 결합해 비관심층까지 유입시키는 영리한 기획이 선행되어야 한다.

또한 이들은 '집착에 가까운 데이터 분석'으로 알고리즘의 파도를 탔고, 세상의 흐름을 읽는 '시의성'을 포착해 기회를 현실로 만들었다. 여기에 멈추지 않고 창작자와 시청자 간의 서사를 쌓아 올리며 '관계'를 구축하기 위해 노력했다는 점에 주목해야 한다. 단순한 조회수가 아닌 탄탄한 팬덤을 형성하는 '꾸준함의 힘'과 '관계 비즈니스'야말로 어떤 위기에도 흔들리지 않는 가장 강력한 기초 체력이기 때문이다.

하지만 이 모든 요소를 다 갖추어 인기를 얻었다 해도, 그것이 곧 성공적인 사업을 보장하는 것은 아니다. 우리가 반드시 깨달아야 할 두 번째 사실은 '콘텐츠를 만드는 일과 비즈니스를 구축하는 일은 완전히 다른 영역'이라는 점이다. 콘텐츠가 직관과 감성, 그리고 데이터의 영역이라면, 비즈니스는 상품 기획, 제조, 물류, CS, 법률, 시스템 구축 등 수많은 변수와 리스크를 감내해야 하는 치열한 가시밭길이다. "인기가 있으면 돈은 저절로 벌릴 것"이라는 유혹적인 착각을 경계해야 한다. 글로벌 슈퍼 유튜버들이 비즈니스 전문가를 영입하고 경영에 사활을 걸었던 이유는, 비즈니스가 그만큼 고도의 전문성과 각고의 노력이 필요한 별개의 세계임을 인정했기 때문이다.

결국 창작자Creator에서 기업가Entrepreneur로 진화하기 위해 가장 필요한 것은 '끊임없이 학습하고 배우는 자세'다. 콘텐츠의 성공으로 비대해진 에고를 내려놓고, 비즈니스의 메커니즘을 겸손하게 공부하는 태도만이 사소한 실수로 공든 탑이 무너지는 것을 막아준다.

비록 리서치의 한계로 이 거대한 생태계의 모든 면면을 완벽히 담아내지는 못했을지라도, 이 책이 유튜브라는 엔진을 활용해 더 큰 세상을 설계하려는 분들에게 유용한 학습 도구가 되기를 바란다. 전 세계 1%의 거인들이 걸어간 길을 공부하며 얻은 통찰이, 이제는 여러분만의 비즈니스를 구축하는 든든한 초석이 되길 진심으로 응원한다.

미주

1부

1   Brett Malinowski, The 21-year-old who built a $500k/month Ai SaaS in 2 Months, https://www.youtube.com/watch?v=U48dckKCK4g

2   조선일보, '부정행위 AI'로 아마존 합격했던 21세 美 한인, 창업해 75억 투자 받았다, 2025.04.23

3   매일경제, 헤이스팅스 넷플릭스 CEO "우리의 경쟁상대는 인간의 수면시간", 2019.11.07

4   뉴스1, 한국인 88%가 유튜브 본다…10대 이하 男, 하루에 1.8시간 시청, 2024.06.27

5   와이즈앱, 유튜브 앱 1인당 평균 사용시간 추이, 2024.03.04

6   Axios, Netflix eyes video podcasts, 2025.04.22

7   한국경제, 요즘 초등생들 "유튜브 크리에이터 되고 싶어요", 2018.08.01

8   How to succeed in MrBeast production (leaked PDF), https://share.google/yuV4Xno8ng4hooPvj

9   Youtube For Artists, Multi-Format Release Strategy, https://artists.youtube/resources/multi-format-release-strategy/

10   미디어오늘, 제재 앞둔 유튜브, "뮤직 뺀 프리미엄 저가상품 출시하겠다", 2025.05.23

11   Youtube Official Blog, Introducing the YouTube Shorts Fund, 2021.05.11

12   Nilsen, Streaming Reaches Historic TV Milestone, Eclipses Combined Broadcast and Cable Viewing For First Time, 2025.06.17

13   Advanced Television, Report: YouTube achieves record share of TV watch time in US, 2025.01.22

14   Fortune Korea, Z세대는 TV 대신 틱톡 유튜브, 실시간 TV 시청률 급감, 2024.08.01

15   미디어스, BBC, '유튜브 퍼스트' 파트너십. 영국, 2035년 지상파 중단 계획, 2026.01.28

16   Financial Times, YouTube sports viewing soars as streaming moves to big-screen TVs, 2024.07.29

17   The Verage, YouTube is a hit on TVs — and is starting to act like it, 2024.12.11

18. 삼성 뉴스룸, 'TV는 거거익선?' 점점 커지는 초대형 TV 트렌드, 2023.05.10

19   National Library of Medicine, Television Viewing, Physical Activity, and Loneliness in Late Life, 2021.08

20   YouTube Official Blog, 20 ways we're celebrating two decades of YouTube, 2025.04.23

21   Favoree, YouTube Statistics and Insights in 2024, 2024.04.17

22   Goat, TikTok vs YouTube: Which Is Better For Your Brand in 2024?, 2023.03.09

23   Emarketer, Influencer marketing is the most popular strategy on YouTube, 2024.09.27., Tubefilter. More than half of brands will pay YouTubers to market their products this year.

2025.3.19

24   Demandsage, 82 Google Ads Statistics – 2025 Performance & Revenue, 2025.05.09., CROSS SCREEN MEDIA, YouTube's Earnings Hard To Watch, 2023.01.09

25   YouTube Official Blog, 20 ways we're celebrating two decades of YouTube, 2025.04.23

26   연합뉴스, 10명 중 8명은 숏폼 시청 경험...유튜브쇼츠 가장 많아, 2024.11.18

27   주간조선, 대도서관이 말하는 유튜브 비즈니스, 2018.06.01

28   Journal of Media Psychology, Dubbing or Subtitling?, 2009. Vol. 21(3):114-125

29   Forbes, Worldwide Video Content: A Win-Win For Creators, Users And Platforms, 2024.07.19

30   vidIQ, YouTube Launches Multilingual Thumbnail Feature to Help Creators' Global Reach, 2025.06.10

31   Entrepreneur, MrBeast Crashed a Mark Zuckerberg Interview and Told Him to Make Changes to Facebook Video — And It's Going to Happen Within a Year, 2025.03.28

32   TED, How AI will answer questions we haven't thought to ask. Aravind Srinivas, 2024.10.22, https://www.youtube.com/watch?v=MD4W_e3dJPs

33   The Wall Street Journal, Why BTS runs world, 2020.11.12

34   The Korea Times, BLACKPINK'S 'THE SHOW' draw 280,000 viewers, 2021.02.01

35   Single Grain, How Netflix on YouTube Is a Masterclass in Modern Marketing, 2024.04.16.

2부 1장

1   Mrbeast, Two Years of Youtube, https://www.youtube.com/watch?v=BtCGABBPH9s

2   Medium, The Life of Mr. Beast: The $1,000,000 Guy, 2022.09.09

3   https://www.instagram.com/p/DPZK1D3jQVz/?utm_source=ig_web_copy_link&igsh=MWU0enE1dXFjNWF0cQ%3D%3D&img_index=1

4   The Diary Of A CEO, MrBeast: If You Want To Be Liked, Don't Help People & I Lost Tens Of Millions On Beast Games!, https://www.youtube.com/watch?v=FjrJ2DJN_pA

5   NRN, MrBeast has allegedly stepped back from MrBeast Burger, 2023.06.22

6   Kellogg Company, Kellogg Company Reports Strong 2022 Results and Provides 2023 Financial Guidance, https://s203.q4cdn.com/897568180/files/doc_events/2023/02/Q4-2022-Press-Realease-Non-GAAP.pdf?utm_source=chatgpt.com

7   https://youtu.be/3jS_yEK8qVI

8   https://youtu.be/W0iQguIT_yE

9   WRAL, Lunchables were a smashing success. Now they're in crisis, 2024.11.25

10 Cognitive Market Research, Kids Snacks Market Analysis 2025, 2025.10

11 https://feastables.com/products/chocolate-milk

12 Tubefilter, MrBeast-Backed Gaming Venture Launches Backbone One, A Controller That Turns iPhones Into Consoles, 2020.10.27

13 The Verge, MrBeast working with $2 million fund to invest in up-and-coming creators, 2021.03.25

14 Tubefilter, MrBeast Invests In Fintech Company 'Current,' Kicks Off Long-Term Partnership With $100,000 Giveaway, 2021.04.26

15 SVG, The Shady Side Of MrBeast, 2024.09.03

16 The Hollywood Reporter, MrBeast, James Patterson Team for High-Stakes Thriller Novel, 2025.05.05

17 Tubefilter, MrBeast hires VC vet to lead the company now known as Beast Industries, 2024.06.06

18 SEMAFOR, YouTube star MrBeast breaks with management company, 2024.05.06

19 The Verge, Inside the high-wire business of MrBeast. Leaked plans reveal the ambitions — and risk appetite — of the biggest YouTuber on earth, 2025.03.08

20 https://www.primevideo.com/detail/Beast-Games/0TC47K49HUJK01R9FA42BAO22A

21 https://theposterdb.com/posters/2117618#:~:text=Beast%20Games%20

22 Red Stag Fulfillment, What share of US e-commerce spending goes to Amazon?, https://redstagfulfillment.com/what-share-of-us-ecommerce-spending-goes-to-amazon/

23 Entrepreneur, MrBeast Says He Lost 'Tens of Millions of Dollars' on His Hit Amazon Reality TV Show 'Beast Games', 2025.02.24.

2부 2장

1 Business Insider, Marques Brownlee details his business as a tech YouTuber and how he makes money on the platform, 2021.01.23

2 Tech Crunch, MKBHD says yes to Google Glass, no to the metaverse, 2022.07.06

3 Fundmates, Marques Brownlee (MKBHD): How Tech Reviews Built a Media Brand

4 Do Bad Reviews Kill Companies?, https://www.youtube.com/watch?v=QztFpzKsdeA

5 아시아경제, "부품이 아깝다" 유명 유튜버 선정 올해 최악의 스마트폰은?, 2023.12.24

6 How MKBHD Became The Most Powerful Man in Tech, https://www.youtube.com/watch?v=tn-MGyr-6dk

7 Fundmates, Marques Brownlee (MKBHD): How Tech Reviews Built a Media Brand

2부 3장

1   The Dude Perfect Interview, https://www.youtube.com/watch?v=zF5PO0mHD80

2   AP News, A sweet 16 for Dude Perfect, from college trick shots to trusted sports and entertainment brand, 2025.0417

3   That Eric Alper, YouTube Phenoms Announce The Dude Perfect 2020 Tour, 2020.01.18

4   POLLSTAR, Dude Perfect Brings 'Panda-Monium' To Europe For First Time, 2024.04.23

5   AOL, Dude Perfect debuts 360-degree stage on 2026 tour with stop in Dallas, 25.11.15

6   Dude Perfect: Backstage Pass | Official Documentary, https://youtu.be/lbK24iwrYbY

7   POLLSTAR, Dude Perfect Brings 'Panda-Monium' To Europe For First Time, 2024.04.23

8   JohnWallStreet, Social to IRL Trend Gaining Momentum as Sold-Out Dude Perfect Tour Begins, 2025.07.01

9   Samsung Newsroom U.S., Samsung Galaxy and Dude Perfect Team Up for Nationwide Tour, 2025.07.01

10   The Ankler, Dude Perfect Got $100M in PE Money. This is What They're Doing With It, 2025.02.27

11   Local Profile, Why Dude Perfect's New Frisco Headquarters Is A Game Changer, 2025.06.19

12   Bloomberg, Dude Perfect Creates a Real World Venue for Its YouTube Antics, 2025.03.04

13   상동

14   Forbes, The Next Chapter of Dude Perfect: Inside Their $5 Million Headquarters, 2025.01.16

15   듀드 퍼펙트 공식 홈페이지, https://www.overlandpartners.com/project/dude-perfect-world/#:~:text=up%C2%A0five%C2%A0stories,community%20events%20and%20seasonal%20attractions

16   Local Profile, Dig World And Dude Perfect Team Up For North Texas Theme Park, 2025.07.17

17   The Rebboting Show, Inside Dude Perfect's highly profitable business model, 2025.03.25

18   The Ankler, Dude Perfect Got $100M in PE Money. This is What They're Doing With It, 2025.02.27

19   The Wrap, YouTube Trick-Shot Stars Dude Perfect Score $300 Million Investment, 2024.04.09

20   The Ankler, Dude Perfect Got $100M in PE Money. This is What They're Doing With It, 2025.02.27

21   Front Office Sports, Why the NBA's Social Media Czar Left for Dude Perfect, 2024.10.22

22   Dallas Innovates, Dude Perfect Snags NBA Exec as Its First-Ever CEO, 2024.10.03

23   Fast Company, Dude Perfect went from YouTube to raising $100M. Here's how its new CEO wants to grow the brand, 2024.11.16

24   Dude Perfect's CEO Shares Future of Trick Shot Empire, https://www.youtube.com/watch?v=PBWZP4Fd_0c

2부 4장

1   WHEN YOU DO SOMETHING COOL!, https://youtu.be/P92vsCFKrFI

2   So Sorry, https://youtu.be/QwZT7T-TXT0

3   Suicide: Be Here Tomorrow, https://www.youtube.com/watch?v=oWjxSkJpxFU&rco=1

4   I Took 4,120 Polaroids In 99 Days, https://www.youtube.com/watch?v=XsGOQP-B0gU

5   My last day as a 21 year old..., https://www.youtube.com/watch?v=ZdWQxQ4xScg

6   YOU WON'T BELIEVE WHAT I DID TO MY BIRD..., https://www.youtube.com/watch?v=F-mXqEcgkcA

7   Tubefilter, Logan Paul Says His 'Maverick' Merch Brand Made Between $30 And $40 Million In Its First Year, 2020.09.14

8   The Atheltic, Floyd Mayweather vs. Logan Paul fight exceeds 1 million PPV buys: Sources, 2021.06.10

9   BBC, WWE kicks off Netflix era with return of big stars, 2025.01.07

10   Grand View Research, Sportswear Market Size, Share & Trends Analysis Report (2024-2030), https://www.grandviewresearch.com/industry-analysis/sportswear-market

11   I Started A Drink Company With KSI, https://youtu.be/hmXTBjM0is4

12   Statista, Sales of the leading non-aseptic sport drink brands in the United States in 2025, https://www.statista.com/statistics/188303/top-non-aseptic-sports-drink-brands-in-the-united-states/

13   BBC, Prime drink: How KSI and Logan Paul made it so popular, 2023.04.19

14   HYPEFRESH, Messi's Hydration Brand Más+ by Messi Takes Legal Action Against Prime for Anti-Competitive Claims, 2024.10.11

15   Grand View Research, Sportswear Market Size, Share & Trends Analysis Report (2024-2030)

16   Fortune, Netflix's Tyson-Paul boxing bout gets 65 million viewers at peak, 2024.11.16

17   TMZ, Paul VS Joshua. 33 Million Viewers on Netflix...MVP Shares Numbers, 2025.12.23

2부 5장

1   Bloomberg, YouTube Wins Over TV Audience With Video Podcasts, 2025.12.18

2   Time Out, 'The Diary of a CEO' host Steven Bartlett announces Asia speaking tour for

September 2025, 2025.07.10

3 Yahoo! news,Spotify Wrapped 2023: How to get your top artists and Sound Town, 2023.11.30

4 Forbes, Netflix Considers A Bold New Play In The Creator Economy, 2025.02.13

5 Power Commerce, Why The Diary Of A CEO Founder Turned Down A $100M Deal To Build A Podcast Empire

6 스티븐 바틀릿 링크드인, https://www.linkedin.com/posts/stevenbartlett-123_today-im-deeply-grateful-to-hit-a-new-activity-7097107525199634432-njUc/

7 inkl, How Dragons' Den star Steven Bartlett's Diary of a CEO live show lit up Manchester's Albert Hall, 2021.08.02

8 Time Out, 'The Diary of a CEO' host Steven Bartlett announces Asia speaking tour for September 2025, 2025.07.10

9 스티븐 바틀릿 틱톡 계정에 공개된 한정판 굿즈 상품 영상, https://www.tiktok.com/@steven/video/7067586685067889925

10 스티븐 바틀릿 홈페이지, Steven Bartlett Named Among Forbes World Top 10 Creators of 2025, 2025.07.05

11 Podnew, Steven Bartlett's "The Diary of a CEO" now available on Samsung TV Plus, 2024.05.29

12 Trill, 'The Diary Of A CEO': Steven Bartlett And The Importance Of His New Partnership With Her Majesty's Prison Service, 2022.07.28

13 Forbes, Why The Diary Of A CEO Founder Turned Down A $100M Deal To Build A Podcast Empire, 2025.04.19

14 데일리뉴스, K-팝 해외매출 1조 시대 열렸다…공연이 고성장 견인차, 2024.07.24

2부 6장

1 Gary Vaynerchuk Eats Dirt | Late Night with Conan O'Brien, 2007, https://youtu.be/sZMGCulPZFo

2 Adage, How VaynerMedia won social media for Pepsi, Bose, Duracell and more, 2024.03.11

3 Digiday, Now 500 people, Gary Vaynerchuk's VaynerMedia sets its sights beyond social, 2015.06.05

4 Mixergy, Now 50#AskGaryVee: One Entrepreneur's Take on Leadership, Social Media and Self-Awareness

5 Campaign, Agency Report Cards 2022: VaynerMedia, 2022.04.26

6 Business Insider, Gary Vaynerchuk's company is set to top $300 million in revenue this year.

Here's how, 2024.12.09

2부 7장

1 CORQ, Huda Kattan regains ownership of Huda Beauty: The true reality of acquisition for creator brands, 2025.06.04

2 Forbes, 100 Most Powerful Businesswomen 2023, https://www.forbesmiddleeast.com/lists/top-100-most-powerful-businesswomen-2023/huda-kattan/

3 Elle, Here's how Huda Kattan built Huda Beauty, 2020.03.24

4 FinFloww, Here's how Huda Kattan built Huda Beauty, 2023.08.11

5 Why I'm no longer CEO at Huda Beauty, https://youtu.be/rAVxCCoNNLM

6 Forbes, How Huda Kattan Built A Billion-Dollar Cosmetics Brand With 26 Million Followers, 2018.07.11

7 Vogue India, As Huda Kattan celebrates a decade in beauty—Vogue traces her journey from blogger to moghul, and building a community-led empire, 2023.09.22

8 Entrepreneur, How Huda, Mona, And Alya Kattan Built The Billion-Dollar Huda Beauty Brand Out Of Dubai, 2019.08.18

9 Her Campus, Huda Beauty: A Billion Dollar Success Story, 2019.03.17

10 Business Insider, How to build a billion-dollar company in 5 years, according to a beauty founder, 2019.10.03

11 The Creators Blueprint, Brushes to Billions: The Huda Kattan Blueprint, 2025.02.21

12 Cosmetics Business, Huda Beauty launches make-up collaboration with Palestinian musician Saint Levant, 2025.07.21

13 Why I'm no longer CEO at Huda Beauty, https://youtu.be/rAVxCCoNNLM

14 This Mistake Almost Killed My Company!!!, https://www.youtube.com/watch?v=wPBu8tGerH8

2부 8장

1 Women's Weekly, Fitness Youtuber Chloe Ting On Staying Motivated, Self-Love & Dealing With Negativity, 2020.12.21

2 medium.com/@hello.theweightroom, The Incredible Growth of Chloe Ting, 2020.08.30

3 Body+Soul, Meet The 33-Year-Old Aussie Statistician Turned YouTube Star, 2019.03.19

4 The Sydney Morning Herald, Australian millennials are turning off their televisions in droves,

2018.03.06

5   Yutube Official Blog, 2020's top-trending videos and creators, 2020.12.01

6   ACSM Fitness Trends, https://acsm.org/education-resources/trending-topics-resources/acsm-fitness-trends/

7   Hype, Chloe Ting Thinks Of Quitting YouTube Amidst Legal Battle With Another Fitness Coach, 2021.08.26

8   Lifestyle.INQ, YouTube fitness star Chloe Ting addresses the haters with the help of health experts, 2020.08.11

9   Celebrity Net Worth, What is Chloe Ting's Net Worth?

10   Almost Fearless, Chloe Ting Net Worth 2025: How Rich is The Aussie Fitness Youtuber?, 2024.01.03

11   Influencity, Top Fitness Influencers to Promote Your Product, 2024.07.29

2부 9장

1   Blog 'Simply Nailogical', http://www.simplynailogical.com

2   Study Breaks Magazine, A Simply Nailogical Retrospective In Honor of Her New Brand, Holo Taco, 2019.07.18

3   상동

4   Fortune Business Insights, Nail Care Products Market Size, Share & Industry Analysis, By Product Type (Nail Polish, Top & Base Coats, Nail Polish Remover, Cuticle Care, and Others), By Distribution Channel (Online and Offline), and by Regional Forecast, 2025-2032, 2025.12.22

5   Variety, YouTube Streamy Awards 2021 Nominations Announced, MrBeast Leads With Seven Nods, 2021.10.20

6   Tubefilter, Holo Taco goes goth with Safiya Nygaard, 2023.09.11

7   홀로타코 공식 유튜브 채널, HUGE NEWS! Holo Taco is coming to Ulta Beauty in select US stores Oct 2024, https://youtu.be/sVT3W_iAcMs

2부 10장

1   Zendesk, Missouri Star Quilt Company uses data for personalized customer experiences.

2   Common Thread Collective, Growing Profitability featuring Alan Doan of Missouri Quilt Co, 2024.04.02

3   Entrepreneur, These Brother and Sister Entrepreneurs Were Just Named the National Small Business Persons of the Year, 2015.05.08

4.   LDSLiving, Quilting sensation Jenny Doan on faith, creativity, and accidentally building an empire, 2023.03.16

5   Trimming Your Quilt - Quilting Tips & Tricks, https://www.youtube.com/watch?v=mdKZ_30lxJ0

6   CBS News, How Jenny Doan created the Disneyland of quilting, 2020.03.01

7   Missouri Star Blog, Jenny Reminisces on the History of Missouri Star Quilt Co, 2021.03.08

8   상동

9   Mintel, Essential Arts and Crafts Industry Trends Explored, 2025.06.16

10   Smithsonian Magazine, Arts and Crafts Are Experiencing Surge in Popularity Amid COVID-19, 2020.05.05

11   Zendesk, Missouri Star Quilt Company uses data for personalized customer experiences.

12   CBS News, How Jenny Doan created the Disneyland of quilting, 2020.03.01

2부 11장

1   Russia Beyond, This 5yo girl is Russia's most popular YouTuber, 2019.12.30

2   임대근, 문화콘텐츠의 기능과 '사회콘텐츠': '돌봄콘텐츠'의 가능성, 2024.02

3.   Nastya and useful stories for children about good behavior and health care, https://youtu.be/M2BbRjUUTDo

4   HotNewHipHop, Will And Jada Pinkett Smith Sign 7-Year-Old YouTuber Worth $20 Million, 2022.09.26

5   Global Toy News, "Ryan's World" Meet "Like Nastya", the Russian YouTube Sensation, 2020.04.27

6   Forbes, The Highest-Paid YouTube Stars of 2019: The Kids Are Killing It, 2019.12.18

7   Youtube Official Blog, New safety and digital wellbeing options for younger people on YouTube and YouTube Kids, 2021.08.10

8   License Global, IMG Unleashes 'Like Nastya' Line, 2020.10.09

9   Fortune Business Insight, Toy Market Size, Share & Covid-19 Impact Analysis, Product Type (Dolls, Outdoor & Sports Toys, Building & Construction Sets, Baby & Preschool Toys, Games & Puzzles, etc.), Age Group (0-3 Years, 3-5 Years, 5-12 Years, 18+ Years), Distribution Channel (Online & Offline), Forecast 2021-2028, 2025.12.25.

2부 12장

1   Inkl, Interview with a Colombian teenager whose videos put farm work in the spotlight, 2021.12.11

2   EL PAÍS, El Borrego, el influenciador que dignifica el campo colombiano, 2024.12.05

3   상동

4   PASAMOS LA NOCHE EN EL GALLINERO, https://youtu.be/cwQb_DY6ROA

5   EL PAÍS, El Borrego, el influenciador que dignifica el campo colombiano, 2024.12.05

6   Infobae, El influencer granjero 'El Borrego' estará en un reality: de cuál se trata, 2024.09.05

7   Pórticolive, Celebridades colombianas se suman al negocio del café, 2024.07.26

3부

1   YouTube Official Blog, YouTube Partner Program, Explained, 2025.02.03

2   StreamLadder, Viewstats: MrBeast's New YouTube Analytics Tool

3   https://www.viewstats.com

4   TechCrunch, MrBeast's analytics platform ViewStats is out in beta, 2023.12.14

5   https://www.viewstats.com/pricing

6   MUSK OX, Matt Carriker, The King of The Demolitia, Joins The MuskOx Herd, 2020.02.12

7   ESPN, Can YouTube star Logan Paul find redemption in boxing?, 2019.11.06

슈퍼 유튜버

초판 1쇄 발행 2026년 3월 18일

지은이 윤성원, 주힘찬, 정의민

편집 김세원
표지디자인 강경신 디자인
본문디자인 박영정

펴낸곳 더스퀘어
출판등록 제 2023-000109호 (2023년 10월 11일)

ISBN 979-11-990969-7-4 03320
ⓒ 윤성원·주힘찬·정의민, 2026, Printed in Korea

· 책값은 뒤표지에 있습니다. 잘못된 책은 구입하신 곳에서 교환해 드립니다.
· 신저작권법에 의해 보호를 받는 저작물이므로 무단전재와 무단복제를 금합니다.
· 이 책의 내용을 사용하려면 반드시 저작권자와 더스퀘어의 서면 동의를 받아야 합니다.

좋은 콘텐츠를 생산하고 소비하고 공유하는
세상 모든 천재들이 모이는 광장 '더 스퀘어'에 오신 것을 환영합니다.
당신의 아이디어와 콘텐츠에 가치를 더해 드립니다.
문의 cometosquare@gmail.com